人人都是小创客系列丛书

人人都是建筑工程师
——SketchUp 草图大师从入门到精通

王　姬　主　编

周劭吉　副主编

科 学 出 版 社

北　京

内 容 简 介

本书介绍的 SketchUp Pro 2017 是一款直接面向设计过程的三维软件，享有“草图大师”的美誉。它类似于现实中的铅笔绘画，能够使设计者专注于设计创意的发挥，进行室内、室外、建筑、景观等模型设计。

本书按照课时编排，第 1～5 课，全面介绍了 SketchUp Pro 2017 的界面构成、基本工具和高级工具的使用；第 6～21 课，通过 16 个经典的室内、室外和景观模型案例，图文并茂地介绍了 SketchUp Pro 2017 主要功能的具体应用。本书在编写中强调读者的自主学习，注重培养读者的创新能力和实践能力，使读者熟练运用 SketchUp 进行辅助设计。

本书内容丰富，技术实用，讲解清晰，兼具技术手册和应用技巧参考手册的特点。本书既可作为中小学和社会培训机构的教材，也可供 SketchUp 初学者及技术人员自学使用。

图书在版编目（CIP）数据

人人都是建筑工程师：SketchUp 草图大师从入门到精通/王姬主编. —北京：科学出版社，2017.8（2023.8 修订）

（人人都是小创客系列丛书）

ISBN 978-7-03-052428-7

Ⅰ.①人…　Ⅱ.①王…　Ⅲ.①建筑设计-计算机辅助设计-应用软件　Ⅳ.①TU201.4

中国版本图书馆 CIP 数据核字（2017）第 068473 号

责任编辑：张振华　刘建山 / 责任校对：刘玉靖
责任印制：吕春珉 / 封面设计：东方人华平面设计部

科学出版社出版
北京东黄城根北街 16 号
邮政编码：100717
http://www.sciencep.com

北京九州迅驰传媒文化有限公司 印刷

科学出版社发行　各地新华书店经销

*

2017 年 8 月第 一 版　开本：787×1092　1/16
2023 年 8 月第二次印刷　印张：14
字数：332 000

定价：48.00 元

（如有印装质量问题，我社负责调换〈九州迅驰〉）

销售部电话 010-62136230　编辑部电话 010-62135120-2005

本书编写人员

主　编　王　姬

副主编　周劭吉

参　编　戚剑瑾　翟建强　方意琦　李建一　阮军锋
左贤忠　金　培　俞　挺　吴晓庆　潘　悦
王　芳　王　姣　胡　静

前　言

preface

SketchUp 是一款直接面向设计过程的三维软件，享有“草图大师”的美誉。它类似于现实中的铅笔绘画，能够使设计者专注于设计创意的发挥，进行室内、室外、建筑、景观等模型设计。

本书以 SketchUp Pro 2017 作为讲解版本，全书按照课时编排，第 1～5 课为基础知识篇，全面介绍了 SketchUp Pro 2017 的界面构成、基本工具和高级工具的使用；第 6～21 课为实战建模篇，通过 16 个经典的室内、室外和景观模型案例，图文并茂地介绍了 SketchUp Pro 2017 主要功能的具体应用。本书在编写中强调读者的自主学习，注重培养读者的创新能力和实践能力，具体体现在：

1．在编写理念上，本书打破了传统的理论—实践—再理论的认知规律，代之以实践—理论—再实践的新认知规律，突出“做中学、学后再做”的新教育理念。

2．在编写体例上，打破传统的章节体例，按照课时编排，全书共设计了 21 课，每节课的编排均包括：技能关键点—知识加油站—新手训练营—习题演练场。

3．在知识讲解上，根据认知特点，对设计流程讲解的全部过程，均逐一配有屏幕图形，图文对照，最大限度地简化了文字叙述，让读者可参照本书边学习边操作，力求在最短的时间内掌握 SketchUp Pro 2017 的设计方法。

4．在设计案例选取上，小飞机、台灯、户外遮阳伞、小区信箱等设计案例来源于生活，又是被读者所熟悉的模型，可以让读者有亲切感，不易产生畏难情绪，循序渐进，从入门到精通，成为一名优秀的建筑设计师。

本书所有案例的源文件、结果文件、图片文件，以及课后习题演练场中调入的素材库等资源，可前往科学出版社职教出版中心网站 www.abook.cn，搜索图书资源进行下载。

本书由浙江省特级教师王姬任主编，周劭吉任副主编，戚剑瑾、翟建强、方意琦、李建一、阮军锋、左贤忠、金培、俞挺、吴晓庆、潘悦、王芳、王姣、胡静参与了本书的编写。

由于编者水平有限，书中难免有不足之处，敬请广大读者批评指正。

编　者

目　录

contents

第1课

认识 SketchUp Pro 2017

技能关键点

- 了解 SketchUp Pro 2017 的特点
- 了解 SketchUp Pro 2017 的应用
- 了解 SketchUp Pro 2017 界面构成
- 掌握如何通过 3D Warehouse 下载模型

知识加油站

SketchUp 是一款直接面向设计方案创作过程的直观、灵活、易于使用的设计工具，区别于其他三维设计软件，SketchUp 更多关注设计过程，能够满足与设计者及时交流的需要，它就像数字媒体艺术中的“铅笔”，在业内被誉为“草图大师”。

SketchUp 之所以能快速、全面地被室内设计、建筑设计、园林景观、城市规划等诸多领域设计人员接受并推崇，明显区别于其他三维软件的特点主要有以下几点。

（1）独特简洁的界面，可以让设计师在短期内掌握具体操作。

（2）适用范围广泛，可以应用在建筑、规划、园林、景观、室内及工业设计等领域。

（3）具有方便的推拉功能，设计师通过一个图形就可以方便地生成 3D 几何体，无须进行复杂的操作。

（4）快速生成任何位置的剖面，使设计者清楚地了解建筑的内部结构，可以随意生成二维剖面图并快速导入 AutoCAD 进行处理。

（5）与 AutoCAD、Revit、3ds Max、Piranesi 等软件结合使用，快速导入和导出 DWG、DXF、JPEG、3DS 格式文件，实现方案构思，实现效果图与施工图绘制的完美结合，同时提供 AutoCAD 和 ARCHICAD 等设计工具的插件。

（6）自带大量门、窗、柱、家具等组件库和建筑肌理边线需要的材质库。

（7）轻松制作方案演示视频动画，全方位表达设计师的创作思路。

（8）具有草稿、线稿、透视、渲染等不同显示模式。

（9）准确定位阴影和日照，设计师可以根据建筑物所在地区和时间实时进行阴影和日照分析。

（10）简便地进行空间尺寸和文字的标注，并且标注部分始终面向设计者。

一、SketchUp Pro 2017 简介①

SketchUp 最初由@Last Software 公司开发并发布，2006 年 3 月被 Google 收购，陆续发布了 6.0、7.0、8.0 版本。2012 年 Google 宣布将 SketchUp 3D 建模平台出售给 Trimble Navigation（天宝导航），随后陆续发布了 SketchUp Pro 2013、SketchUp Pro 2014、SketchUp Pro 2015、SketchUp Pro 2016。现已推出新版本 SketchUp Pro 2017，其欢迎界面如图 1-1 所示。SketchUp Pro 2017 提供多个模板，可以让设计者根据需求进行选择。例如，单击欢迎界面上的“选择模板”按钮，在“模板”下拉列表中选择图 1-2 所示的“室内和产品设计-毫米”选项，单击“开始使用 SketchUp”按钮，进入对应的图 1-3 所示的“室内和产品设计-毫米”模板操作界面。

① 本书以 SketchUp Pro 2017 作为讲解版本。

图 1-1　SketchUp Pro 2017 欢迎界面

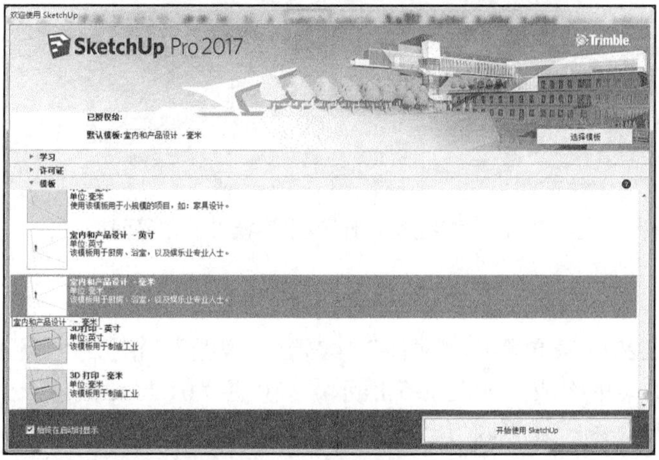

图 1-2　选择“室内和产品设计-毫米”模板

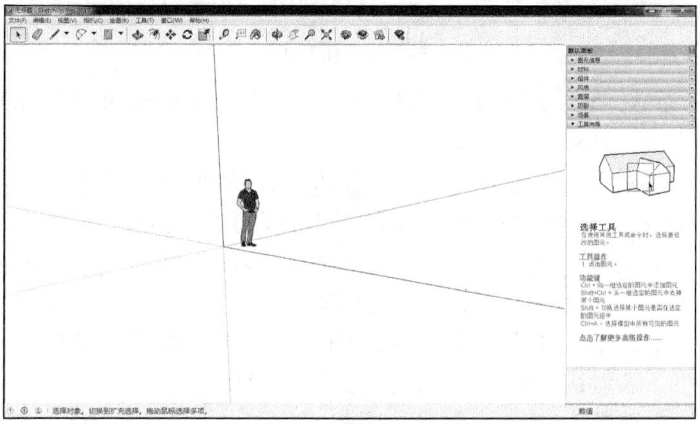

图 1-3　“室内和产品设计-毫米”模板操作界面

二、SketchUp Pro 2017 界面构成

SketchUp Pro 2017 的操作界面十分简洁，以“建筑设计-毫米”模板的操作界面为例，主要由菜单栏、工具栏、状态栏、数值输入框、默认面板和中间空白处的绘图区构成，如图 1-4 所示。

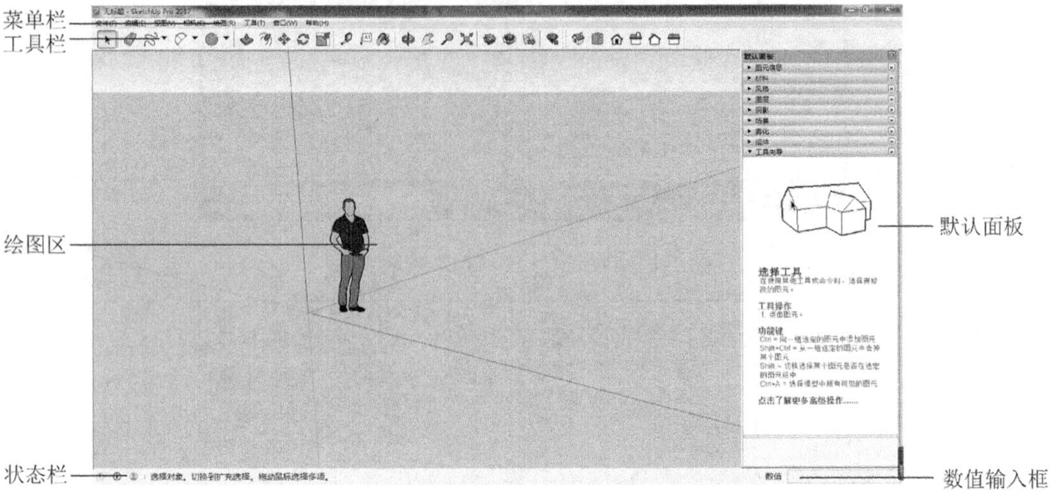

图 1-4 “建筑设计-毫米”模板操作界面

1. 菜单栏

SketchUp Pro 2017 菜单栏由“文件”“编辑”“视图”“相机”“绘图”“工具”“窗口”“帮助”共 8 个主菜单构成，如图 1-5 所示。菜单栏为用户提供了一个用于文件管理、常用工具功能调用、系统设置及寻找帮助的接口。单击这些主菜单可以打开相应的子菜单及次级主菜单。

图 1-5 菜单栏

（1）“文件”主菜单：主要用于打开、保存、导入与导出 SketchUp Pro 2017 文件，实现与其他文件的共同协作。

（2）“编辑”主菜单：主要用于模型（辅助线）的剪切、复制、删除、隐藏、显示及冻结等操作。此外，对于 SketchUp Pro 2017 中的组件也能进行编辑。

（3）“视图”主菜单：主要用于调整工具栏、截面剖切、辅助线的显示与隐藏，对模型边线、表面的显示及场景动画也具有控制功能。

（4）“相机”主菜单：主要用于切换视图的显示（包括视图角度、透视、大小及平移等操作），此外，还能进行照片匹配及镜头配置等操作。

（5）“绘图”主菜单：集合了直线、圆弧、手绘线、矩形、圆、多边形等二维图形创建工具及沙盒地形创建工具。

（6）“工具”主菜单：集合了模型控制工具（移动、旋转、缩放、擦除），模型二维转三维工具（推/拉、路径跟随），尺寸标注、卷尺等辅助工具。此外，还有沙盒地形修改工具。

（7）“窗口”主菜单：通过窗口菜单可以查看场景整体（如单位）与单个模型的信息（如面数、图层），并能对场景的材质、组件及样式效果进行调整，此外还能通过 Ruby 控制台进行脚本的编写。

（8）“帮助”主菜单：通过帮助菜单可以打开 SketchUp Pro 2017 的欢迎界面及帮助中心，初步学习 SketchUp Pro 2017 的使用方法，并能查看了解当前的版本授权等信息。

2. 工具栏

SketchUp Pro 2017 默认设置下的工具栏为“使用入门”工具栏，如图 1-6 所示，包含了最基本的一些工具按钮，如图形绘制、测量及视图控制等。如果需要调用其他工具栏，可选择两种方式：一种是在工具栏旁边的空白区域右击，弹出图 1-7 所示的快捷菜单，选择“建筑施工”命令，打开图 1-8 所示的“建筑施工”工具栏；另一种是选择菜单栏中的“视图”→“工具栏”命令，打开图 1-9 所示的“工具栏”对话框。

图 1-6 “使用入门”工具栏

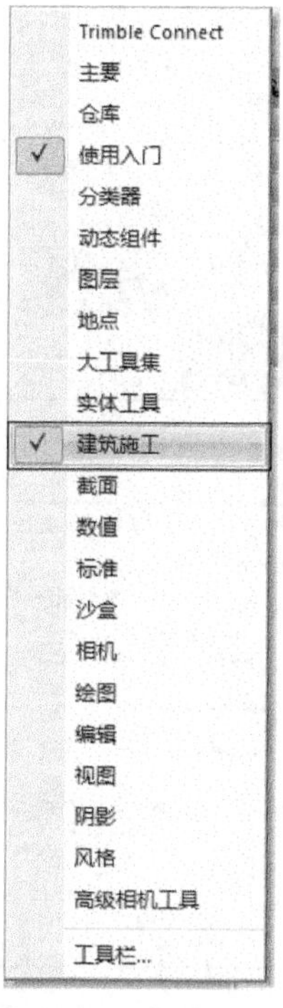

图 1-7 右键快捷菜单

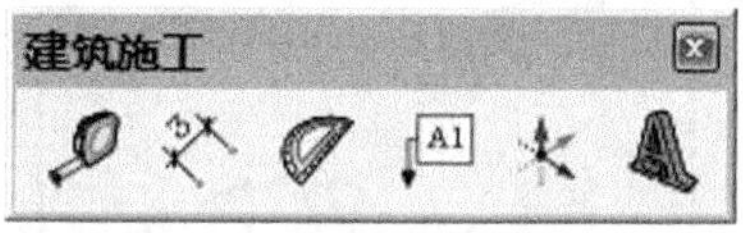

图 1-8 “建筑施工”工具栏

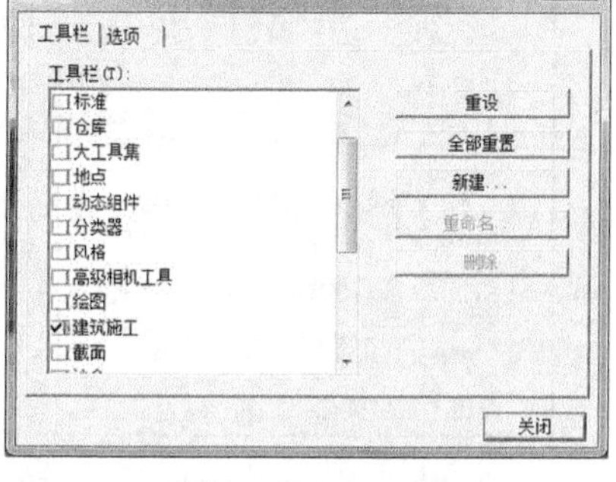

图 1-9 “工具栏”对话框

1

3. 状态栏

状态栏位于SketchUp Pro 2017操作界面的左下角，主要用于对当前的操作进行文字描述及功能提示，如图1-10所示。

4. 数值输入框

数值输入框位于SketchUp Pro 2017操作界面的右下角，如图1-11所示。在模型创建时输入数值与字母，可以精确控制模型长度、半径、数量等。

图1-10 状态栏

图1-11 数值输入框

5. 默认面板

默认面板位于SketchUp Pro 2017操作面板的右侧，如图1-12所示，包含“图元信息”“材料”“组件”“风格”“图层”“阴影”“场景”和“工具向导”属性管理面板。每个属性管理面板都可以展开，如图1-13所示为“材料”属性管理面板，如图1-14所示为“阴影”属性管理面板。

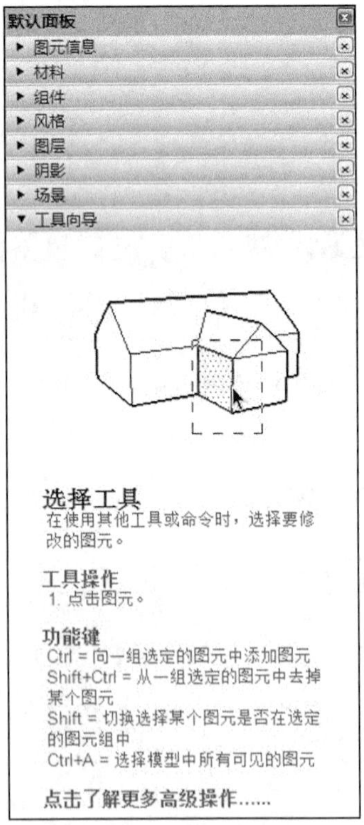

图1-12 默认面板

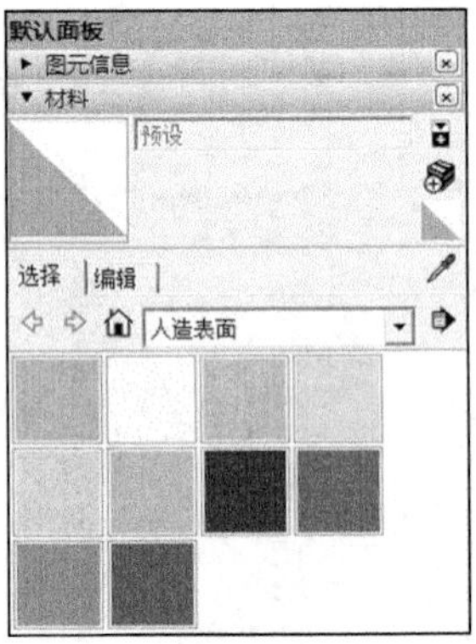

图1-13 “材料”属性管理面板

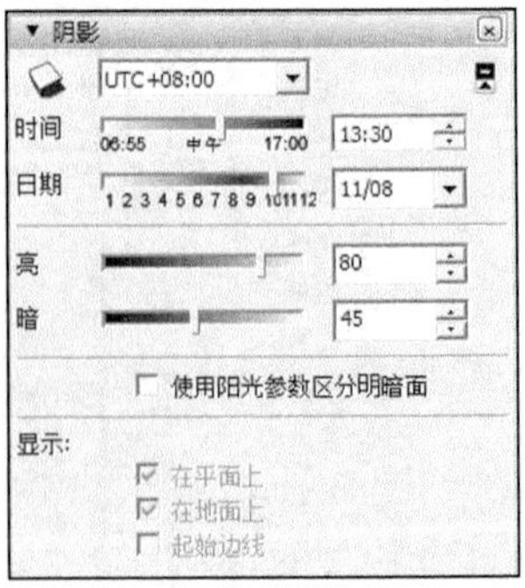

图1-14 “阴影”属性管理面板

6. 绘图区

绘图区占据了 SketchUp Pro 2017 操作界面大部分的空间，选择不同的模板得到的操作界面是不同的，主要是绘图区显示不一样。以图 1-15 所示的模板“建筑设计-毫米”绘图区为例，在默认设置下，绘图区显示浅色的天空与深色的背景效果，用户可以自定义背景颜色，以方便模型的创建与观察。在绘图区中间有一人站立，可作为尺寸参考，同时里面有三根坐标轴，分别以绿、蓝、红三色来区分（图 1-15 中，*a* 轴对应红轴，*b* 轴对应绿轴，*c* 轴对应蓝轴，全书同），以方便绘图。不同的软件版本显示的人物各有区别，这也是 SketchUp Pro 2017 非常独特的一面。

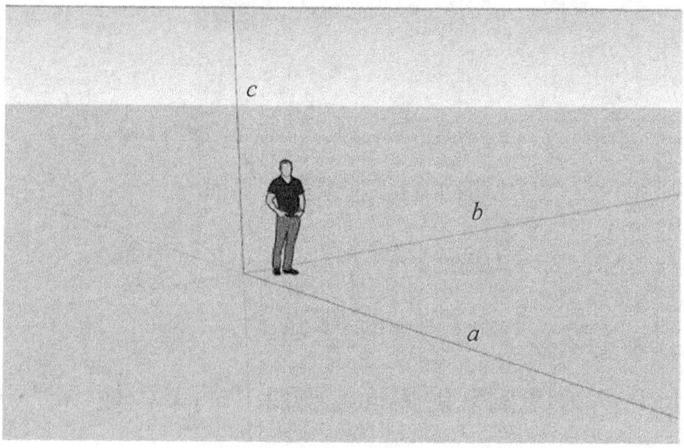

图 1-15 “建筑设计-毫米”绘图区

三、3D Warehouse

从 SketchUp Pro 2016 版本开始，可通过 3D Warehouse 功能，直接在模型库里搜索获得模型，模型库提供了大量的可供用户下载的模型。具体操作方法是：选择“文件”→“3D Warehouse”→“获取模型”命令，如图 1-16 所示。在“搜索”文本框中输入需要的模型名称，单击“搜索”按钮，此时界面中会出现用户需要的模型，选择需要的模型并单击“下载”按钮，弹出“是将他直接载入您的 SketchUp 模型”对话框，单击“是”按钮，即可完成下载，如图 1-17 所示。

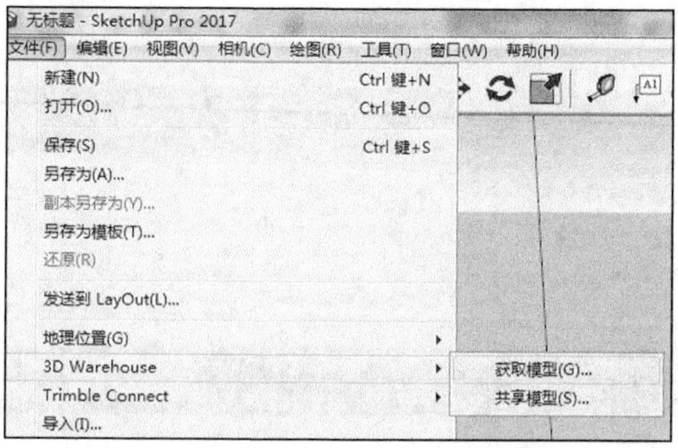

图 1-16 3D Warehouse 调入方法

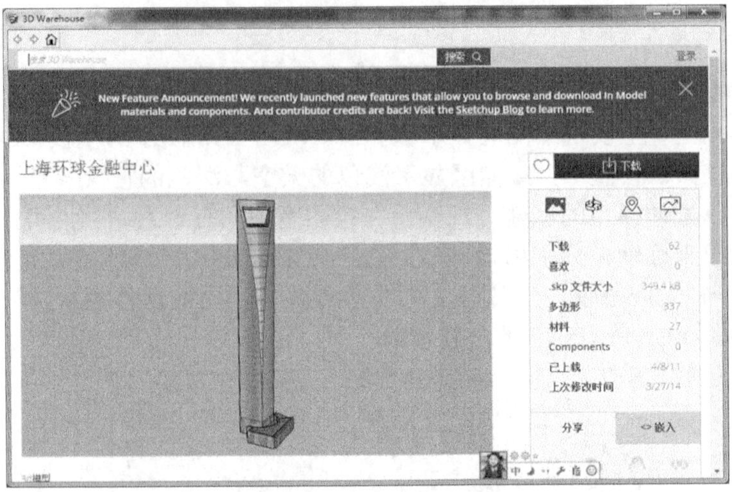

图 1-17　搜索模型界面

新手训练营

（1）在 SketchUp Pro 2017 的欢迎界面上选择“简单模板-米”选项，将背景色设置为白色。

步骤 1： 在桌面上双击 SketchUp Pro 2017 快捷图标，单击欢迎界面上的“选择模板”按钮，在“模板”下拉列表中选择图 1-18 所示的“简单模板-米”选项，单击“开始使用 SketchUp”按钮，进入图 1-19 所示的“简单模板-米”模板操作界面。

图 1-18　选择“简单模板-米”模板

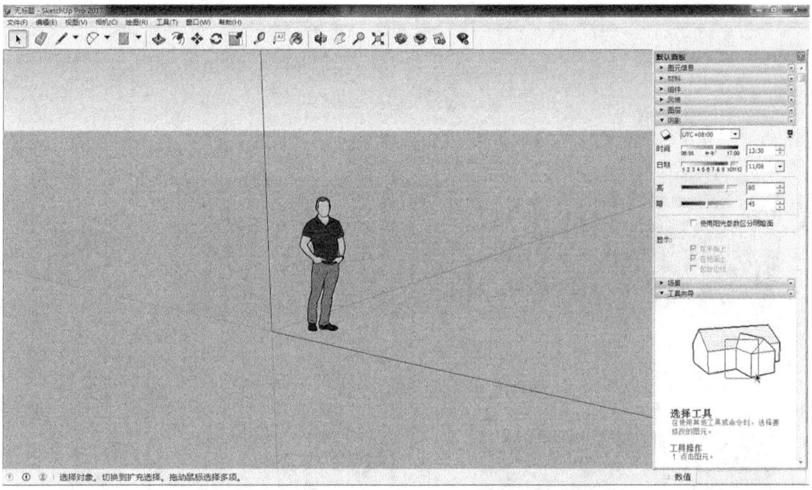

图 1-19 “简单模板-米”模板操作界面

步骤 2：在操作面板右侧的“默认面板”中选择“风格”属性管理面板，如图 1-20 所示。在“编辑”选项卡中对颜色进行编辑，单击“背景设置”按钮，勾选“天空”复选框，打开图 1-21 所示的“选择颜色”对话框，选择白色，单击“确定”按钮结束操作。用同样的方法设置“地面”复选框中的选项参数。

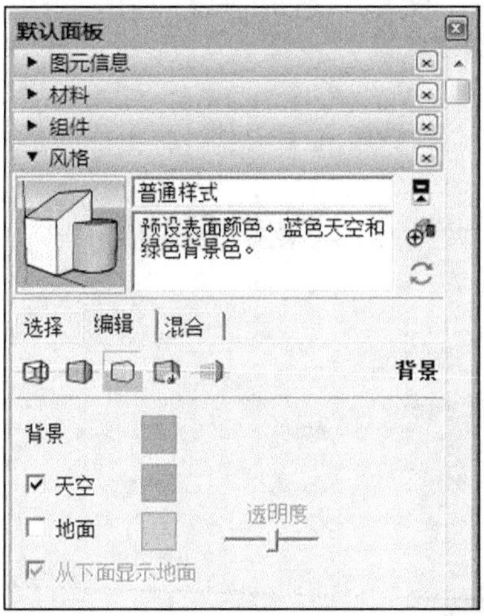

图 1-20 “风格”属性管理面板

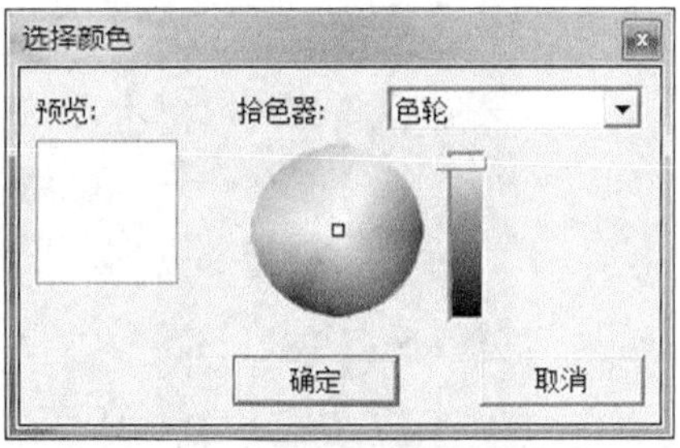

图 1-21 “选择颜色”对话框

（2）通过 3D Warehouse 功能直接下载“上海环球金融中心”模型。

步骤 1：打开 SketchUp Pro 2017，单击“选择模板”按钮，在“模板”下拉列表中选择“简单模板-米”选项，单击“开始使用 SketchUp”按钮，进入对应的模板操作界面。

步骤 2：选择“文件”→“3D Warehouse”→“获取模型”命令，打开窗口，如图 1-22 所示。

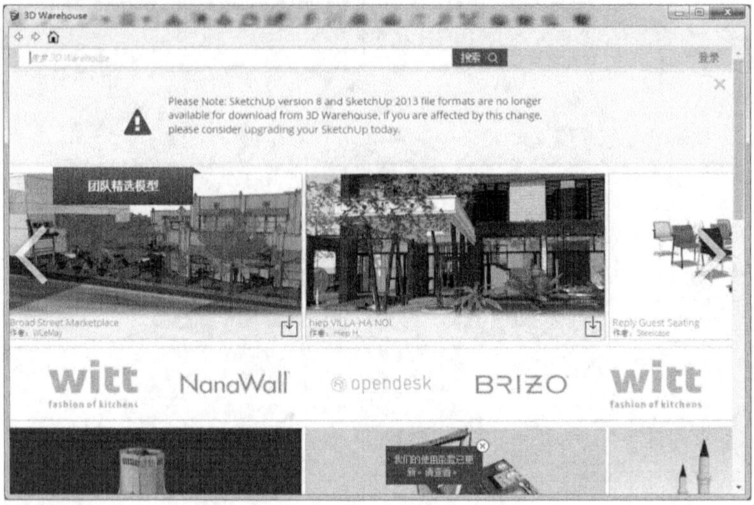

图 1-22 “3D Warehouse”窗口

步骤 3：在搜索对话框中输入“上海环球金融中心”，单击“搜索”按钮，单击选中模型右下角的“下载”按钮，打开“是否载入模型？”对话框，单击“是”按钮，如图 1-23 所示。

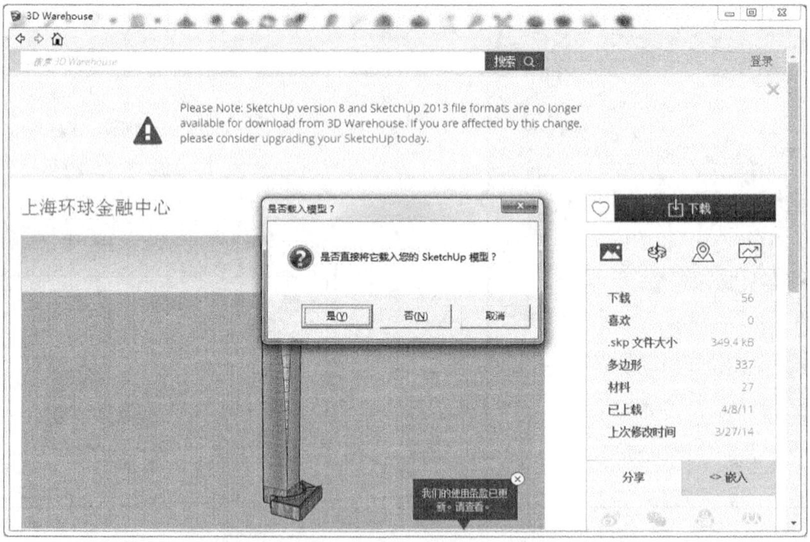

图 1-23 “模型下载”对话框

步骤 4：对模型进行动态观察。观察的方法有三种：①旋转观察：单击“使用入门”工具栏中的旋转按钮，也可通过滚动鼠标中键进行操作；②缩放观察：单击“使用入门”工具栏中的缩放按钮，也可通过同时按住【Ctrl+Shift+W】键进行操作。③平移观察，单击“使用入门”工具栏中的平移按钮，也可通过按住【Shift】键的同时滚动鼠标中键进行操作。

步骤 5：选择“文件”→“另存为”命令，将模型另存为“上海环球金融中心.skp”文件。

习题演练场

一、思考题

1．什么是 SketchUp？
2．简述 SketchUp 的发展历程。
3．SketchUp 的特点主要有哪些？
4．SketchUp 的应用领域有哪些？
5．SketchUp Pro 2017 提供哪些模板可供设计者进行选择？

二、实战题

使用 3D Warehouse 命令直接下载“东方明珠塔”模型，并实现动态观察操作，然后另存为“上海东方明珠塔.skp”文件。

第 2 课

控制 SketchUp Pro 2017 的视图

技能关键点

- 掌握 SketchUp Pro 2017 视图的控制方式
- 掌握 SketchUp Pro 2017 视图对象的选择方式
- 了解 SketchUp Pro 2017 对象的显示
- 学会设置 SketchUp Pro 2017 绘图环境

知识加油站

本节课通过介绍 SketchUp Pro 2017 视图控制、对象选择、视图显示和环境设置等基本内容，为后续课程的学习打下扎实的基础。

一、SketchUp Pro 2017 视图的控制

使用 SketchUp Pro 2017 进行方案推敲的过程中，经常需要对视图进行切换、缩放、旋转、平移等操作，以确定模型的创建位置或者观察当前模型的细节结果。因此可以说，熟练地对视图进行操控是掌握 SketchUp Pro 2017 其他功能的前提。

1. 切换视图

SketchUp Pro 2017 主要通过“视图”工具栏的 6 个视图按钮进行快速切换，单击相应按钮即可完成操作，如图 2-1～图 2-6 所示。

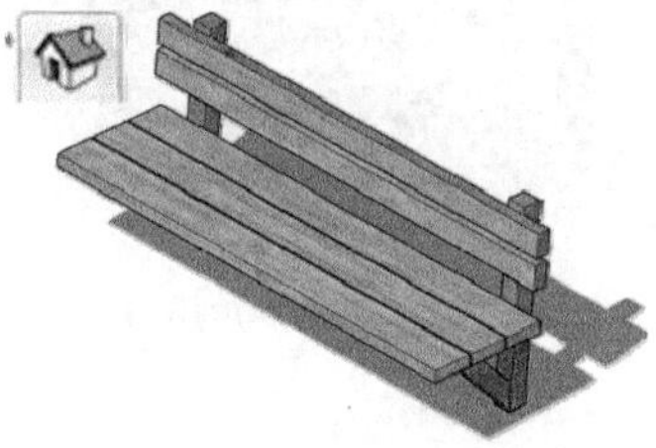
图 2-1　等轴显示

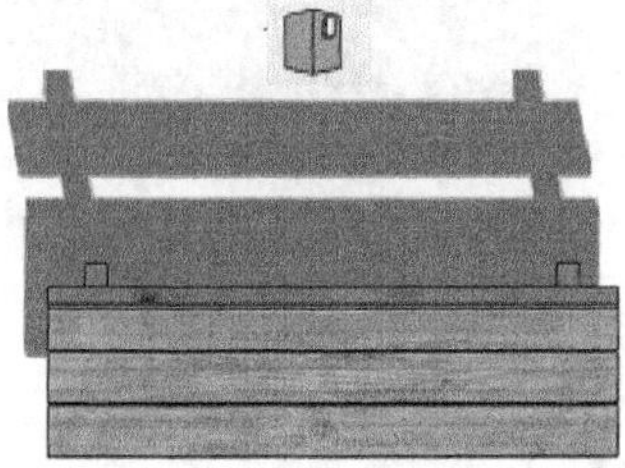
图 2-2　俯视图

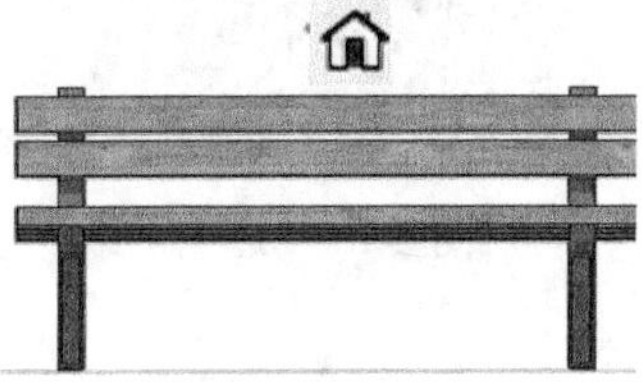
图 2-3　前视图

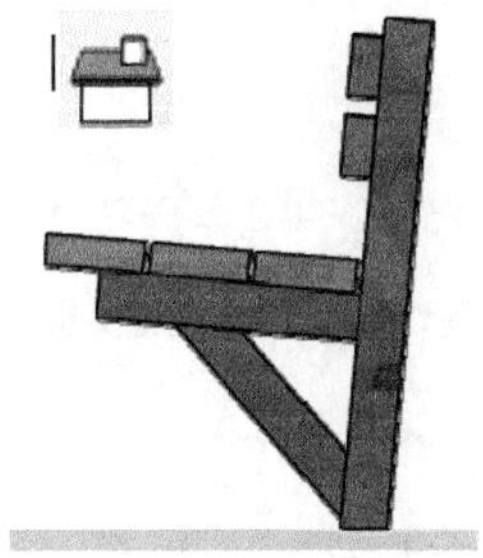
图 2-4　右视图

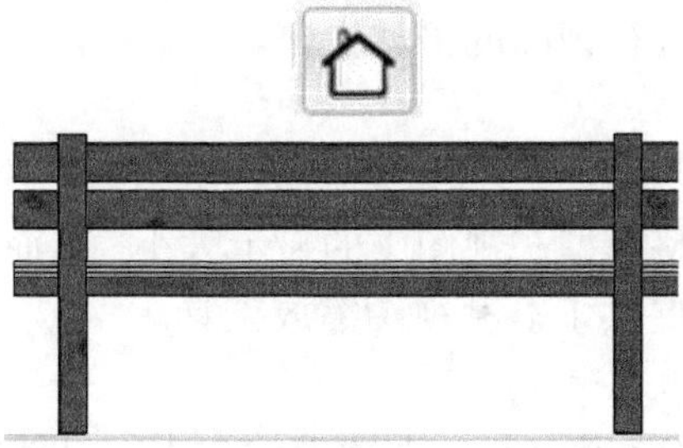
图 2-5　后视图

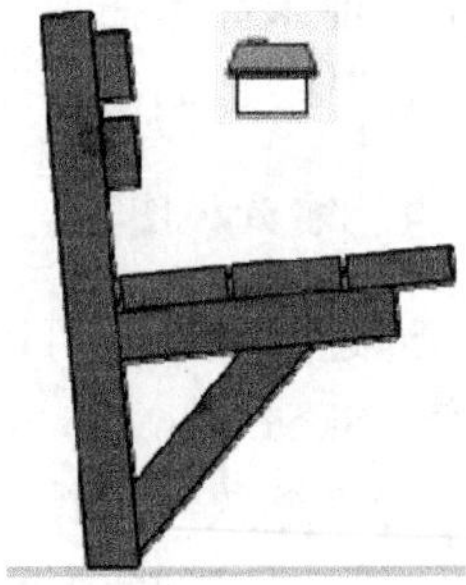
图 2-6　左视图

SketchUp Pro 2017 默认设置为“透视显示”，因此所得到的平面与立面视图都非绝对的投影效果，选择“相机”→“平行投影”命令，即可得到绝对的投影视图，如图 2-7～图 2-9 所示。

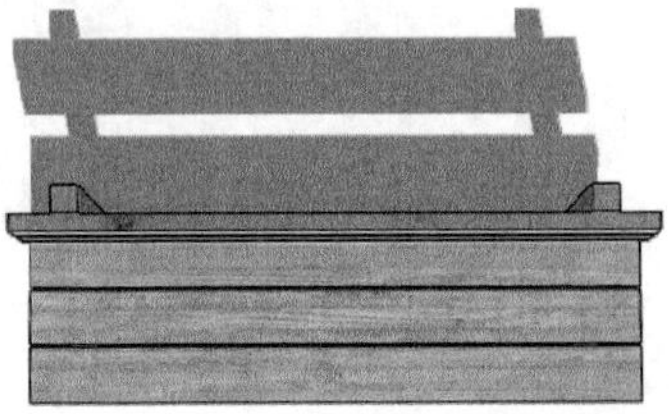

图 2-7　透视显示下的俯视图

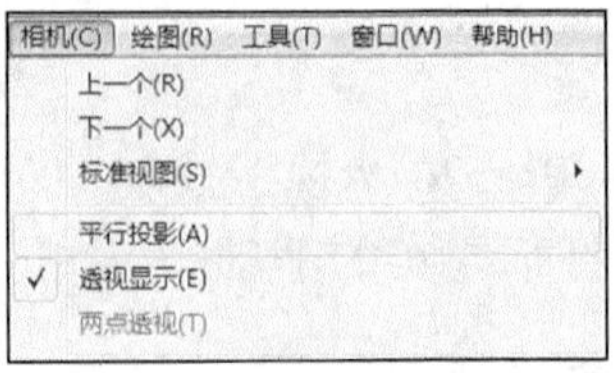

图 2-8　调整为平行投影

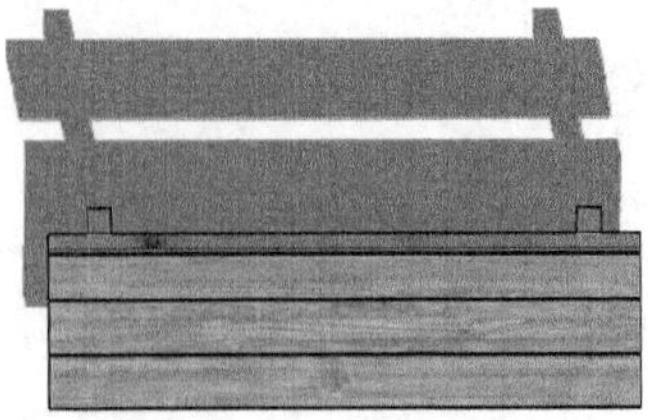

图 2-9　平行投影下的俯视图

2. 旋转视图

通过单击“相机”工具栏的旋转按钮，按住鼠标左键进行拖动，即可对视图进行旋转，如图 2-10～图 2-12 所示。

图 2-10　旋转角度 1

图 2-11　旋转角度 2

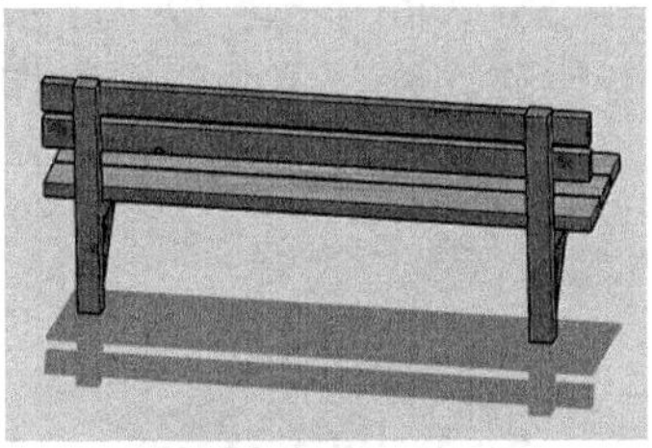

图 2-12　旋转角度 3

3. 平移视图

通过平移视图工具可将整体视图在保持比例不变的情况下进行任意方向的调整，以观察当前未显示在窗口内的模型。单击“相机”工具栏的平移按钮，当视图中出现抓手图标时，拖动鼠标即可进行视图的平移操作。

4. 缩放视图

通过缩放工具可以调整模型在视图中的显示大小，从而进行整体效果或局部细节的观察，SketchUp Pro 2017 提供了多种视图缩放工具。

1）“缩放”工具

“缩放”工具用于调整整个模型在视图中的大小。具体操作方法是：单击“相机”工具栏的“缩放”按钮，按住鼠标左键，从屏幕下方往上方移动是扩大视图，从屏幕上方往下方移动是缩小视图。此工具的默认快捷键为【Z】。

2）“缩放窗口”工具

“缩放窗口”工具可以通过划定一个显示区域，将该区域内的模型在视图内最大化显示。具体操作方法是：单击“相机”工具栏“缩放窗口”按钮，然后在视图中划定一个区域即可进行缩放。此工具的默认快捷键为【Ctrl+Shift+W】。

3）“充满视窗”工具

“充满视窗”工具可以快速地将场景中所有可见模型以屏幕的中心为中心进行最大化显示。具体操作方法是：单击“相机”工具栏“充满视窗”按钮，即可实现充满视窗效果。此工具的默认快捷键为【Shift+Z】或【Ctrl+Shift+E】。

5. 撤销视图工具

在进行视图操作时，若出现误操作，单击“相机”工具栏“上一个”按钮，可以对视图进行撤销操作。

二、SketchUp Pro 2017 对象的选择

SketchUp Pro 2017 模型对象常见的选择方式有一般选择、框选与叉选、扩展选择三种。

1. 一般选择

SketchUp Pro 2017 中“选择”命令可以通过单击工具栏的“选择”按钮激活。SketchUp 中可选择的最小单位为“线”，其次分别是“面”与“组件”。在“组件”状态下，如果要单独选择“组件”中的“面”或“线”，是无法直接进行操作的，但如果选择“组件”并右击快捷菜单中的“炸开模型”命令（图 2-13），就可以选择“线”或“面”。

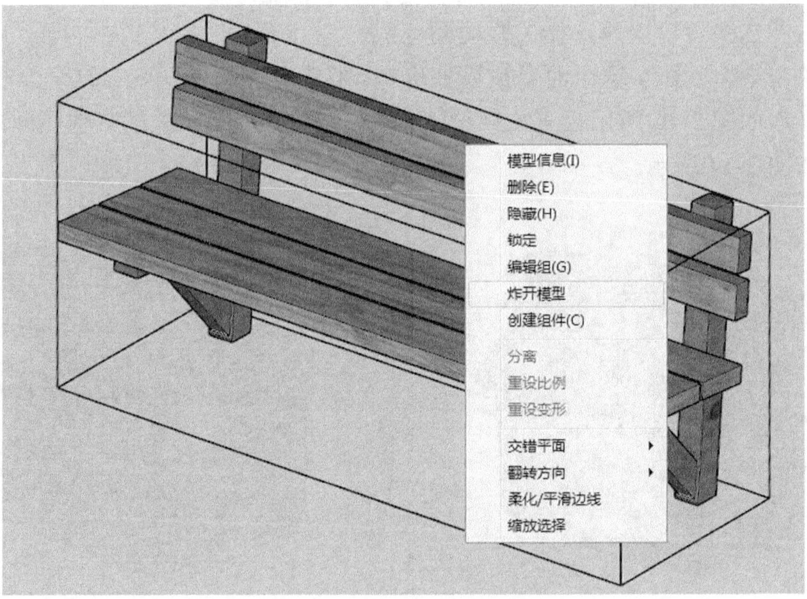

图 2-13　“炸开模型”命令

2. 框选与叉选

利用“框选”与“叉选”工具可以一次性完成多个对象的选择。

“框选”是指在激活“选择”工具后，移动光标从左至右划出实线选择框，完全被该选择框包围的对象则将被选择，如图 2-14 所示。

“叉选”是指在激活“选择”工具后，移动光标从右至左划出虚线选择框，全部或部分位于选择框内的对象都将被选择，如图 2-15 所示。

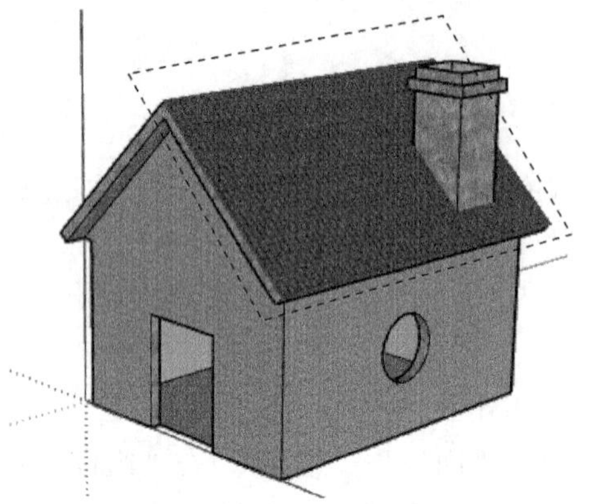

图 2-14　框选后的效果图

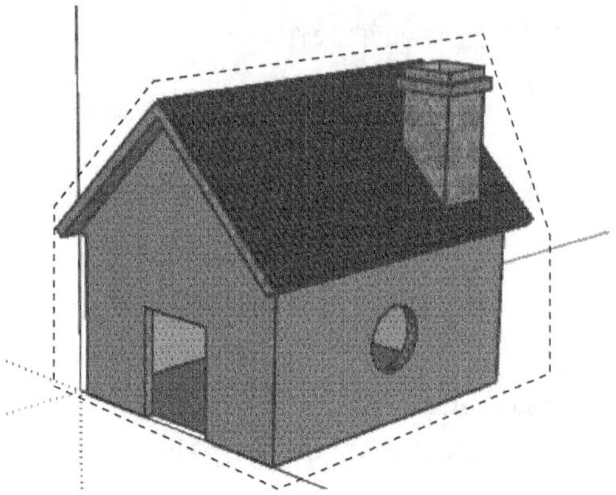

图 2-15　叉选后的效果图

3. 扩展选择

通过扩展选择可以快速选择关联的面或线。

直接单击某个“面”，这个面会被单独选择。双击某个“面”，则与这个面相关的“线”同时被选择，如图 2-16 所示。三击某个“面”，则与这个面相关的其他“面”与线都将被选择，如图 2-17 所示。

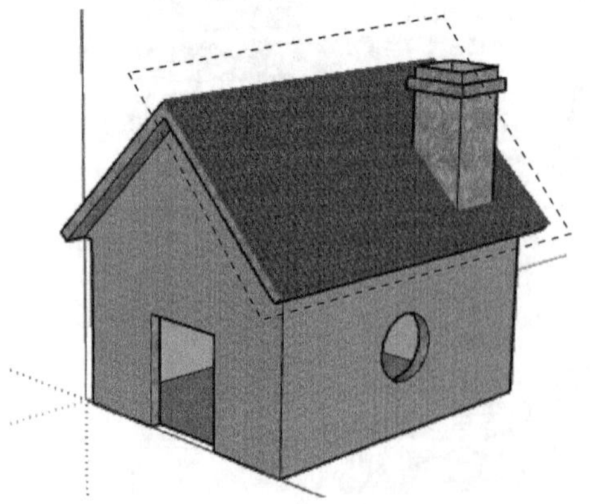

图 2-16　双击选择顶面效果图

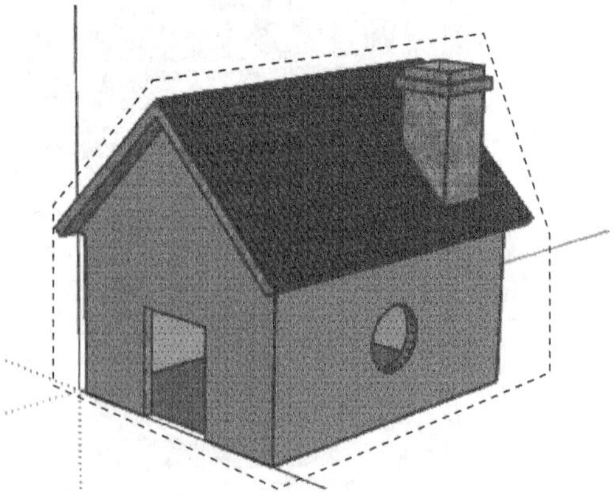

图 2-17　三击选择顶面效果图

三、SketchUp Pro 2017 对象的显示

SketchUp Pro 2017 提供了多种对象显示效果，以满足设计方案的表达需求，让设计者能够更好地展示方案，表达设计意图。

1. 显示模式

单击“风格”工具栏中各按钮，可以快速切换不同的显示模式，以满足不同的观察要求，如图 2-18 所示，从左至右分别为“X 光透视模式”、“后边线”、“线框显示”、“消隐”、“阴影”、“材质贴图”及“单色显示”共 7 种显示模式。

2. 边线显示效果

通过设置边线显示参数，可以显示类似手绘草图风格的效果。选择“视图”→“边线类型”命令，打开子菜单，选择其下的命令，可以快速设置“轮廓线”“深粗线”“扩展程序”效果，如图 2-19 所示。

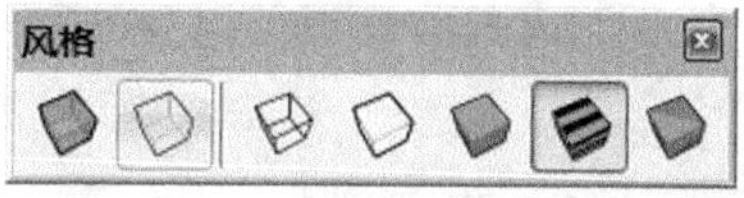

图 2-18 “风格”显示模式工具栏

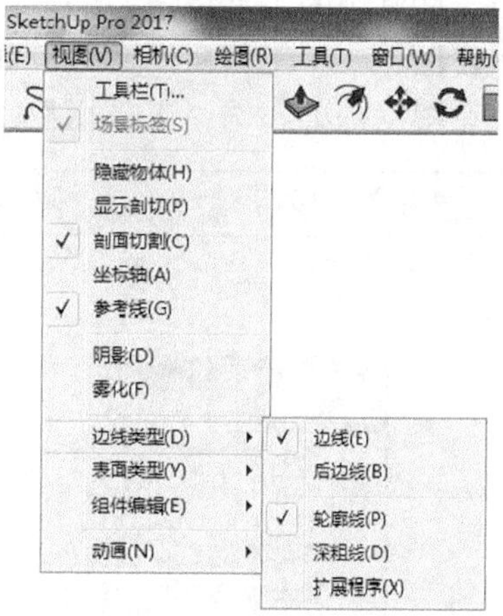

图 2-19 “边线类型”命令设置

四、设置 SketchUp Pro 2017 绘图环境

为了满足不同设计者的需求，每个用户可根据自己的操作习惯，在 SketchUp Pro 2017 中自行设置绘图单位、工具栏、快捷键等绘图环境，可以有效地提高工作效率。

1. 设置绘图单位

SketchUp Pro 2017 以英寸为默认绘图单位，而我国设计规范均以毫米为绘图单位，精确度为 0mm。设置绘图单位的操作方法是：选择“窗口”→“模型信息”命令，弹出“模型信息”对话框，在列表框中选择“单位”选项，根据需求进行设置，如图 2-20 所示。

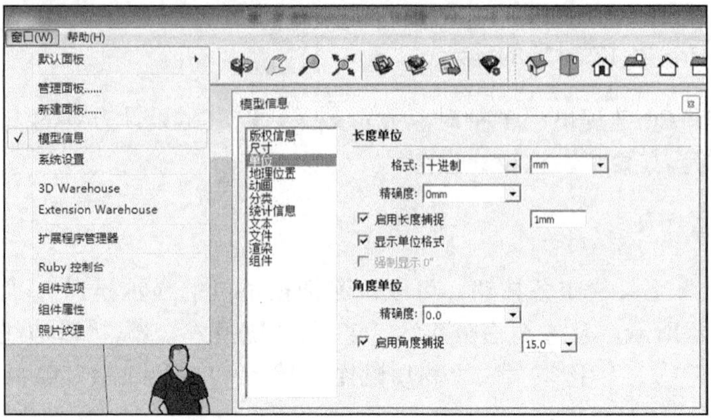

图 2-20 “单位”选项设置

2. 设置工具栏

默认设置下 SketchUp Pro 2017 仅有一行横向的工具栏，如图 2-21 所示。该工具栏列示了一些常用的工具按钮，用户也可以根据需要调出更多的工具栏。具体操作方法是：选择“视图”→“工具栏”命令，如图 2-22 所示，打开“工具栏”对话框，如图 2-23 所示，可根据需要勾选“工具栏”下拉列表中的复选框。

图 2-21 工具栏

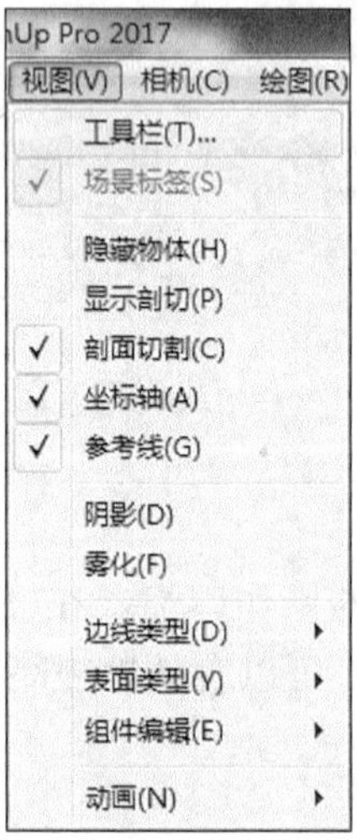

图 2-22 选择“工具栏”命令

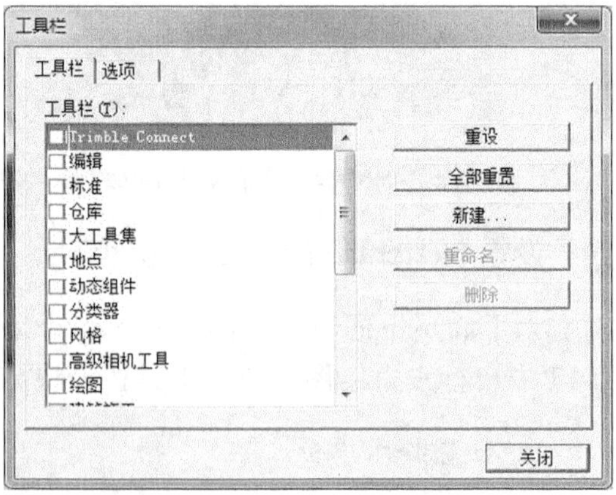

图 2-23 “工具栏”对话框

3. 自定义快捷键

SketchUp Pro 2017 为一些常用工具设置了默认快捷键，用户也可以自定义快捷键，以符合个人操作习惯。具体操作方法是：选择“窗口”→“系统设置”命令，如图 2-24 所示，打开“SketchUp 系统设置”对话框，如图 2-25 所示，在下拉列表框中选择“快捷方式”选项，根据需要添加相应的快捷键。

图 2-24　选择“系统设置”命令

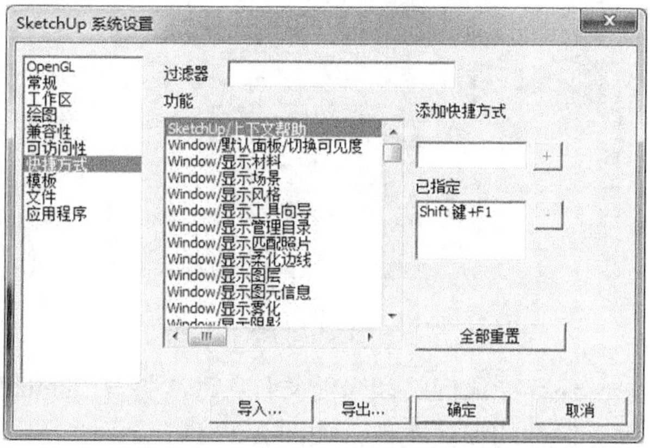

图 2-25　“SketchUp 系统设置”对话框

4. 设置文件自动备份

为了防止因突发情况（如断电）造成文件的丢失，SketchUp Pro 2017 提供文件自动备份与保存的功能。操作方法是：选择“窗口”→“系统设置”命令，打开“SketchUp 系统设置”对话框，在列表框中选择“常规”选项，即可设置保存备份及间隔时间，如图 2-26 所示。

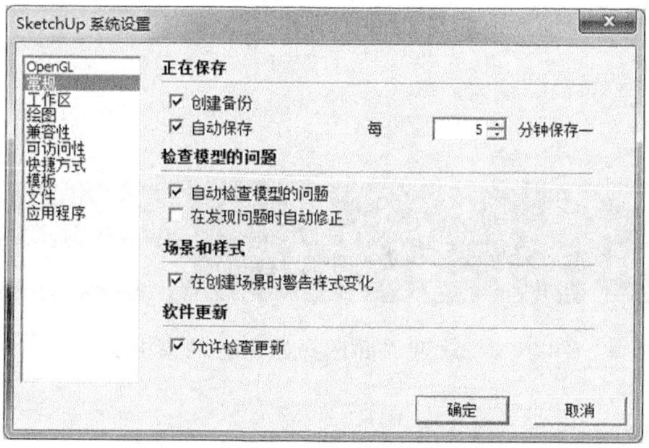

图 2-26　选择“常规”选项

选择“文件”选项，单击“模型”选项右侧的按钮即可设置路径，如图 2-27 所示。

5. 保存与调用模板

绘图环境设置完成后，还可以将其保存为模板文件，在以后的工作中可以随时调用。

具体操作方法是：选择“文件”→“另存为模板”命令，打开“另存为模板”对话框，设置模板名称和保存路径，单击“保存”按钮即可，如图 2-28 所示。

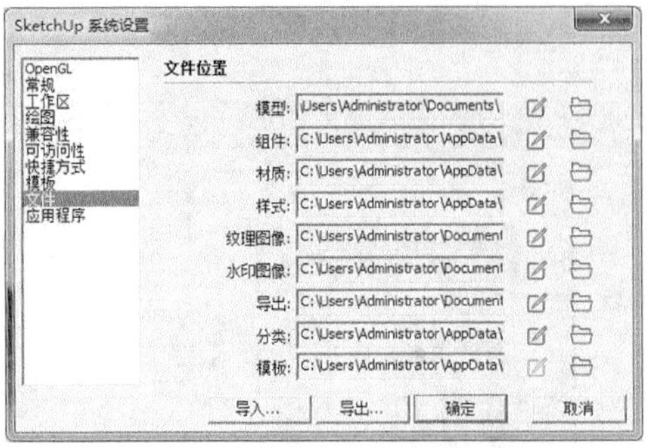

图 2-27　选择“文件”选项

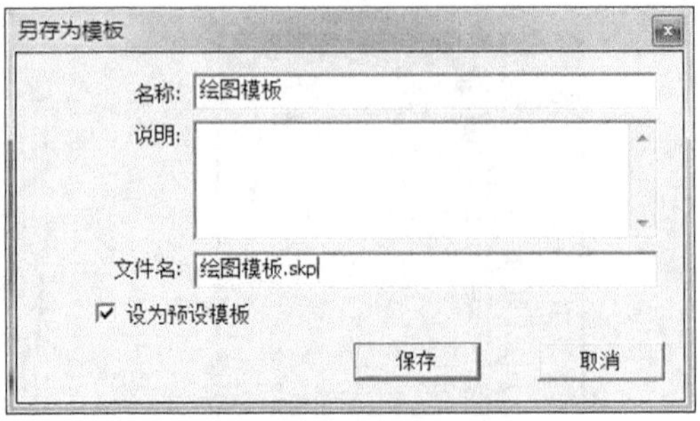

图 2-28　保存至模板文件夹

保存完成后关闭当前文件，再次打开 SketchUp Pro 2017，即可在欢迎界面中直接调用已保存的模板文件，如图 2-29 所示。

图 2-29　欢迎界面选择已保存的模板文件

新手训练营

（1）以第 1 课新手练兵中的“上海环球金融中心”模型为例，进行视图的切换。

步骤 1：打开 SketchUp Pro 2017 软件，单击“选择模板”按钮，选择“简单模板-米”选项，单击“开始使用 SketchUP”按钮，进入操作界面，选择“文件”→“3D Warehouse”→“获取模型”命令，搜索“上海环球金融中心”模型，单击“模型”→

“下载”按钮，打开“是将他直接载入您的 SketchUP 模型”对话框，单击“是”按钮，将“上海环球金融中心”模型调入绘图区，如图 2-30 所示。

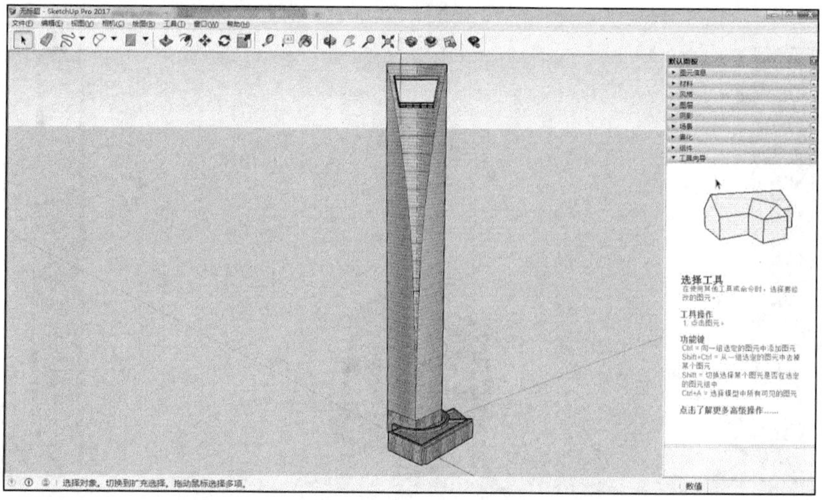

图 2-30　调入“上海环球金融中心”模型

步骤 2：右击工具栏空白处，在弹出的菜单中选择“视图”命令，如图 2-31 所示，打开“视图”工具栏，如图 2-32 所示。

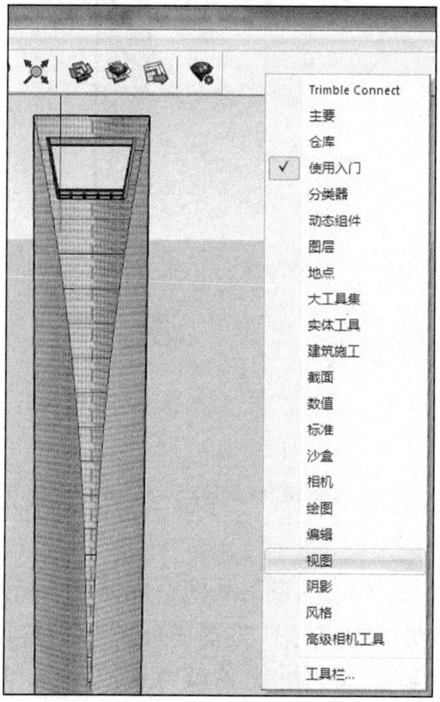

图 2-31　选择“视图”命令

图 2-32　“视图”工具栏

步骤 3：单击“视图”工具条中的 6 个按钮，进行视图切换，获得如图 2-33～图 2-38 所示的图形。

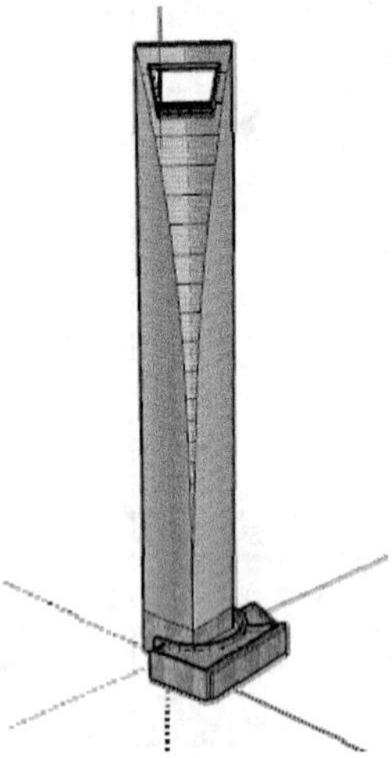

图 2-33　等轴视图效果

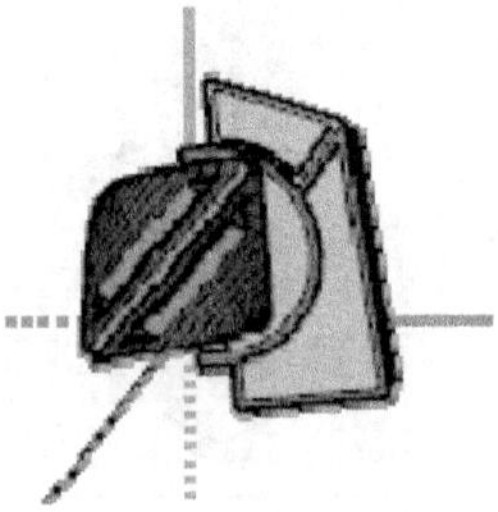

图 2-34　俯视图效果

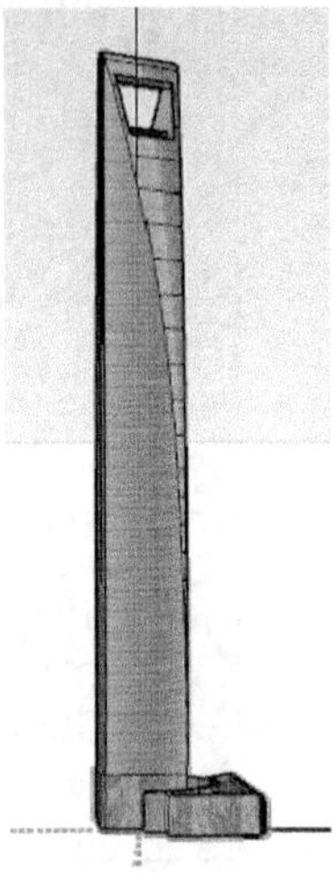

图 2-35　前视图效果

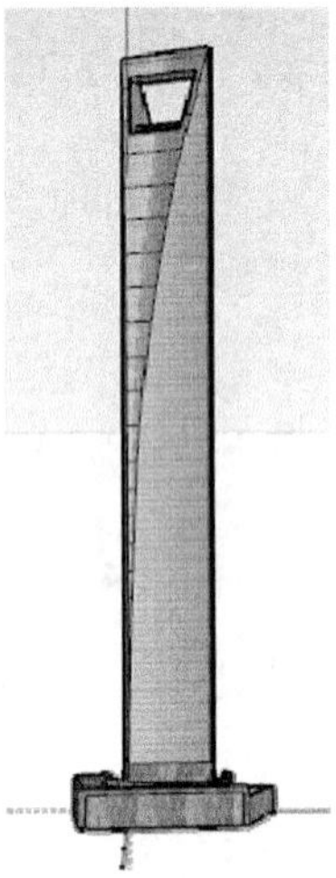

图 2-36　右视图效果

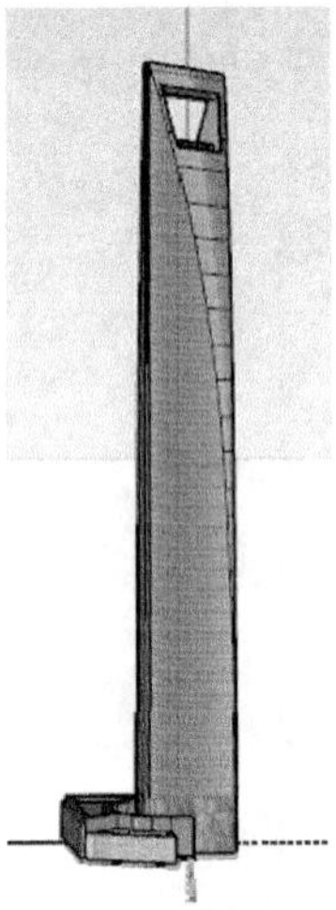

图 2-37　俯视图效果

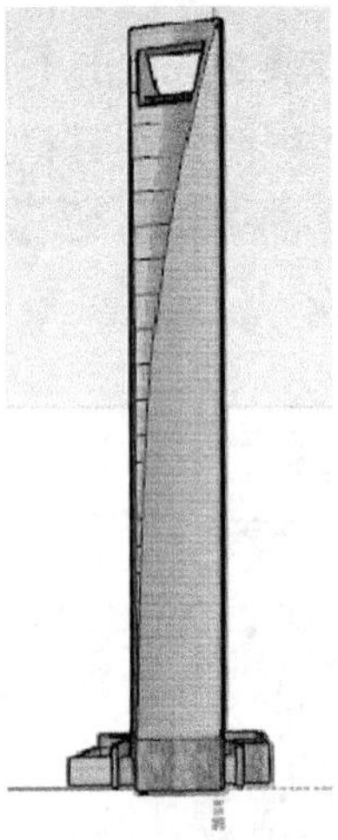

图 2-38　左视图效果

（2）设置自定义模板。

步骤 1：打开 SketchUp Pro 2017 软件，单击“选择模板”按钮，选择“建筑设计-毫米”选项，单击“开始使用 SketchUp”按钮，进入操作界面。

步骤 2：选择“默认面板”→“风格”命令，打开“风格”属性管理面板，在“选择”选项卡的下拉列表中单击任意一种样式，如图 2-39 所示，当前模板即可发生变化。

步骤 3：选择“风格”属性管理面板中的“编辑”选项卡，修改背景、天空、地面的颜色，单击文字后方对应的按钮，进行颜色的调整，如图 2-40 所示。

图 2-39 “风格”属性管理面板

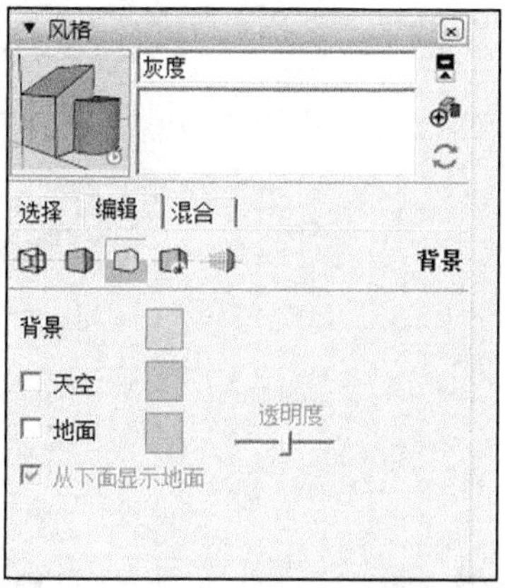

图 2-40 “编辑”选项卡

步骤 4：在拾色器中选择喜欢的颜色，同时预览框内会显示选择的颜色，如图 2-41 所示，单击“确定”按钮即可完成选择。

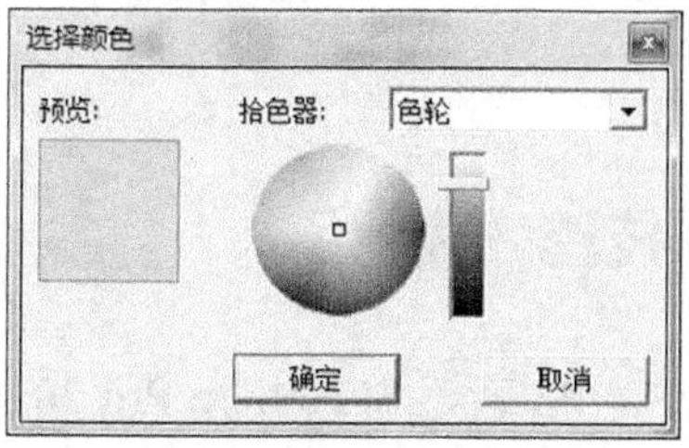

图 2-41 选择颜色

步骤 5：选择“文件”→“另存为模板”命令，打开“另存为模板”对话框，输入名称“自定义模板”，单击“保存”按钮，即可将当前模板进行保存且设置为默认模板。

习题演练场

一、思考题

1. SketchUp Pro 2017 可实现哪些视图的控制？
2. SketchUp Pro 2017“视图”工具栏主要有几个切换视图命令？
3. SketchUp Pro 2017 对象的选择一般有几种方法？

二、实战题

根据自己的作图习惯，设置相应的快捷键，并保存为自定义模板。

第3课

认识 SketchUp Pro 2017 基本工具

技能关键点

- 了解 SketchUp Pro 2017“绘图”工具栏
- 了解 SketchUp Pro 2017“编辑”工具栏
- 了解 SketchUp Pro 2017“主要”工具栏
- 了解 SketchUp Pro 2017“建筑施工”工具栏
- 了解 SketchUp Pro 2017“相机”工具栏

知识加油站

本节课介绍 SketchUp Pro 2017 的基本工具，主要学习 SketchUp Pro 2017 常用的“绘图”“编辑”“主要”“建筑施工”“相机”五大工具栏中各个工具的使用方法。

一、“绘图”工具栏

“绘图”工具栏由“直线”工具按钮、“手绘线”工具按钮、“矩形”工具按钮、“旋转矩形”工具按钮、“圆”工具按钮、“多边形”工具按钮、“圆弧”工具按钮、“扇形”工具按钮组成，如图 3-1 所示。

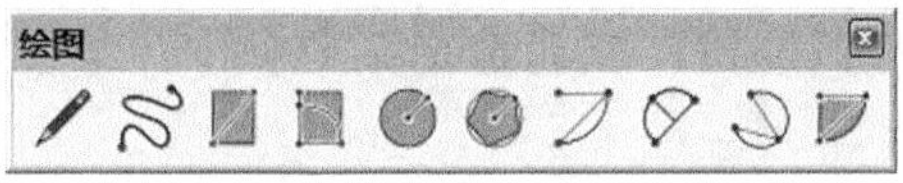

图 3-1 “绘图”工具栏

1. “直线”工具

“直线”工具的功能非常强大，除了可以通过移动光标直接进行绘制外，还能通过“尺寸”“坐标点”选项进行精确绘制。该命令可通过单击“绘图”工具栏中的“直线”工具按钮，或者选择菜单栏中“绘图”→“直线”→“直线”命令来启动。

2. “手绘线”工具

“手绘线”工具用于绘制一些无规则的线段组成的平面，在实际项目中多用于绘制湖河边沿、乱石等。该命令可通过单击“绘图”工具栏中的“手绘线”工具按钮，或者选择菜单栏中“绘图”→“直线”→“手绘线”命令来启动。

3. “矩形”工具

“矩形”工具通过两个对焦点的定位生成规则的矩形，绘制自动生成的封闭矩形平面。该命令可通过单击“绘图”工具栏中的“矩形”工具按钮，或者选择菜单栏中“绘图”→“形状”→“矩形”命令来启动。

4. “旋转矩形”工具

“旋转矩形”工具通过指定矩形的任意两条边和角度，即可绘制任意方向的矩形。该命令可通过单击“绘图”工具栏中的“旋转矩形”工具按钮，或者选择菜单栏中“绘图”→“形状”→“旋转长方形”命令来启动。

5. “圆”工具

圆作为基本图形，广泛应用于各种设计中。该命令可通过单击“绘图”工具栏中的“圆”工具按钮，或者选择菜单栏中“绘图”→“形状”→“圆”命令来启动。

6. “多边形” 工具

使用“多边形”工具可以绘制边数在 3～100 之间的任意正多边形。该命令可通过单击“绘图”工具栏中的“多边形”工具按钮，或者选择菜单栏中“绘图”→“形状”→“多边形”命令来启动。

7. “圆弧” 工具

圆弧是圆的一部分，复杂的弧形通常通过多段圆弧连接而成，“绘图”工具条中包含了三种圆弧工具。“圆弧”工具按钮是根据中心和两点绘制圆弧，“两点圆弧”工具按钮是根据两点绘制圆弧，“3 点画弧”工具按钮是根据 3 点绘制圆弧。可通过单击“绘图”工具栏中对应的圆弧按钮，或者选择菜单栏中“绘图”→“圆弧”选项中对应的圆弧命令来启动。

8. “扇形” 工具

“扇形”工具可以绘制扇形以满足不同的需求。该命令可通过单击“绘图”工具栏中的“扇形”工具按钮，或者选择菜单栏中“绘图”→“圆弧”→“扇形”命令来启动。

二、“编辑”工具栏

“编辑”工具栏由“移动”工具按钮、“推/拉”工具按钮、“旋转”工具按钮、“路径跟踪”工具按钮、“缩放”工具按钮、“偏移”工具按钮组成，如图 3-2 所示。

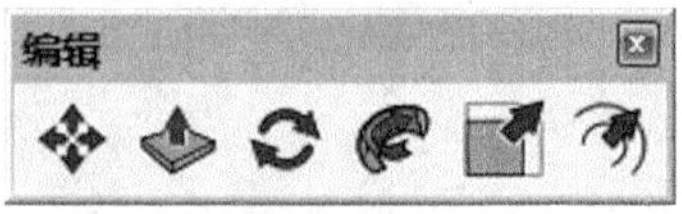

图 3-2 “编辑”工具栏

1. “移动” 工具

“移动”工具不但可以进行对象的移动，还兼具复制功能。该命令可通过单击“编辑”工具栏中的“移动”工具按钮，或者选择菜单栏中“工具”→“移动”命令来启动。

2. “推/拉” 工具

“推/拉”工具是 SketchUp 软件中将二维平面生成三维实体模型最常用的工具。该命令可通过单击“编辑”工具栏中的“推/拉”工具按钮，或者选择菜单栏中“工具”→“推/拉”命令来启动。

3. “旋转”工具

“旋转”工具用于旋转对象，同时也可完成旋转复制。该命令可通过单击“编辑”工具栏中的“旋转”工具按钮，或者选择菜单栏中“工具”→“旋转”命令来启动。

4. “路径跟踪”工具

“路径跟踪”工具可以利用两个二维线型或平面生成三维实体。该命令可通过单击“编辑”工具栏中的“路径跟踪”工具按钮，或者选择菜单栏中“工具”→“路径跟随”命令来启动。

5. “缩放”工具

“缩放”工具用于对象的缩小或放大，即可以进行 *X*、*Y*、*Z* 3 个轴向等比的拉伸，也可以进行任意轴向的非等比拉伸。该命令可通过单击“编辑”工具栏中的“缩放”工具按钮，或者选择菜单栏中“工具”→“缩放”命令来启动。

6. “偏移”工具

“偏移”工具可以将面及线对象在进行移动的同时产生复制效果。该命令可通过单击“编辑”工具栏中的“偏移”工具按钮，或者选择菜单栏中“工具”→“偏移”命令来启动。

三、“主要”工具栏

“主要”工具栏由“选择”工具按钮、“制作组件”工具按钮、“材质”工具按钮、“擦除”工具按钮组成，如图 3-3 所示。

图 3-3 “主要”工具栏

1. “选择”工具

“选择”工具用来选择对象，常见的选择方式有一般选择、框选与叉选、扩展选择 3 种。第 2 课已经进行了讲解，本课不再展开。

2. “制作组件”工具

组件是将一个或多个几何体组合，使之操作起来更为方便，组件可以自己制作，也可以下载。在模型中当要重复制作某部分时，使用组件能让操作者的工作效率大大提高。

制作组件的操作方法是：选择要创建组件的对象，单击“制作组件”工具按钮，弹出“创建组件”对话框，定义名称，单击“创建”即可完成制作组件，如图 3-4 所示。

3. “材质”工具

材质是模型在渲染时产生真实质感的前提，配合灯光系统能使模型表面体现颜色、纹理、明暗等效果，从而使虚拟的三维模型具备真实物体所具有的质感细节。

选择材质的操作方法：选择菜单栏中的“工具”→“材质”命令，或者单击“材质”工具按钮，在操作界面右侧的“默认面板”中出现图3-5所示的“材料”属性管理面板，选择需要的材料，单击对象即可实现材质的切换，如图3-5所示。

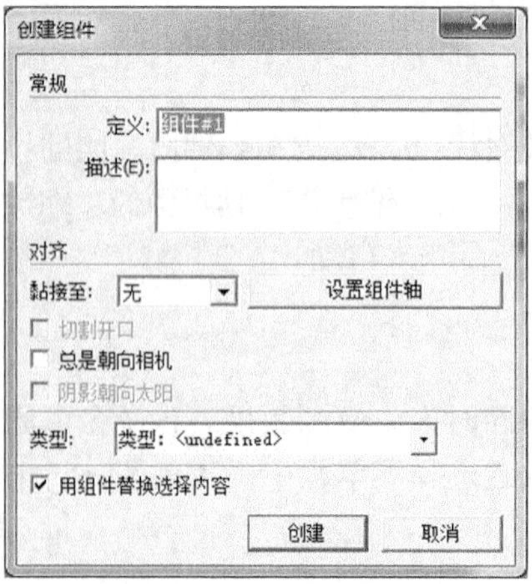

图3-4　创建组件界面

图3-5　“材料”属性管理面板

4. “擦除”工具

“擦除”工具用于擦除场景中各种类型的线性，在实际工作中通常先选择擦除对象，然后按【Delete】键进行擦除。

四、“建筑施工”工具栏

“建筑施工”工具栏由“卷尺工具”工具按钮、“尺寸”工具按钮、“量角器”工具按钮、“文字”工具按钮、“轴”工具按钮、“三维文字”工具按钮组成，如图3-6所示。

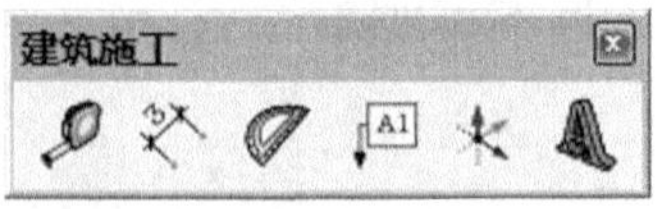

图3-6　“建筑施工”工具栏

1. “卷尺”工具

“卷尺”工具不仅用于距离的精确测量，也可以用于制作精确的辅助线。可通过单击“建筑施工”工具栏中的“卷尺”工具按钮，或者选择菜单栏中“工具”→“卷尺”命令来启动。

2. “尺寸”工具

“尺寸”工具可以满足施工图标注所需要的精度，通过标注长度、半径及直径三种方法来实现。可通过单击“建筑施工”工具栏中的“尺寸”工具按钮，或者选择菜单栏中“工具”→“尺寸”命令来启动。

3. “量角器”工具

“量角器”工具兼具角度测量与制作角度辅助线的功能。可通过单击“建筑施工”工具栏中的“量角器”工具按钮，或者选择菜单栏中“工具”→“量角器”命令来启动。

4. “文字”工具

“文字”工具可以对图形面积、线段长度、定点坐标进行文字标注。可通过单击“建筑施工”工具栏中的“文字”工具按钮，或者选择菜单栏中“工具”→“文字标注”命令来启动。

5. “轴”工具

“轴”工具主要用来自定义坐标轴。可通过单击“建筑施工”工具栏中的“轴”工具按钮，或者选择菜单栏中“工具”→“坐标轴”命令来启动。

6. “三维文字”工具

“三维文字”工具可以快速创建三维或平面的文字效果。可通过单击“建筑施工”工具栏的中的“三维文字”工具按钮，或者选择菜单栏中“工具”→“三维文字”命令来启动。

五、“相机”工具栏

相机工具栏由“环绕观察”工具按钮、“平移”工具按钮、“缩放”工具按钮、“缩放窗口”工具按钮、“充满视窗”工具按钮、“上一个”工具按钮、“定位相机”工具按钮、“绕轴旋转”工具按钮、“漫游”工具按钮组成，如图3-7所示。上一课中已经对相机工具栏中的前6个命令进行了介绍，此处不再重复。

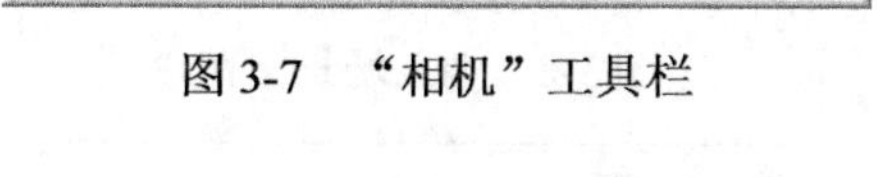

图 3-7 “相机”工具栏

1. “定位相机”工具

“定位相机”工具用于相机位置的确定，将相机（即您的视角）置于特定的视点高度以查看视线或者在模型中漫游。可通过单击“相机”工具栏中的“定位相机”工具按钮，或者选择菜单栏中“相机”→“定位相机”命令来启动。

2. “绕轴旋转”工具

“绕轴旋转”工具用于调整镜头观察方向，与旋转视图的区别是，该旋转将观察点以轴心进行旋转。可通过单击“相机”工具栏中的“绕轴旋转”工具按钮，或者选择菜单栏中“相机”→“绕轴旋转”命令来启动。

3. “漫游”工具

“漫游”工具可以模拟模型跟随观测者移动，从而在镜头视图内产生连续变化的漫游动画效果。可通过单击“相机”工具栏中的“漫游”工具按钮，或者选择菜单栏中“相机”→“漫游”命令来启动。

新手训练营

完成“漫游”动画的制作。

步骤1：打开“漫游动画小实例”文件，将场景文件调入SketchUp Pro 2017软件中，调整合适的角度，单击“漫游”工具按钮，如图3-8所示。在“视点高度”文本框中输入“1600”，设置视高为1600mm，如图3-9所示。

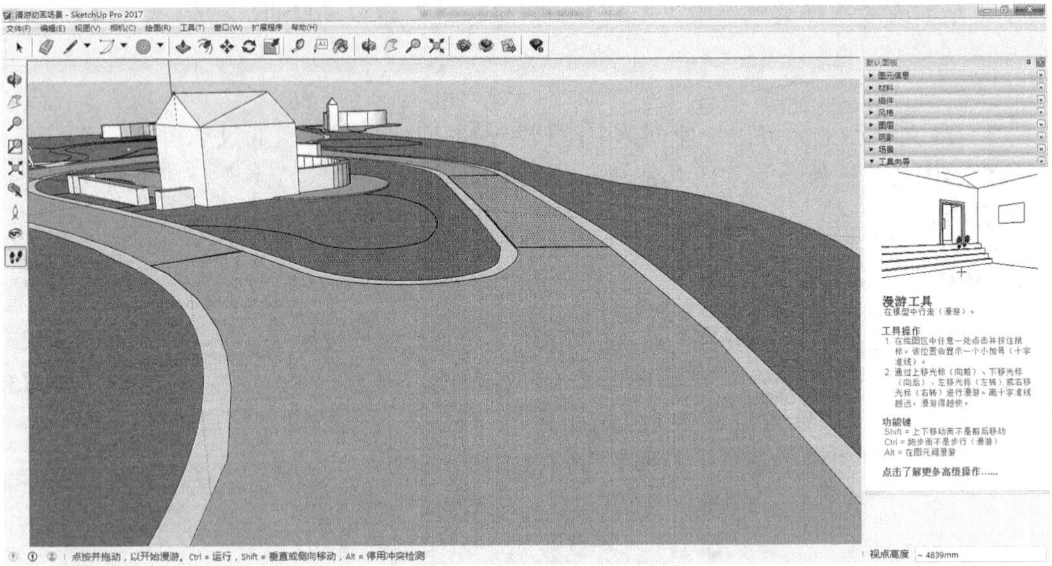

图3-8　调入场景文件

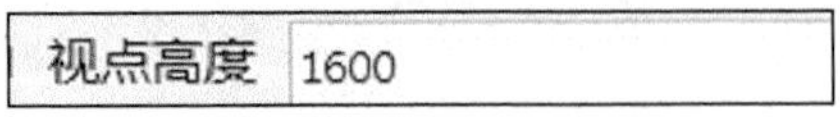

图3-9　设置视高

步骤 2：选择“默认面板”→“场景”选项，打开“场景”属性管理面板，如图 3-10 所示，单击面板上的“添加场景”工具按钮 ⊕ ，打开“警告-场景和样式”对话框，如图 3-11 所示，选择需要的单选按钮，单击“创建场景”按钮，操作界面出现“场景号 1”标签，如图 3-12 所示。

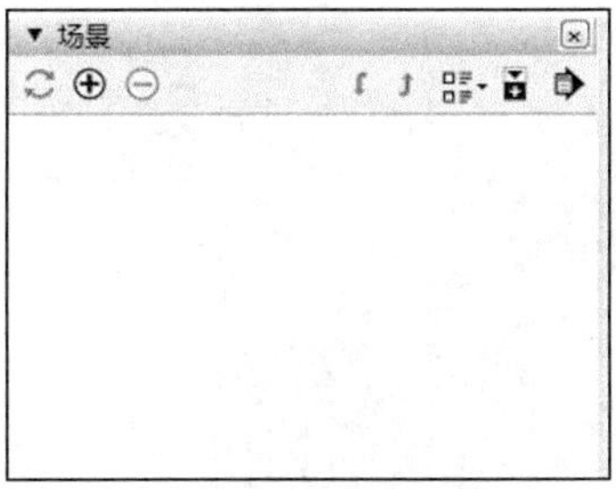

图 3-10 “场景”属性管理面板

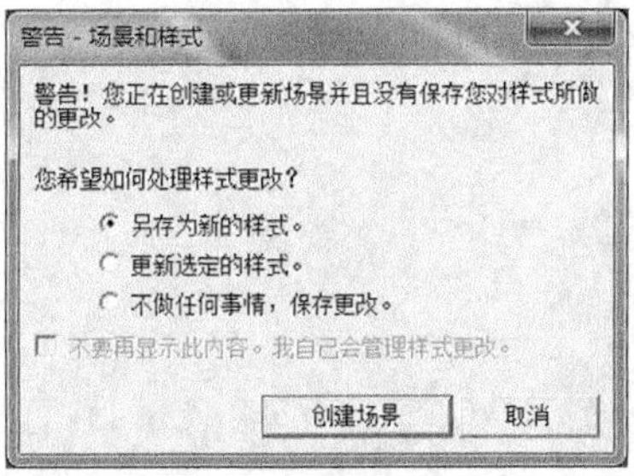

图 3-11 “警告-场景和样式”对话框

图 3-12 进入“场景号 1”界面

步骤 3：按住鼠标左键移动光标到一定的位置，可以右击“场景号 1”进行添加，操作如图 3-13 所示，添加后可出现图 3-14 所示的界面。

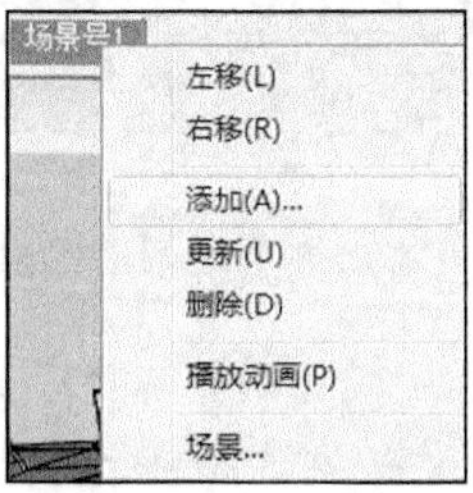

图 3-13 添加“场景号 2”

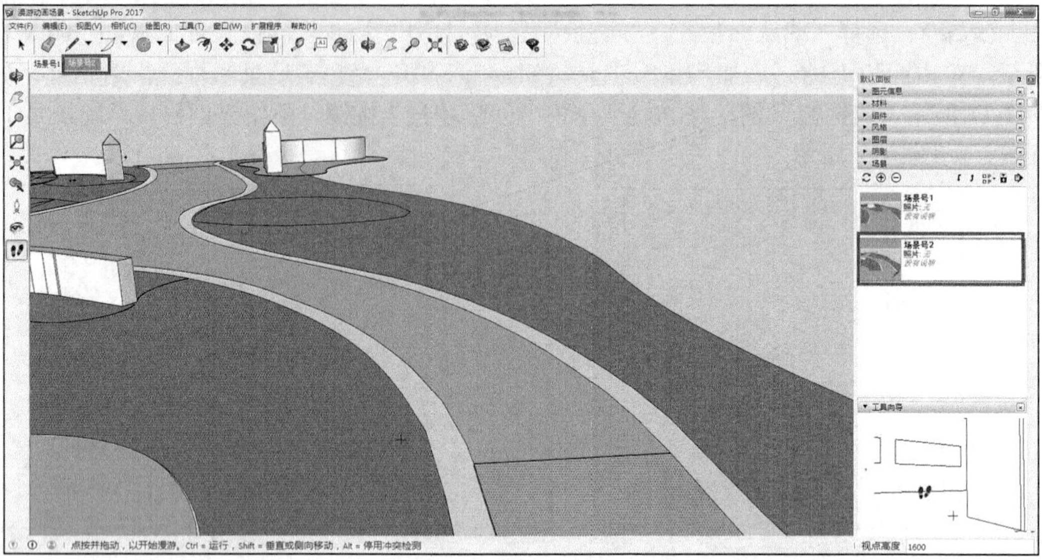

图 3-14　添加“场景号 2”后的操作界面

步骤 4：按照步骤 3 的操作方法，继续添加“场景号 3”“场景号 4”和“场景号 5”，可根据需要添加不同的场景。在操作时，可通过滚动鼠标中键来完成场景操作。本例中添加了 8 个场景，如图 3-15 所示。

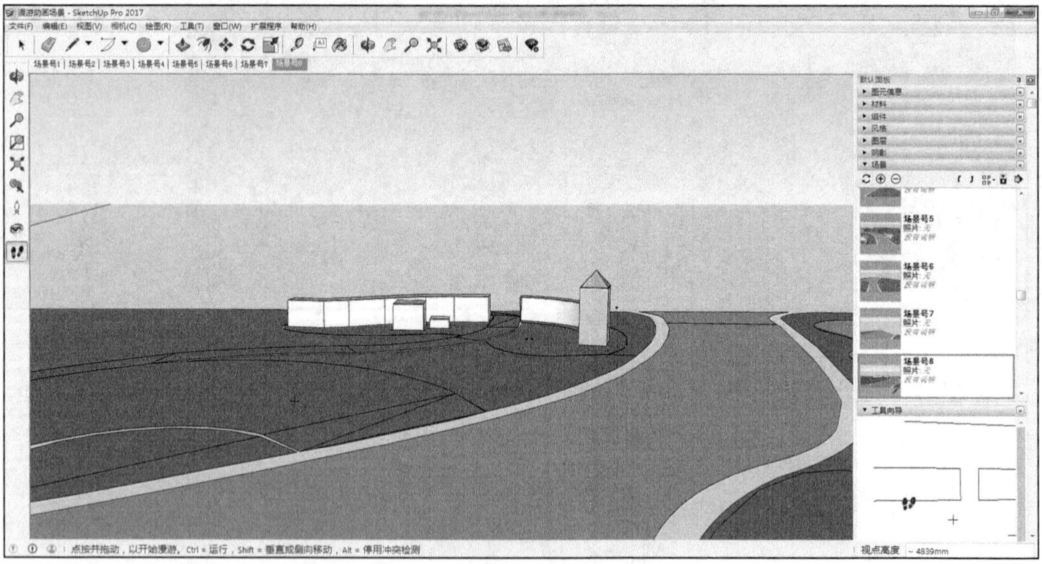

图 3-15　添加 8 个场景后的操作界面

步骤 5：选择菜单栏中“视图”→“动画”→“设置”命令，如图 3-16 所示，打开“模型信息-漫游动画场景”对话框，在列表框中选择“动画”选项，可对动画的“场景转换”和“场景暂停”进行设置，如图 3-17 所示。

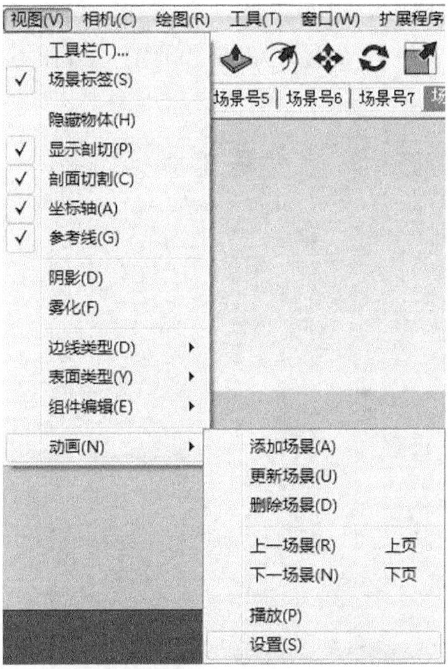

图 3-16　动画设置操作命令

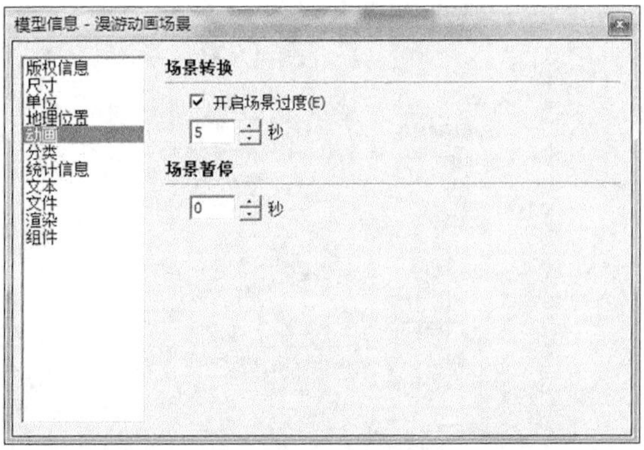

图 3-17　“模型信息-漫游动画场景”对话框

步骤 6：选择菜单栏中“文件”→“导出”→“动画”→“视频”命令，如图 3-18 所示。

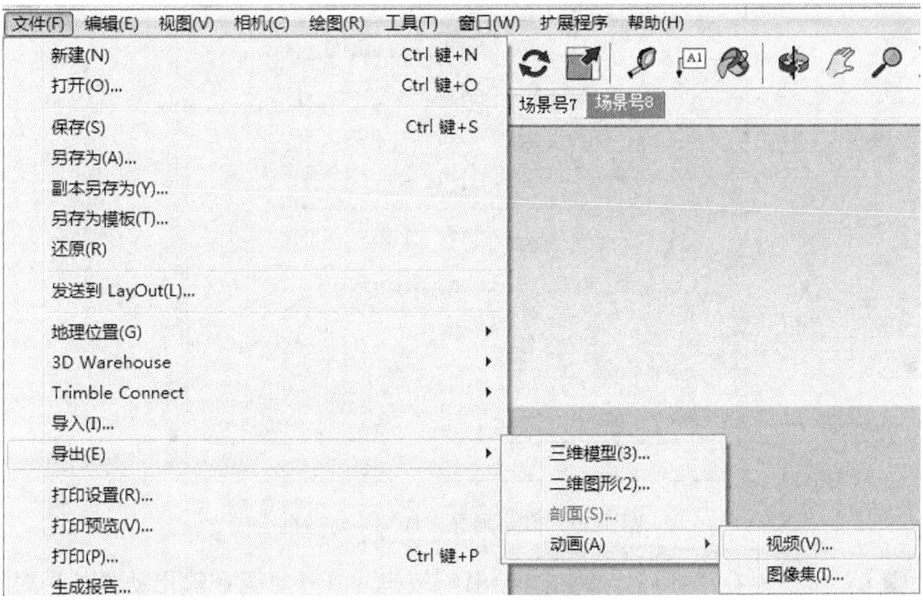

图 3-18　导出动画操作命令

步骤 7：在图 3-19 所示的“输出动画”对话框中，单击“选项”按钮，打开“动画导出选项”对话框，如图 3-20 所示，根据需要进行设置，单击“确定”按钮，完成设置。

图 3-19　“输出动画”对话框

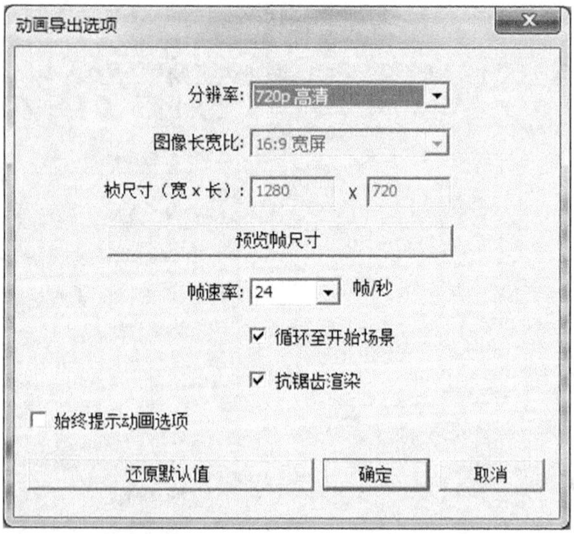

图 3-20　“动画导出选项”对话框

步骤 8：选择保存路径后，单击“导出”按钮，打开“正在输出动画…”对话框，如图 3-21 所示。输出完成后，可到保存的路径下找到动画视频进行观看。

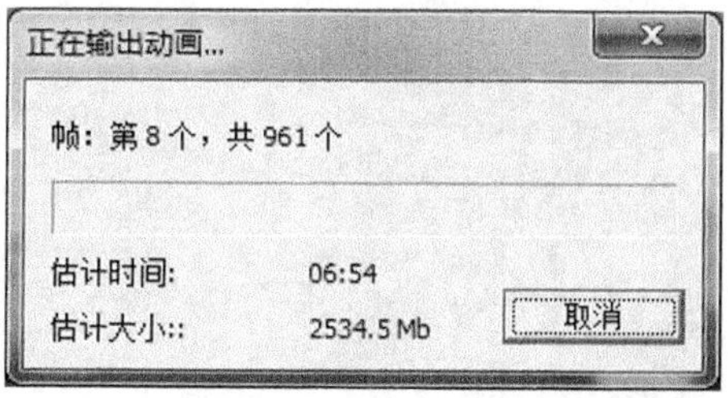

图 3-21 “正在输出动画”对话框

习题演练场

一、思考题

1. SketchUp Pro 2017 常用的 5 个工具栏是什么？
2. 编辑工具栏主要由哪些工具组成？
3. 绘制圆弧时有哪几种绘制的方法？各有什么区别？

二、实战题

调入素材库中的场景，做一个漫游场景动画。

第 4 课

SketchUp Pro 2017 高级工具

技能关键点

- 了解 SketchUp Pro 2017 群组工具
- 了解 SketchUp Pro 2017 图层工具
- 了解 SketchUp Pro 2017 剖面工具
- 了解 SketchUp Pro 2017 光影设置
- 了解 SketchUp Pro 2017 雾化特效
- 了解 SketchUp Pro 2017 实体工具
- 了解 SketchUp Pro 2017 沙盒地形工具

知识加油站

本节课将了解 SketchUp Pro 2017 的一些高级建模工具，主要包括“群组”工具、“图层”工具、“剖面”工具、真实的光影设置、“雾化”特效、实体工具等，从而对 SketchUp Pro 2017 作进一步了解。

一、群组工具

使用“群组”工具，可以将相关的模型进行组合，这样既可减少场景中模型的数量，又便于相关模型的选择与调整。

1. 创建与炸开群组

创建群组的操作方法是：单击工具栏“选择”命令按钮，选择所有的模型面，右击，在弹出的快捷菜单中选择“创建群组”命令，如图 4-1 所示，即可完成群组的创建。群组创建完成后，单击即可选择整体。

如果想取消群组，选择该群组后右击，在弹出的快捷菜单中选择“炸开模型”命令即可，如图 4-2 所示。

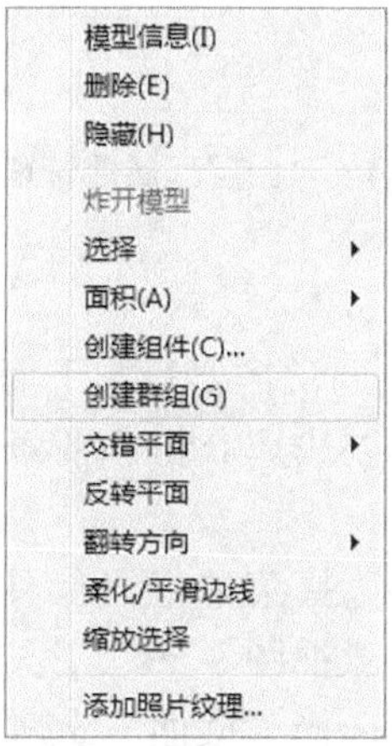

图 4-1 “创建群组”命令

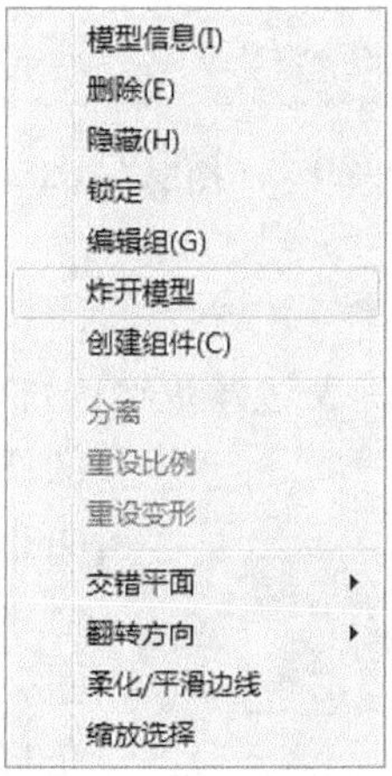

图 4-2 “炸开模型”命令

2. 嵌套群组

如果场景模型较为复杂，还可以使用嵌套群组，即将现有群组进行组合，创建得到新的群组，以进一步简化模型数量。

3. 编辑群组

通过“编辑组”命令，可以暂时打开群组，从而对群组内的模型进行单独调整，调整后又可以恢复到群组状态。

4\. 锁定群组

暂时不需要编辑的群组可以将其锁定，以避免误操作。

二、图层工具

“图层”是一个强有力的模型管理工具，可以对场景模型进行有效的归纳，以方便操作。

图层工具的调入方法是：选择菜单栏“视图”→“工具栏”命令，打开“工具栏”对话框，选择“图层”选项，打开“图层”工具栏，如图 4-3 所示。或者选择操作面板右侧“默认面板”→“图层”选项，打开“图层”属性管理面板，可对“图层”进行编辑，如图 4-4 所示。

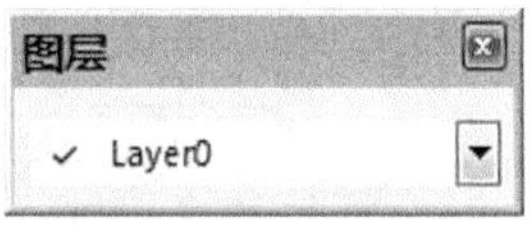

图 4-3　“图层”工具栏

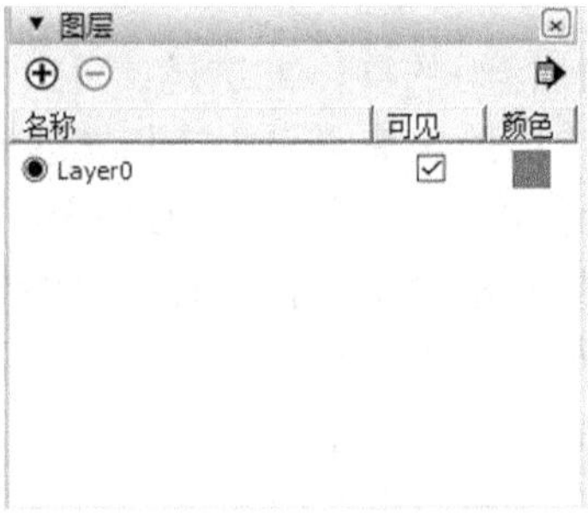

图 4-4　“图层”属性管理面板

三、剖面工具

为了准确表达建筑物内部结构关系与交通组织关系，通常需要绘制平面布局及立面剖切面，利用剖切平面工具可以快速获得当前场景模型的平面布局与立面剖切效果。

剖面工具的调入方法是：选择菜单栏“工具”→“剖切面”命令，也可以选择菜单栏“视图”→“工具栏”命令，在打开的“工具栏”对话框中选择“截面”选项，打开“截面”工具栏，如图 4-5 所示。

图 4-5　“截面”工具栏

四、光影设置

SketchUp Pro 2017 可以准确模拟阳光光影效果。

设置准确的场景模型地理位置，是 SketchUp 产生准确光影效果的前提，通过“模型信息”命令可以进行模型精确的定位。

光影设置的具体操作方法是：打开一个模型，设置“阴影”效果，选择菜单栏“窗口”→“模型信息”命令，打开“模型信息”对话框，在列表框中选择“地理位置”

选项，此时在“地理位置”选项区域中，可以看到当前场景并未准确定位，如图 4-6 所示。

单击“高级设置”选项区域的“手动设置位置”按钮，打开“手动设置地理位置”对话框，在“纬度”“经度”文本框内可以输入准确的位置信息，如图 4-7 所示。单击“确定”按钮，完成设置，即可发现场景中模型阴影已经发生了变化。此时，“地理位置”界面内的经纬度也发生了变化，如图 4-8 所示。

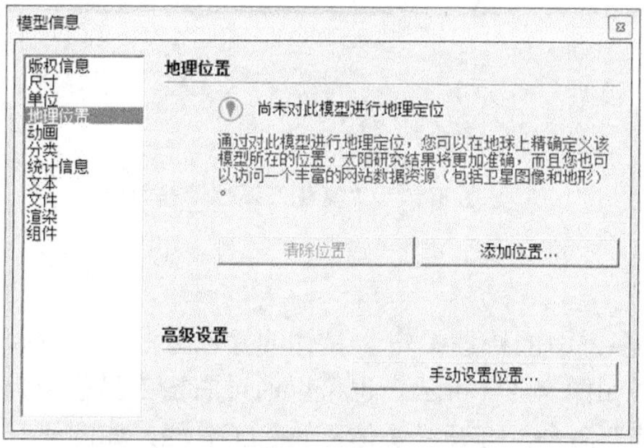

图 4-6　显示尚未对此模型进行地理位置定位

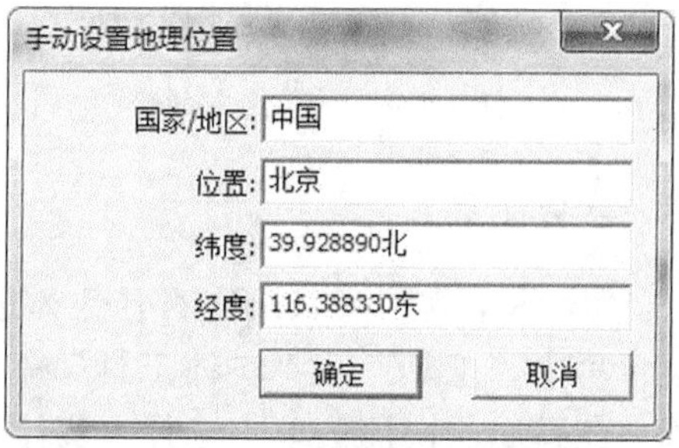

图 4-7　“手动设置地理位置”对话框

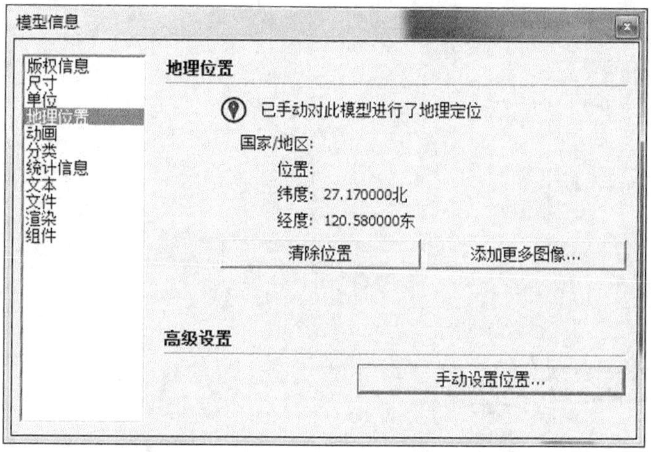

图 4-8　“地理位置”设置完成

五、雾化特效

为场景添加“雾化”特效，以增强环境氛围，具体的操作方法是：选择菜单栏中“窗口”→“默认面板”→“雾化”命令，如图 4-9 所示。在操作界面右侧的“默认面板”中，出现“雾化”属性管理面板，如图 4-10 所示。

图 4-9 “雾化”命令

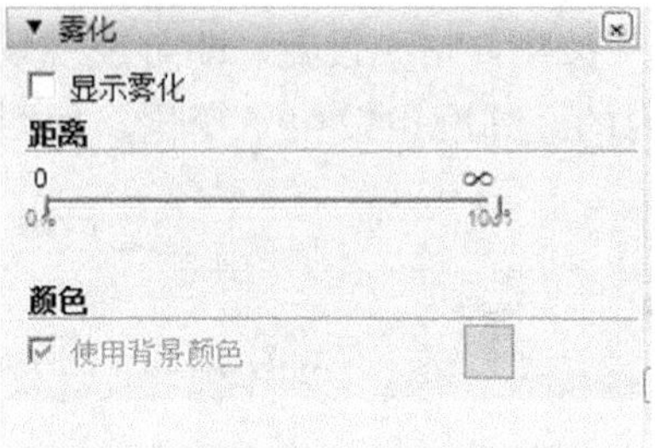

图 4-10 “雾化”属性管理面板

六、实体工具

“实体工具”可以快速对几何体进行多方面的快速编辑。具体的操作方法是：选择菜单栏中“工具”→“实体工具”命令，如图 4-11 所示。也可以通过右击工具栏空白处，在弹出的快捷菜单中选择“实体工具”命令，打开“实体工具”工具栏，如图 4-12 所示。“实体工具”的工具栏由“实体外壳”工具按钮、“相交”工具按钮、“联合”工具按钮、“减去”工具按钮、“剪辑”工具按钮、“拆分”工具按钮组成。

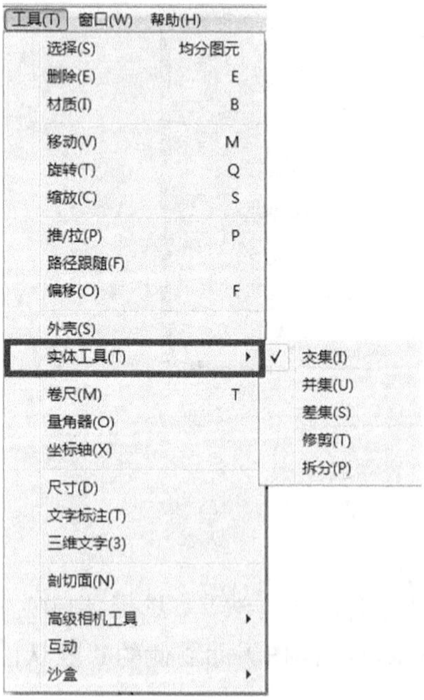

图 4-11 “实体工具”命令

图 4-12 “实体工具”工具栏

1. “实体外壳”工具

“实体外壳”工具可以快速将多个单独的实体模型合并成一个实体。

2. “相交”工具

“相交”工具可以快速获取实体间相交的部分模型。

3. “联合”工具

“联合”工具可以将多个实体进行合并。

4. “减去”工具

“减去”工具可以将某个实体与其他实体相交的部分进行切除。

5. “剪辑”工具

“剪辑”工具的功能类似于布尔运算中的“减去”工具，但其在进行实体接触部分切除时，不会删除用于切除的实体。

6. “拆分”工具

“拆分”工具类似于布尔运算中的“相交”工具，但该工具在获得实体间相交部分的同时，仅删除“实体”间接触的部分。

七、沙盒地形工具

“沙盒”工具是一个地形工具，用于制作三维地形效果。具体的操作方法是：选择菜单栏中“工具”→“沙盒”命令下的选项，如图 4-13 所示。也可以通过右击工具栏空白处，在弹出的快捷菜单中选择“沙盒”命令，打开“沙盒”工具栏，如图 4-14 所示。“沙盒”工具栏由“根据等高线创建”工具按钮、“根据网格创建”工具按钮、“曲面起伏”工具按钮、“曲面平整”工具按钮、“曲面投射”工具按钮、“添加细部”工具按钮、“对调角线”工具按钮组成。

1. “根据等高线创建”工具

“根据等高线创建”工具可以将多条地形线转变为三维地形实体。

2. “根据网格创建”工具

“根据网格创建”工具可以创建细分网格地形，并能进行细节的刻画，以制作真实的地形效果。

3. “曲面起伏”工具

“曲面起伏”工具可以在平面的网格上形成地形起伏细节。

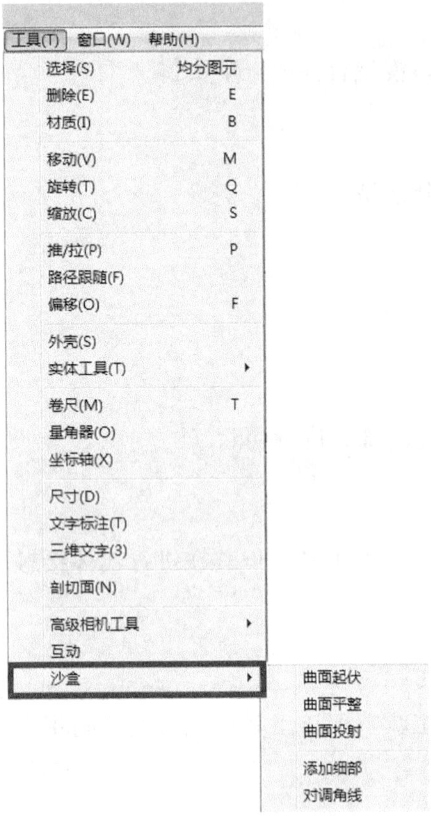

图 4-13 “沙盒”命令

图 4-14 “沙盒”工具栏

4. “曲面平整”工具

“曲面平整”工具可以在起伏的地形上快速制作放置建筑物的平面。

5. “曲面投射”工具

“曲面投射”工具可以在连绵起伏的地形上快速制作公路效果。

6. “添加细部”工具

“添加细部”工具可以在需要表达细节的地方增大细分面，而其他区域只保持较少的细分面。

7. “对调角线”工具

“对调角线”工具可以根据地势走向对应改变对角边线方向，从而使地形变得平缓一些。

新手训练营

完成“图层”动画的制作。

步骤1：打开“图层动画小实例”文件，进入SketchUp Pro 2017操作界面，如图4-15所示。

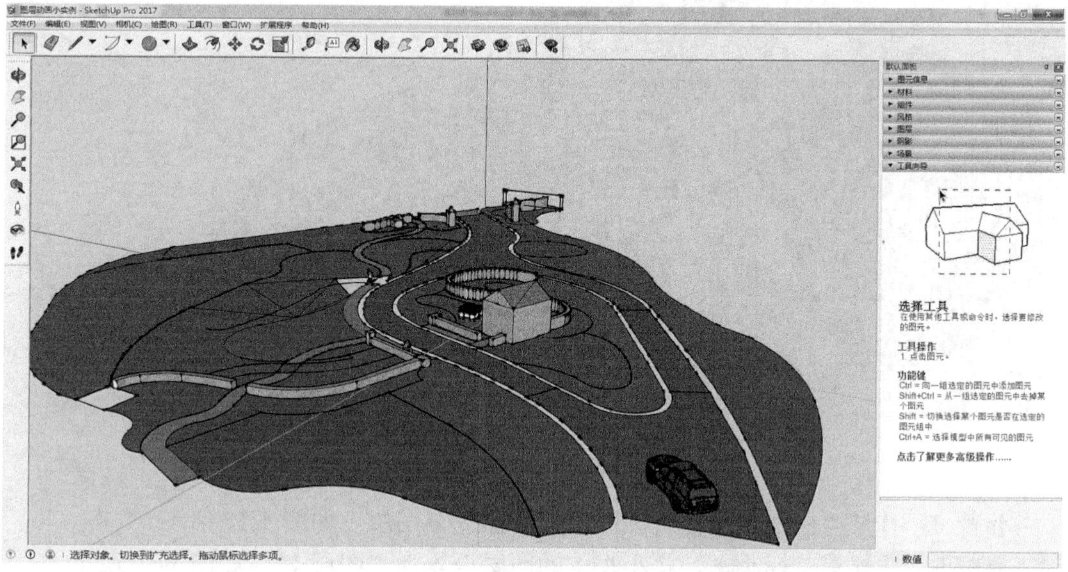

图4-15 “图层动画小实例”操作界面

步骤2：选择已经成组的小车，利用“移动”工具进行复制，操作中可通过“旋转”工具进行旋转，来调整小车的位置，如图4-16所示。

图4-16 复制一辆小车

步骤 3：使用同样的方法复制小车，使整个场景摆出 6 辆小车，尽可能在复制时，保持每 2 辆小车之间的距离是一致的，这样生成的动画会流畅一些，如图 4-17 所示。

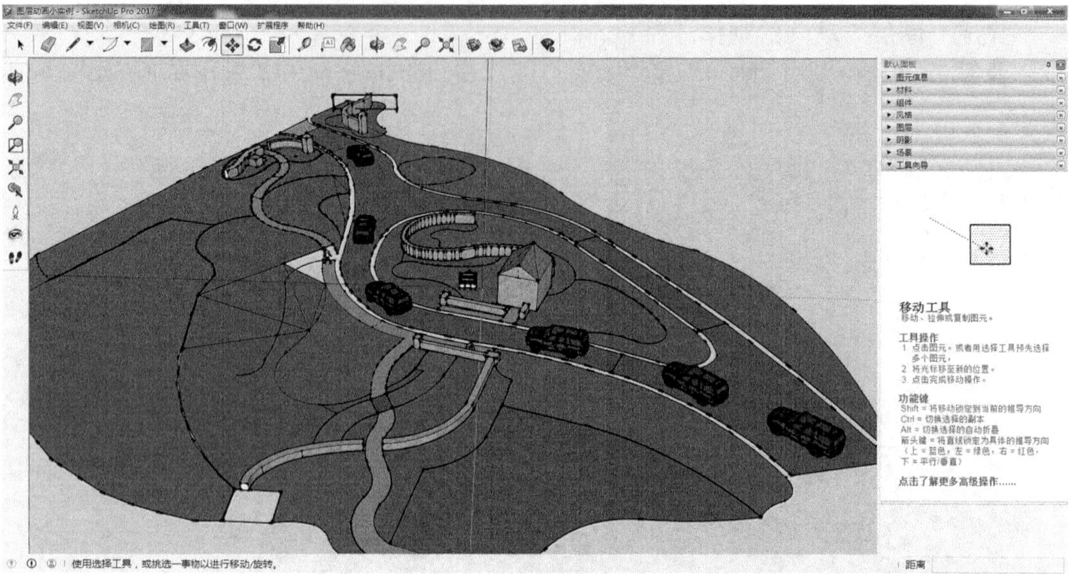

图 4-17　复制 6 辆小车

步骤 4：打开“图层”属性管理面板，新建 6 个图层，如图 4-18 所示。

步骤 5：选择第 1 辆小车，将小车 1 的图层设置为“图层 1”，如图 4-19 所示。

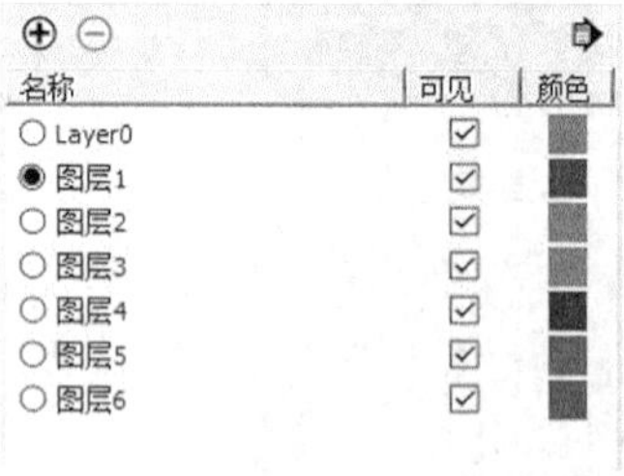

图 4-18　“图层”属性管理面板

图 4-19　设置小车 1 的图层

步骤 6：按同样的方法，设置小车 2 的图层为“图层 2”，小车 3 的图层为“图层 3”，以此类推。

步骤 7：调整好角度后，取消选择“图层 2”至“图层 6”的“可见”复选框，将其可见性暂时隐藏，只保留“图层 1”和“图层 0”的可见性，如图 4-20 所示。

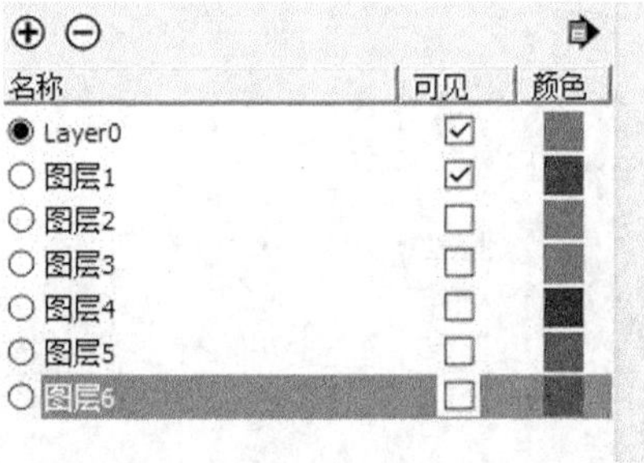

图 4-20　调整图层可见性界面

步骤 8：选择菜单栏中的“视图”→“动画”→“添加场景”命令，如图 4-21 所示。也可以通过选择“默认面板”→“场景”选项，打开“场景”属性管理面板进行设置，如图 4-22 所示。

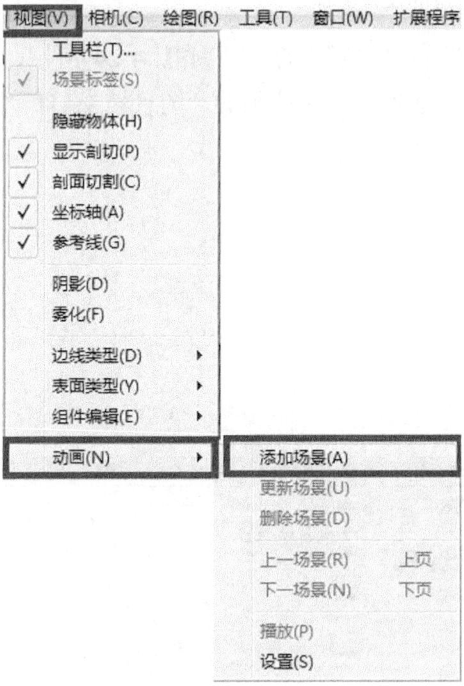

图 4-21　“添加场景”命令

图 4-22　“场景”属性管理面板

步骤 9：打开“图层”属性管理面板，取消选择“图层 1”的“可见”复选框，然后勾选“图层 2”的“可见”复选框，右击“场景 1”，在弹出的快捷菜单中选择添加“场景 2”，按照同样的方法，创建“场景 3”至“场景 6”，如图 4-23 所示。

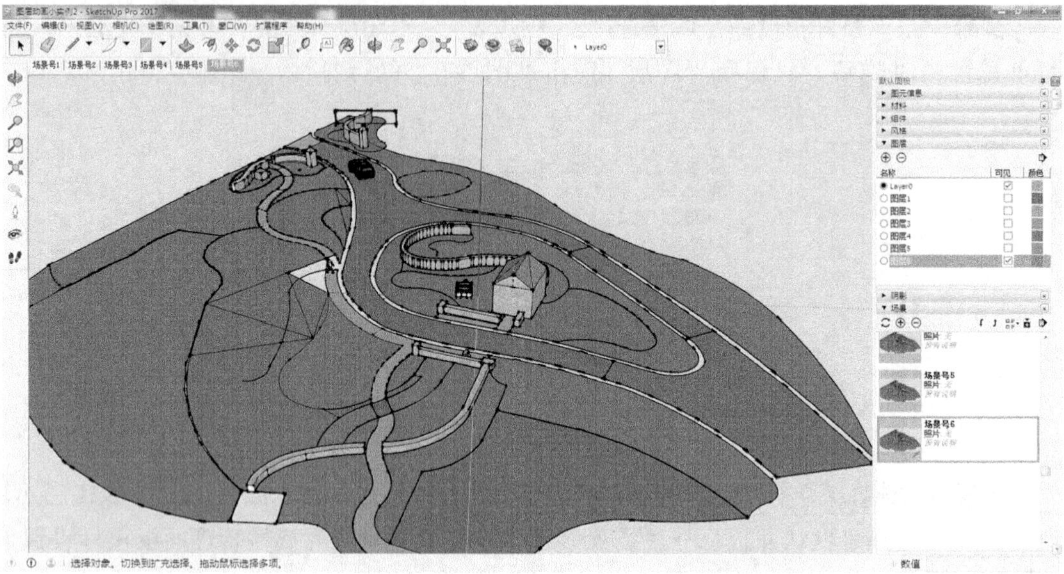

图 4-23　创建 6 个场景后的操作界面

步骤 10：选择菜单栏中“视图”→“动画”→“设置”命令，如图 4-24 所示，打开“模型信息”对话框，在列表框中选择“动画”选项，可对动画的“场景转换”和“场景暂停”进行设置，如图 4-25 所示。

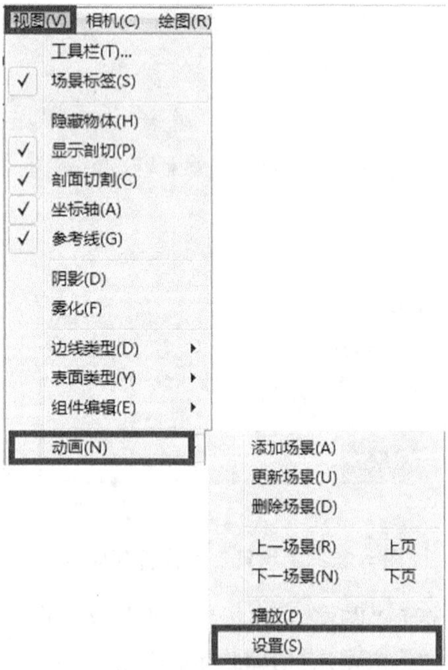

图 4-24　动画设置的操作

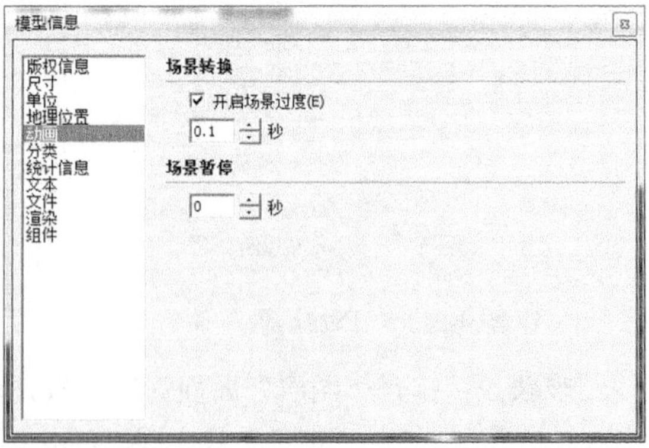

图 4-25　“模型信息”对话框

步骤 11：选择菜单栏中“视图”→“动画”→“播放”命令，如图 4-26 所示，即可观察动画效果。

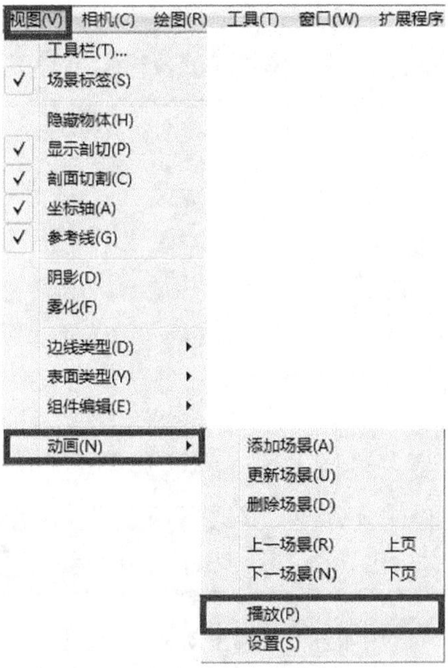

图 4-26 预览动画操作界面

步骤 12：选择菜单栏中“文件”→“导出”→“动画”→“视频”命令，如图 4-27 所示。

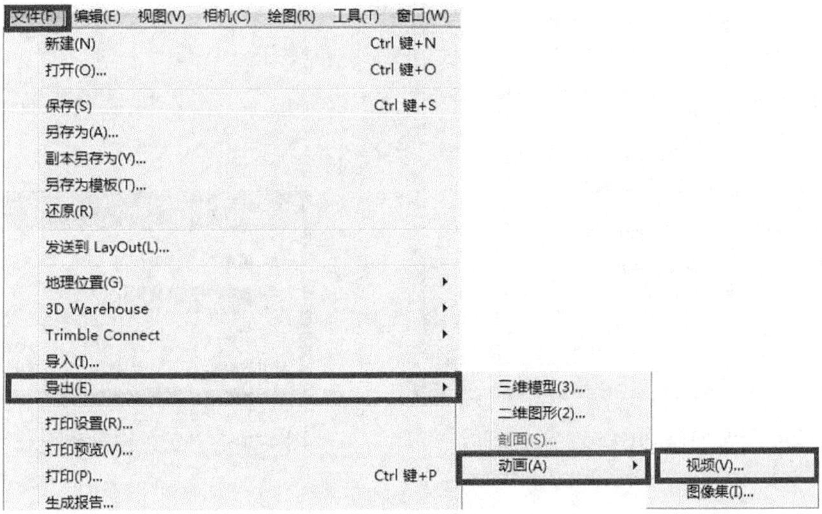

图 4-27 导出动画操作步骤

步骤 13：在图 4-28 所示的“输出动画”对话框中，单击“选项”按钮，打开“动画导出选项”对话框，如图 4-29 所示。根据需要进行设置，单击“确认”按钮，完成设置。

图 4-28 “输出动画”对话框

步骤 14：选择保存路径后，单击“导出”按钮，打开“正在输出动画...”对话框，如图 4-30 所示。输出完成后，可到保存的路径下找到动画视频进行观看。

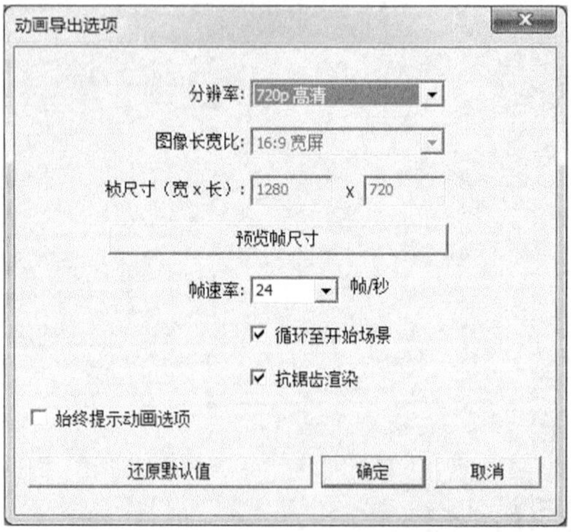

图 4-29 “动画导出选项”对话框

图 4-30 “正在输出动画...”对话框

习题演练场 ★

一、思考题

1. “群组”工具主要有哪些命令？各有什么功能？
2. 调出“场景”的方法有哪些？
3. “沙盒”工具栏的调出方法有哪些？该工具栏上有哪些命令？

二、操作题

根据“新手训练营”中的示例，调入素材库中的场景，自行设计完成一个“图层”动画的制作。

第 5 课

管理 SketchUp Pro 2017 文件与插件

技能关键点

- 了解 SketchUp Pro 2017 文件的导入功能。
- 了解 SketchUp Pro 2017 文件的导出功能。
- 了解 SketchUp Pro 2017 插件的管理功能。

知识加油站

SketchUp Pro 2017 虽然是一个面向方案设计的软件，但通过运用其文件的导入与导出功能，可以很好地与 AutoCAD、3ds Max、Photoshop 及 Piranesi 等常用图形、图像软件连接。

一、导入功能

SketchUp Pro 2017 具有十分强大的导入功能，可以导入 DWG、3DS 格式文件及图片文档。本节课介绍 AutoCAD 文件的导入方法与技巧。

1. 导入 AutoCAD 文件

通过导入精确的 AutoCAD 图样，可以制作高精度、高细节的三维模型。

SketchUp Pro 2017 支持 AutoCAD 中 DWG/DXF 两种格式文件的导入，具体的操作方法是：选择菜单栏中“文件”→“导入”命令，如图 5-1 所示，打开“导入”对话框，选择文件类型为“AutoCAD 文件”，如图 5-2 所示。

图 5-1 选择“导入”命令

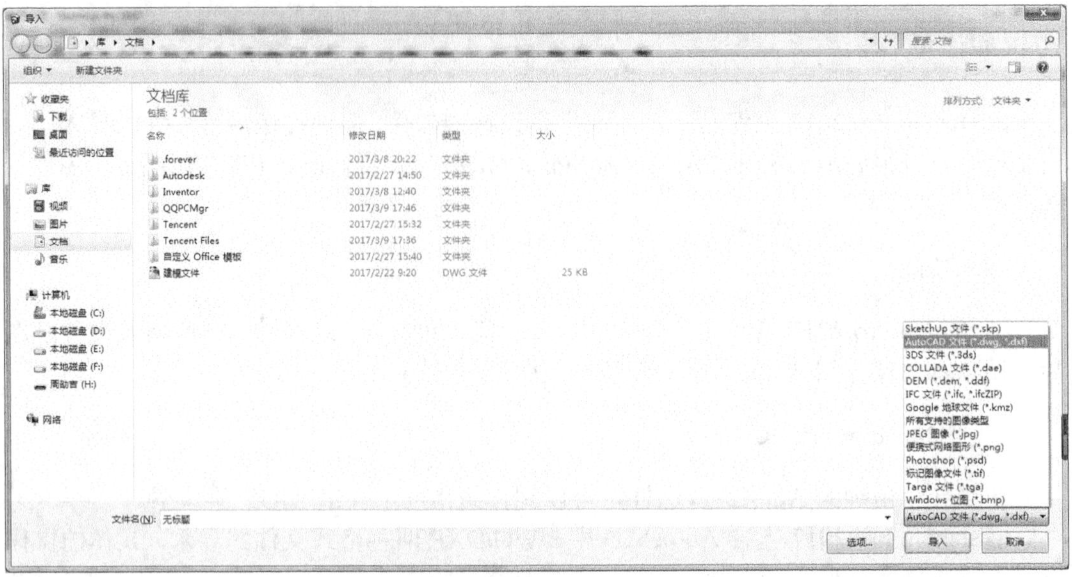

图 5-2　选择文件类型

单击“选项”按钮，打开“导入 AutoCAD DWG/DXF 选项”对话框，如图 5-3 所示。

文件导入后，将打开“导入结果”对话框，显示输入、简化和忽略的 AutoCAD 实体信息，如图 5-4 所示。单击“关闭”按钮，即可完成 AutoCAD 文件的导入。

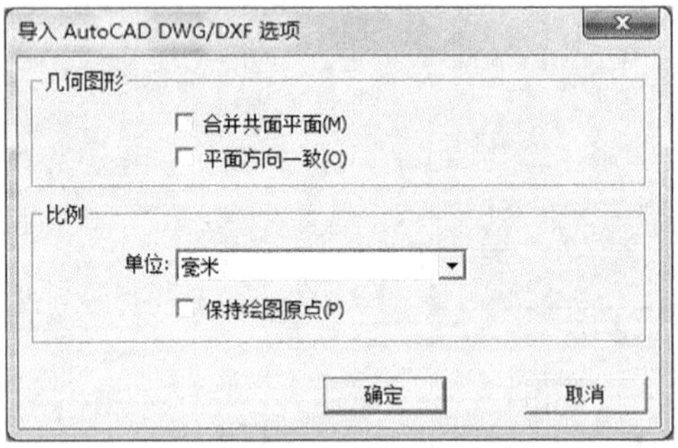

图 5-3　“导入 AutoCAD DWG/DXF 选项”对话框

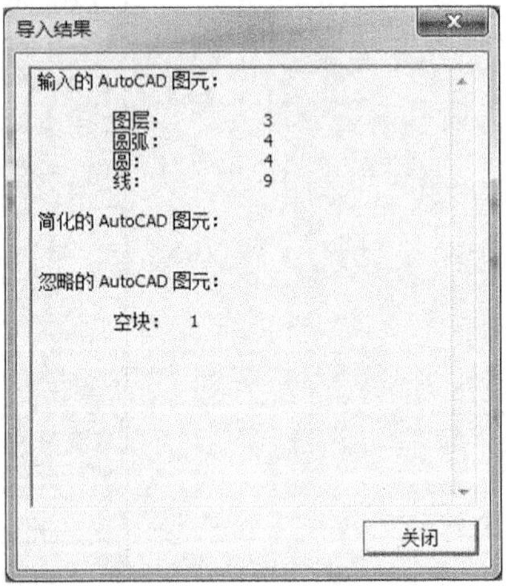

图 5-4　“导入结果”对话框

2. 导入其他的文件格式

SketchUp Pro 2017 还支持“*.3ds”格式的三维文件导入及“*.jpg”“*.png”“*.tif”“*.tga”等常用二维图像格式文件的导入。

二、SketchUp Pro 2017 导出功能

通过 SketchUp Pro 2017 文件导出功能，可以将文件导出为 3ds Max、AutoCAD 等常用设计软件可以识别的格式。

1. 导出 AutoCAD 文件

SketchUp Pro 2017 可以将场景内的三维模型（包括单面对象）以 DWG/DXF 两种格式导出为 AutoCAD 可用文件。在导出 AutoCAD 文件时，用户可以根据需要设置相应的 AutoCAD 导出选项参数，如图 5-5 所示。

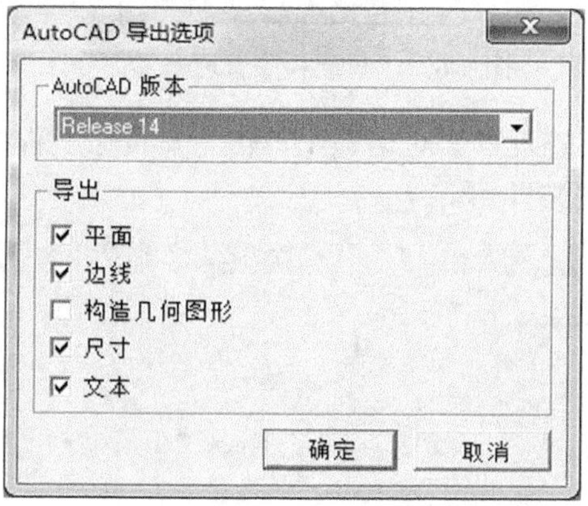

图 5-5 “AutoCAD 导出选项”对话框

在“AutoCAD 版本”下拉列表中，用户可以根据当前系统安装的 AutoCAD 版本选择对应的版本号。

在“导出”选项区域中，用户通过勾选其下的各个复选框，可以导出 SketchUp Pro 2017 中对应的图像元素，通常勾选“平面”复选框即可，这样既能快速导出“*.dwg”格式文件，又能降低模型文件的大小。

2. 导出常用的三维文件

SketchUp Pro 2017 除了可以导出“*.dwg”文件格式外，还可以导出“*.3ds”、“*.obj”、“*.wrl”、“*.xsi”等常用三维格式文件。

三、SketchUp Pro 2017 插件功能

SketchUp 插件是针对 SketchUp 的功能缺陷而开发的，合理地使用插件可提高工作效率，但要注意不要过度依赖插件。SketchUp 插件的后缀为*.rb，不同的版本安装插件的方法各异，具体的操作方法是：打开 SketchUp Pro 2017，选择菜单栏中“窗口”→“扩展程序管理器”命令，如图 5-6 所示。

图 5-6 “扩展程序管理器”命令

在打开的“扩展程序管理器”对话框中单击“安装扩展程序”按钮，如图 5-7 所示。选择已下载的程序进行安装即可。

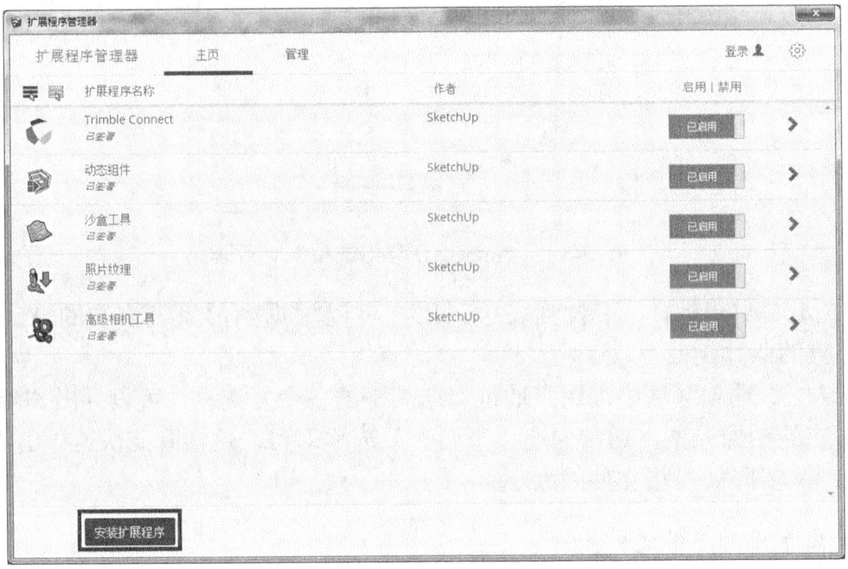

图 5-7 “扩展程序管理器”对话框

有些插件有自己的安装文件，如 SUAPP 插件，只需下载安装包进行安装即可。本节课主要讲解 SUAPP 插件，插件安装后进入操作界面，可调出“SUAPP3 基本工具栏”，如图 5-8 所示。同时，操作界面的菜单栏会增加一个“扩展程序”选项，如图 5-9 所示。

图 5-8 SUAPP3 基本工具栏

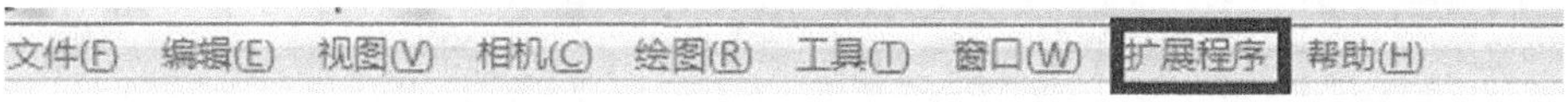

图 5-9　装有插件后的菜单栏

选择菜单栏中的“扩展程序”→“SUAPP 设置”命令，可对插件进行设置，如图 5-10 所示。

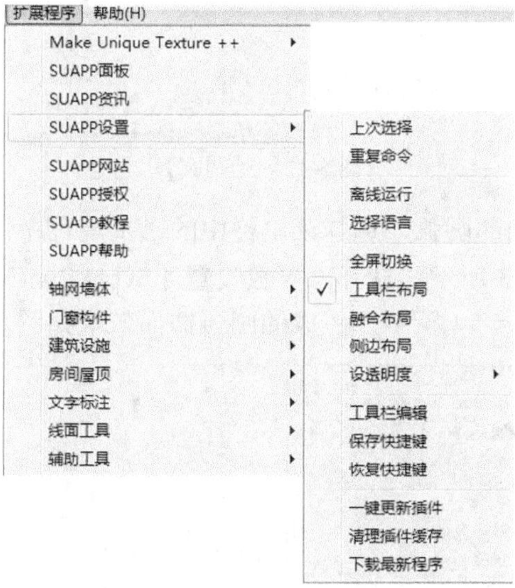

图 5-10　“SUAPP 设置”命令

选择“SUAPP 设置”→“工具栏布局”命令，打开 SUAPP 工具栏，如图 5-11 所示。SUAPP 工具栏主要由“主要功能”“轴网墙体”“门窗构造”“建筑设施”“房间屋顶”“文字标注”“线面工具”“辅助工具”“图层群组”“三维体量”“渲染动画”组成。

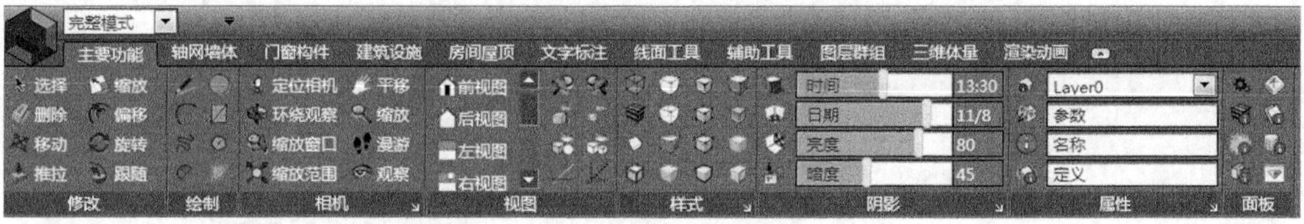

图 5-11　“SUAPP 工具栏”布局

新手训练营

完成“弧形窗户”的设计。

步骤 1： 单击“圆弧”工具按钮，绘制一条圆弧（长为 3000mm，高为 1000mm），如图 5-12 所示。

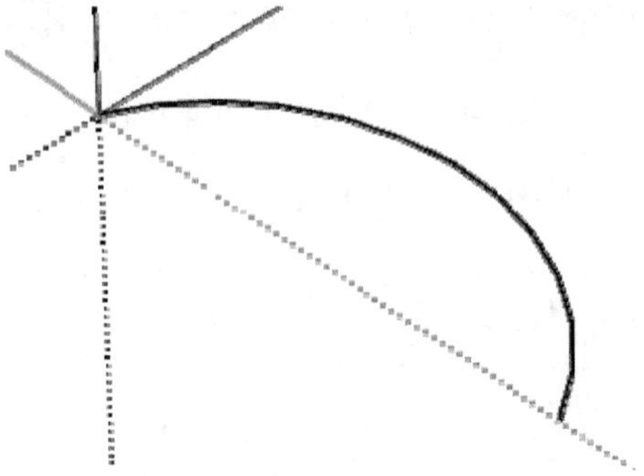

图 5-12　绘制圆弧

步骤 2：选择已绘制的圆弧，选择菜单栏中的“扩展程序”→“轴网墙体”→“拉线升墙”命令，如图 5-13 所示。打开“参数设置［SUAPP.ME 汉化］”对话框，输入墙体高度为“1800”，如图 5-14 所示，生成的圆弧曲面效果如图 5-15 所示。

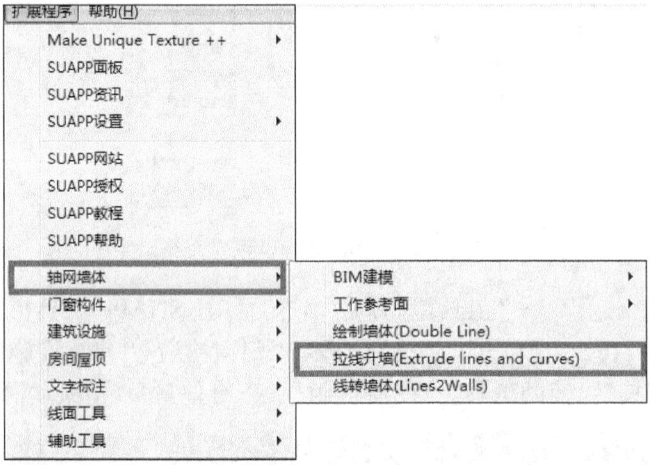

图 5-13　“拉线升墙”命令

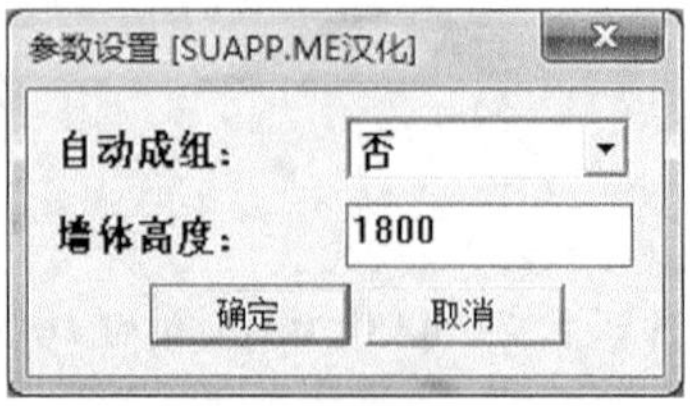

图 5-14　“拉线升墙”参数设置对话框

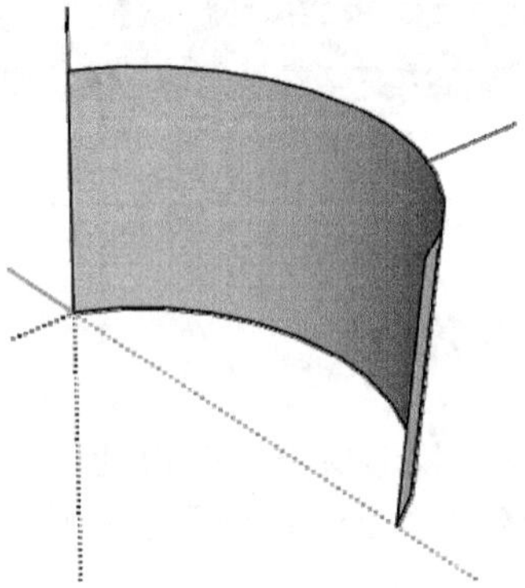

图 5-15　执行“拉线升墙”命令后的效果图

步骤 3：选择菜单栏中的“扩展程序”→“辅助工具”→“Fredo6 插件集”→“表面偏移”命令，如图 5-16 所示。

图 5-16　选择“表面偏移”命令

步骤 4：拾取该曲面，向外拖动，输入偏移值为“200mm”，如图 5-17 所示，生成效果如图 5-18 所示。

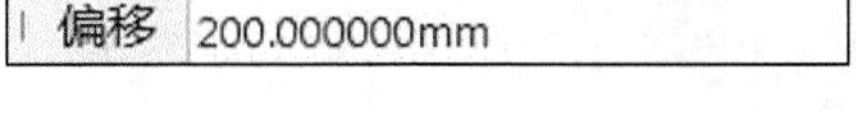

图 5-17　输入“200”偏移量

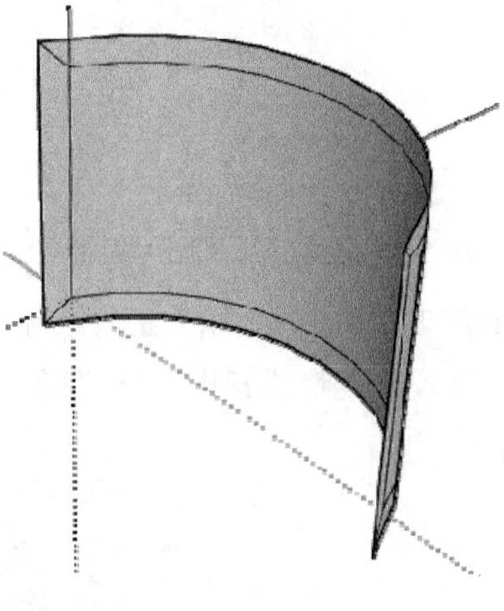

图 5-18　执行“表面偏移”命令的效果图

步骤 5：选择内侧曲面，选择菜单栏中的“扩展程序”→“辅助工具”→“超级推拉”→“联合推拉”命令，如图 5-19 所示。按住鼠标左键向外拖动曲面，输入推拉值为“-200mm”，效果如图 5-20 所示。

步骤 6：选择菜单栏中的“视图”→“隐藏物体”命令，如图 5-21 所示。把隐藏的边线显示出来，如图 5-22 所示。

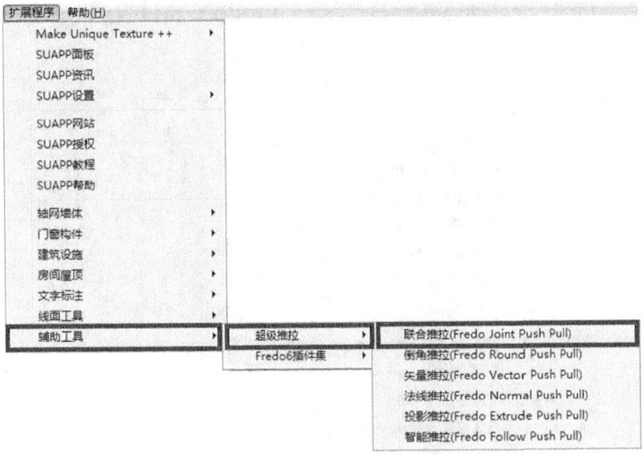

图 5-19 选择“联合推拉”命令

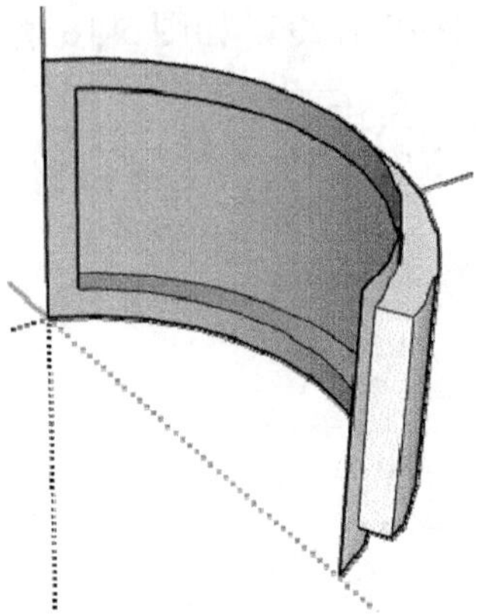

图 5-20 执行“联合推拉”命令后的效果图

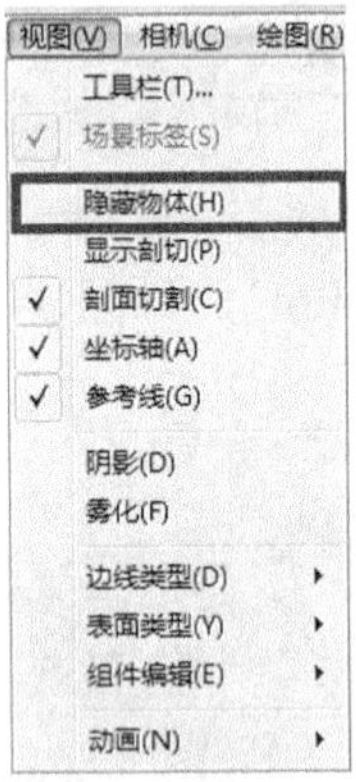

图 5-21 选择“隐藏物体”命令

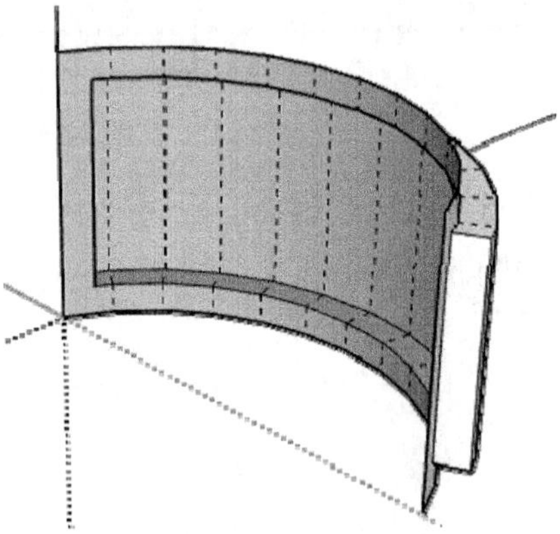

图 5-22 执行“隐藏物体”命令的效果图

步骤 7：单击“直线”工具按钮，捕捉结构线的位置，绘制 3 条直线，如图 5-23 所示。选择菜单栏“视图”→“隐藏物体”命令，把勾选去除，将曲面进行四等分。

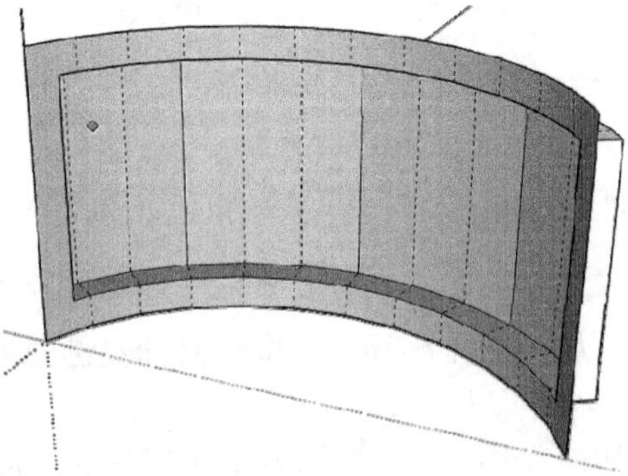

图 5-23 执行“直线”命令绘制的效果图

步骤 8：单击其中的一个面，选择“表面偏移”命令，操作方法同步骤 3，使这个面向内偏移 50mm，如图 5-24 所示。直接双击其他 3 个平面，完成相应的偏移操作。4 个平面完成向内偏移后的效果如图 5-25 所示。

图 5-24 指定平面向内偏移 50mm 的效果图

图 5-25 四个平面完成向内偏移后的效果图

步骤 9：单击选中 4 个偏移后的内表面，选择“超级推拉”命令，操作方法同步骤 5，输入推拉值为“-50mm”，使 4 个表面均向外推拉 50mm，效果如图 5-26 所示。

图 5-26 向外推拉 50mm 效果图

步骤 10：在“默认面板”中打开“材料”属性管理面板，在“编辑”选项卡中打开“玻璃和镜子”下拉列表框，选择“半透明安全玻璃”材料，如图 5-27 所示，单击 4 个内表面，完成透明窗户的设置，效果如图 5-28 所示。

图 5-27 “材料”属性管理面板

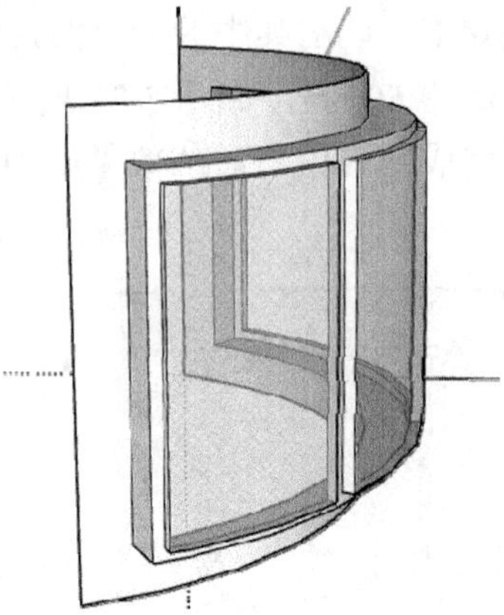

图 5-28 设置材料后的效果图

习题演练场 ★

一、思考题

1. SketchUp Pro 2017 能完成哪些文件的导入与导出？
2. SketchUp Pro 2017 导出 AutoCAD 文件时支持哪些格式文件的导出？
3. SUAPP 插件的工具栏主要由哪些部分组成？

二、实战题

使用 SUAPP 插件工具，完成如图 5-29 所示的造型绘制，尺寸自拟。

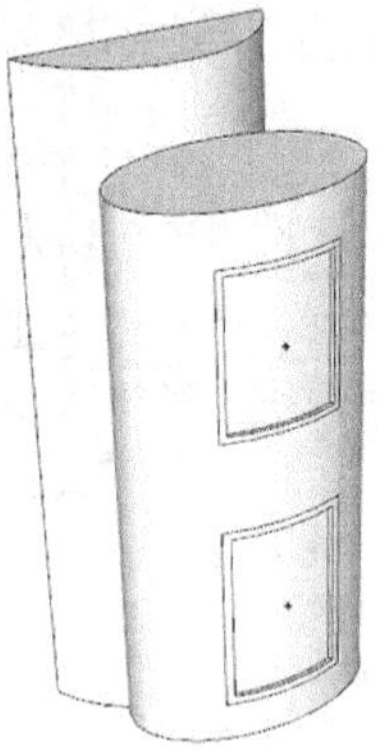

图 5-29 造型绘制

第6课
绘制书桌

技能关键点

- 掌握 SketchUp Pro 2017“绘图”工具栏中的“直线”工具和“矩形”工具。
- 掌握 SketchUp Pro 2017“编辑”工具栏中的“推/拉”工具。
- 运用 SketchUp Pro 2017“建筑施工”工具栏中的“卷尺”工具绘制辅助线。

知识加油站

一、推/拉工具

“编辑”工具栏中的“推/拉”工具通过推拉平面图元，增加或减少三维模型的体积。操作时首先单击要推/拉的平面，然后向推/拉的方向移动光标，在右下角的“距离”文本框中输入推/拉的距离，即可完成推/拉。

如果有多个面的推/拉深度相同，在完成其中一个面的推/拉之后，在其他面上使用“推/拉”工具，直接双击，就可以快速完成相同的推/拉操作。

二、卷尺工具

“建筑施工”工具栏中的“卷尺”工具不仅用于距离的精确测量，还用于绘制精确的辅助线。操作时首先单击测量的起点，然后移动光标，在右下角的“距离”文本框中输入距离，即可完成辅助点的标记或辅助线的绘制。

同时按住箭头键可以将直线锁定为具体的推导方向，【↑】表示沿着蓝色轴线方向，【←】表示沿着绿色轴线方向，【→】表示沿着红色轴线方向，【↓】表示沿着平行或者垂直方向。

新手训练营

参考图 6-1 所示的书桌模型，完成书桌三维建模设计。

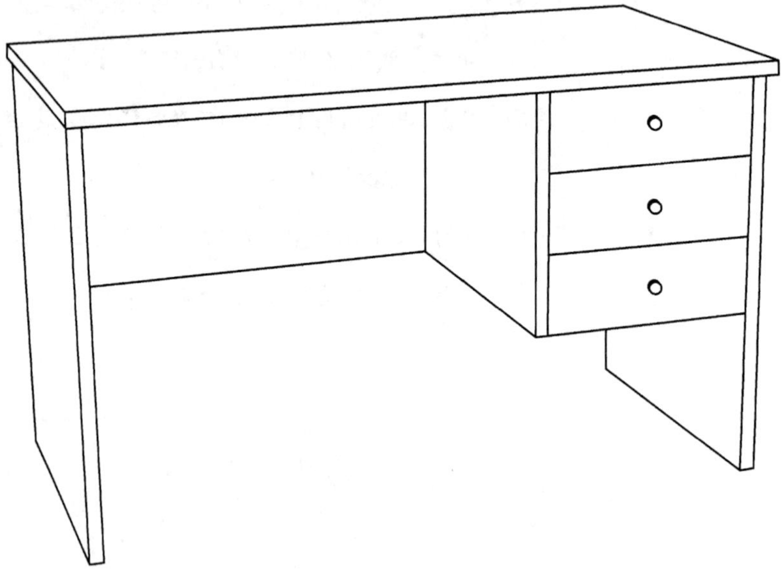

图 6-1　书桌模型

步骤1：启动 SketchUp Pro 2017，在欢迎界面上单击“选择模板”按钮，在“模板”下拉列表中选择“木工-毫米”选项，如图 6-2 所示。单击“开始使用 SketchUp”按钮，进入操作界面，如图 6-3 所示。

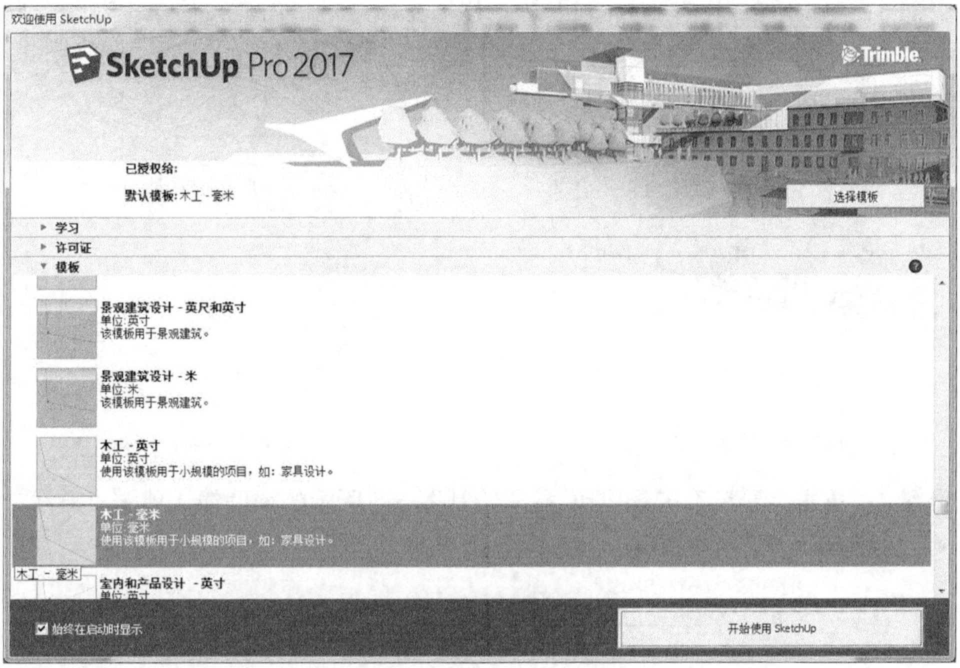

图 6-2 选择 SketchUp 模板

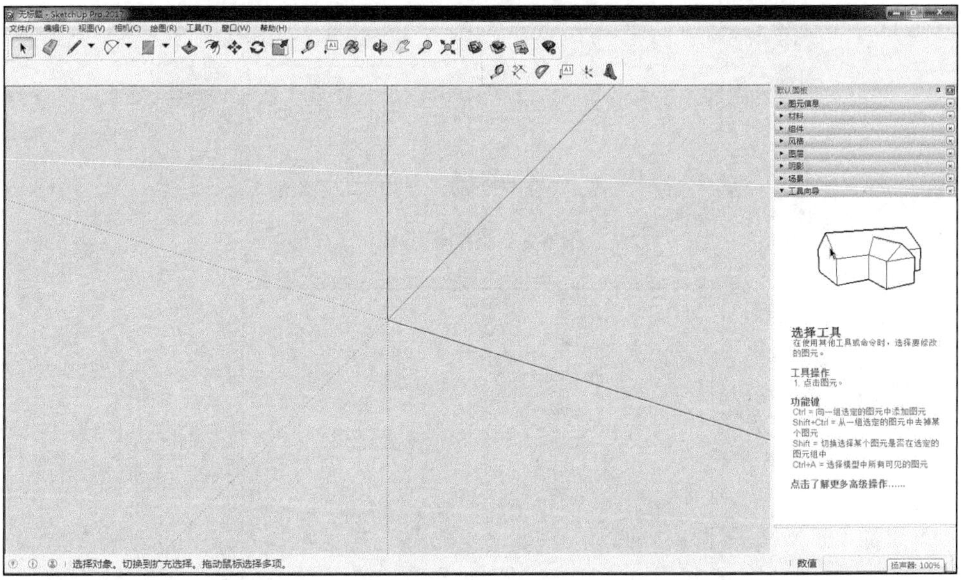

图 6-3 “木工-毫米”模板操作界面

步骤2：单击“形状/矩形”工具按钮，然后移动光标至红绿轴交汇处，按住鼠标左键，同时向右上方移动光标，在右下角的“尺寸”文本框中输入“600，1200”，按【Enter】键结束，同时松开左键，绘制完成图6-4所示的矩形。

步骤3：单击“推/拉”工具按钮，移动光标至矩形内，按住鼠标左键，向上移动光标，在右下角的“距离”文本框中输入“760”，然后按【Enter】键，同时松开左键，绘制完成图6-5所示的长方体。

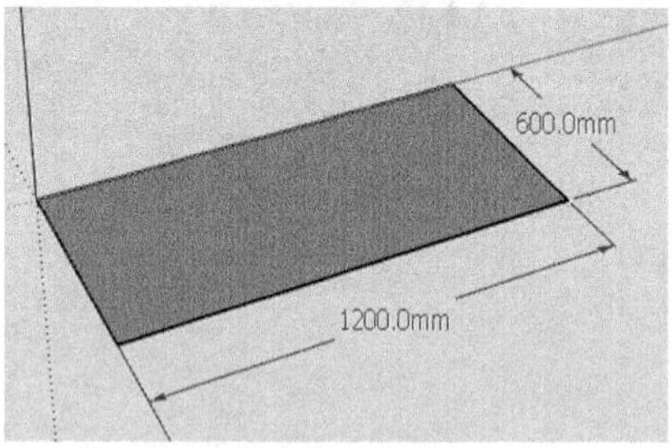

图6-4　绘制矩形

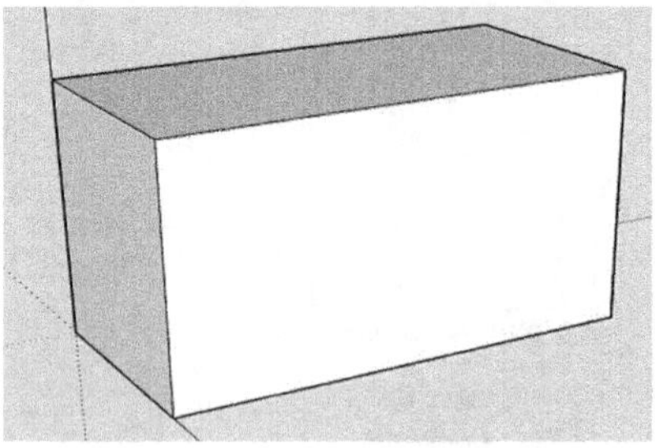

图6-5　推/拉矩形

步骤4：单击“卷尺”工具按钮，绘制图6-6所示的辅助线。单击“直线”工具按钮，绘制图6-7所示的直线。

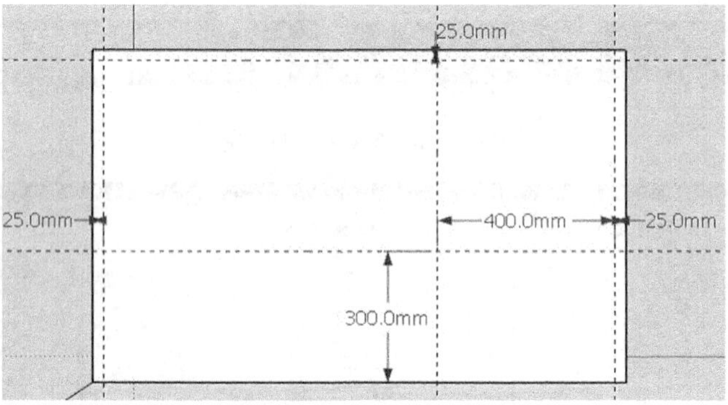

图6-6　绘制辅助线

图6-7　绘制直线

步骤 5：单击“推/拉”工具按钮，移动光标至图 6-8 所示的平面内，按住鼠标左键，向长方体内部移动光标，单击图 6-9 所示的参考棱边任意一点，同时松开左键，完成绘制。

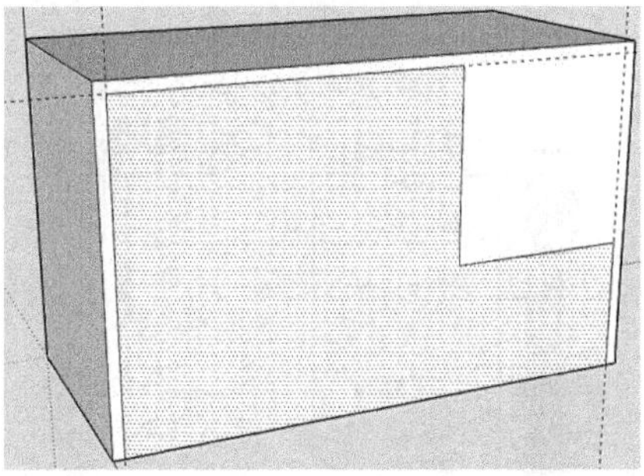

图 6-8　选中推/拉平面

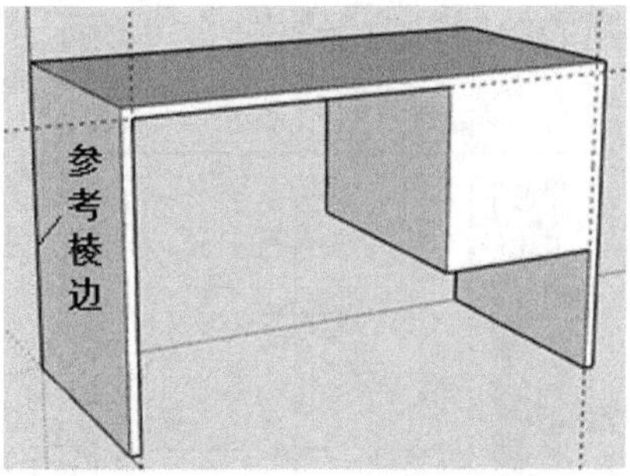

图 6-9　推/拉平面

步骤 6：单击“卷尺”工具按钮，绘制图 6-10 所示的辅助线。单击“直线”工具按钮，绘制图 6-11 所示的直线。

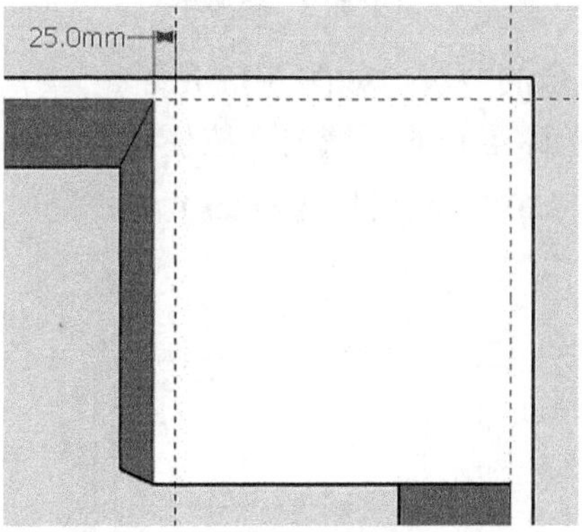

图 6-10　绘制辅助线

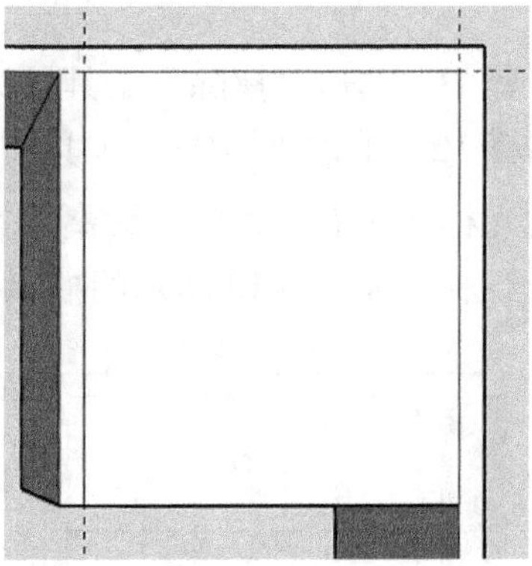

图 6-11　绘制直线

步骤 7：选中图 6-12 所示的被拆分直线，右击，在弹出的快捷菜单中选择“拆分”命令，如图 6-13 所示，在右下角的“段”文本框中输入“3”，按【Enter】键结束，即将选中的直线拆分成 3 段。

步骤 8：单击“直线”工具按钮，绘制图 6-14 所示的直线。

图 6-12　选中直线

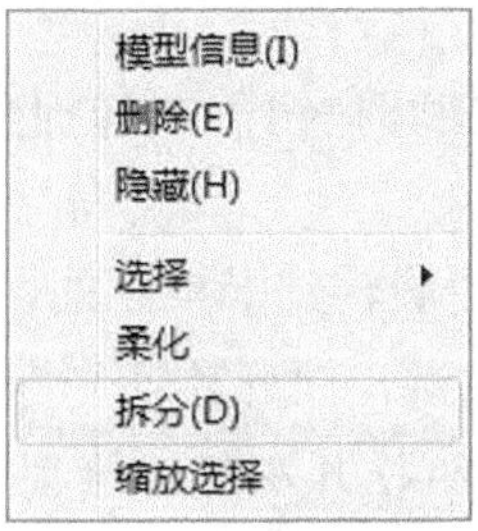

图 6-13　选择“拆分”命令

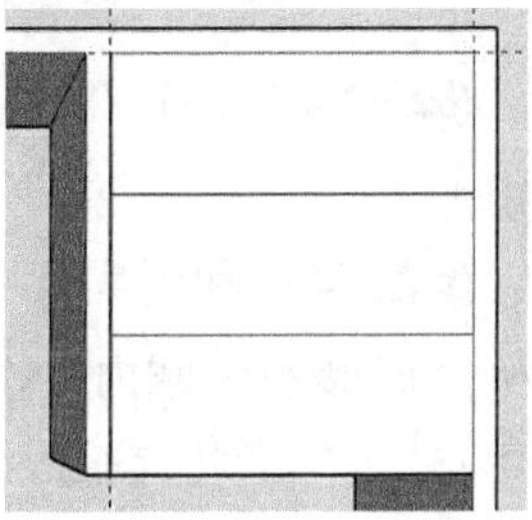

图 6-14　绘制直线

步骤 9：单击“直线”工具按钮，捕捉中点，绘制图 6-15 所示的直线。

步骤 10：单击“形状/圆”工具按钮，捕捉步骤 9 绘制直线的中点作为圆心，在右下角的“半径”文本框中输入“10”，按【Enter】键结束。重复上述操作，完成另外两个圆的绘制，效果如图 6-16 所示。

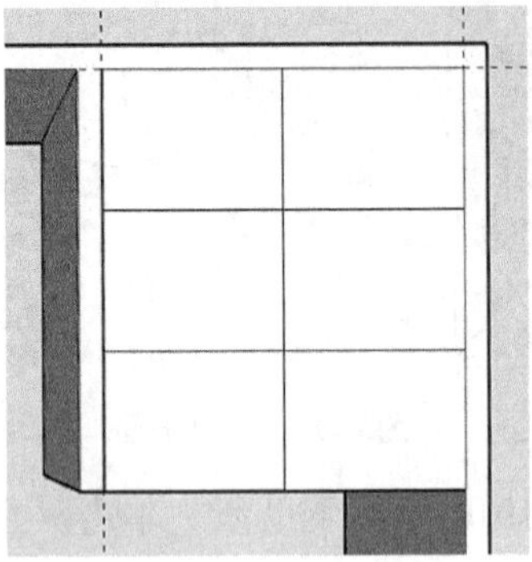

图 6-15　绘制直线

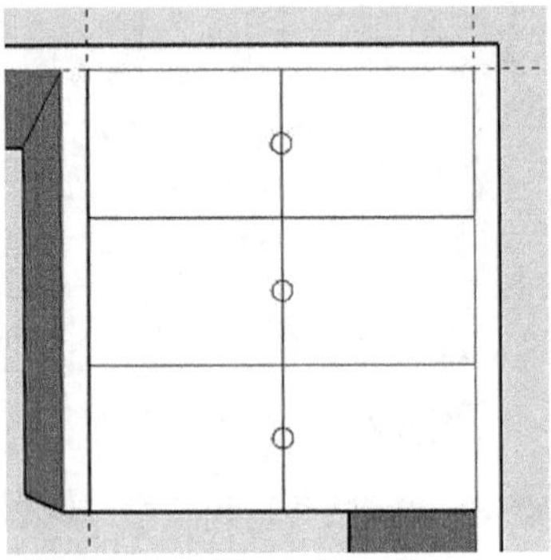

图 6-16　绘制圆

步骤 11：单击“擦除”工具按钮，擦除多余的线段，如图 6-17 所示。

步骤 12：单击“推/拉”工具按钮，移动光标至圆的区域内，按住鼠标左键，向外移动光标，在右下角的“距离”文本框中输入“10”，然后按【Enter】键，同时松开左键，绘制完成图 6-18 所示的抽屉把手。

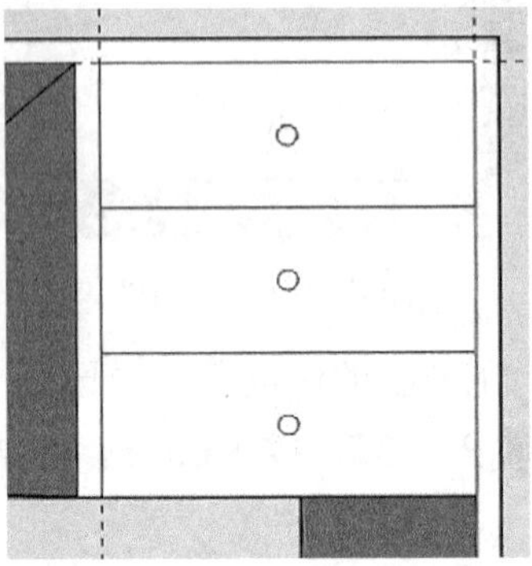

图 6-17　擦除多余线段

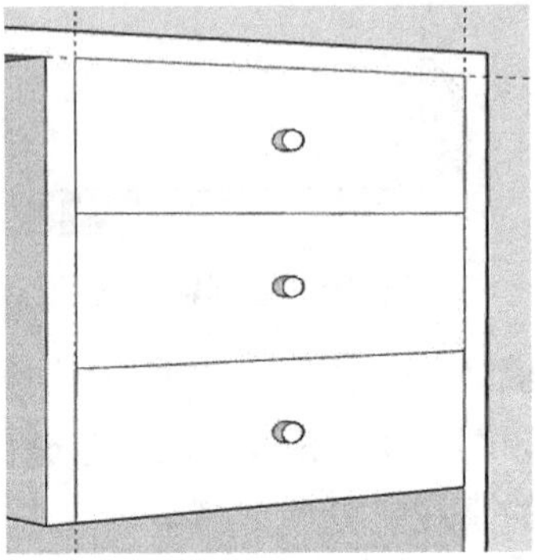

图 6-18　推/拉圆绘制抽屉把手

步骤 13：单击“形状/矩形”工具按钮，捕捉角点，在书桌背面绘制图 6-19 所示的矩形。

步骤 14：利用鼠标中键将视图旋转到书桌正面，单击“推/拉”工具按钮，移动光标至矩形的区域内，按住鼠标左键，向外移动光标，在右下角的“距离”文本框中输入“25”，然后按【Enter】键，同时松开左键，绘制完成图 6-20 所示的档板。

图 6-19　绘制矩形

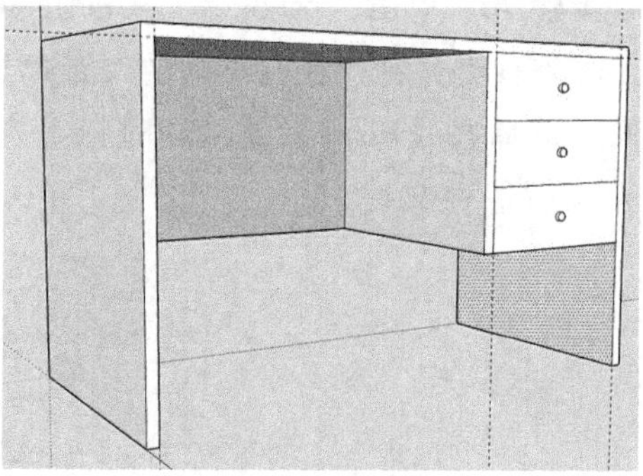

图 6-20　绘制档板

小贴士

在完成步骤 14 中的推/拉操作后，可能会形成图 6-21 所示的凹陷缺面现象。通过单击“形状/矩形”工具按钮，重新捕捉角点绘制矩形补面；或者单击“直线”工具按钮，捕捉点绘制矩形的任意一条棱边，同样起到补面的作用，完成效果如图 6-22 所示。

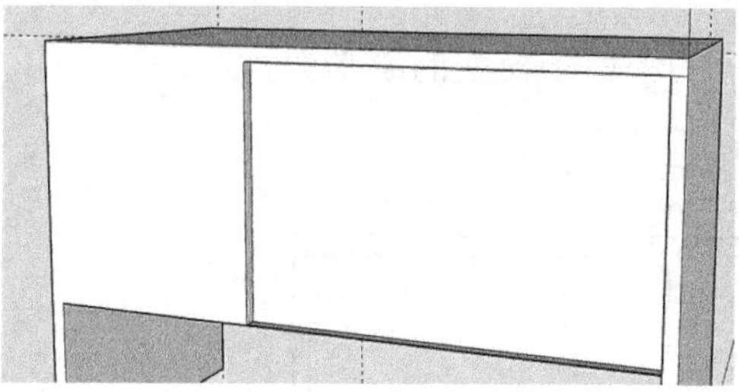

图 6-21　凹陷缺面

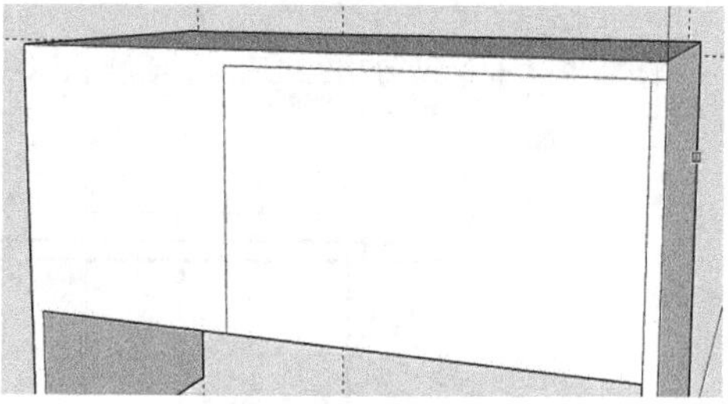

图 6-22　补面效果图

步骤 15：单击“直线”工具按钮，绘制图 6-23 所示的直线，完成书桌台板的细节绘制。

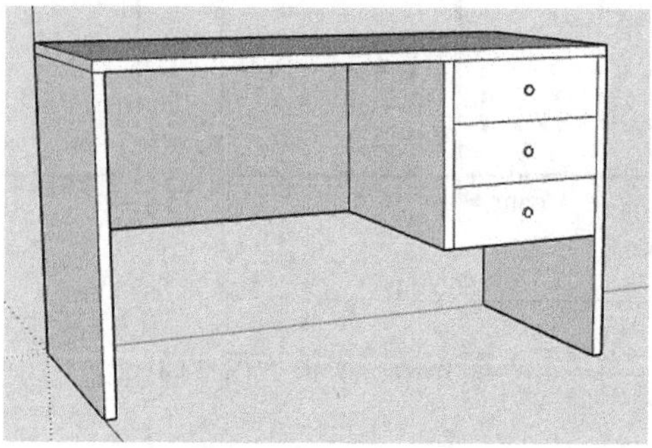

图 6-23　台板细节图

步骤 16：单击“推/拉”工具按钮，移动光标至台板的矩形区域内，按住鼠标左键，向外移动光标，在右下角的“距离”文本框中输入对应值，将台板向前后左右适当延伸，然后按【Enter】键，同时松开左键，完成效果如图 6-24 所示。检查细节，确认无误后保存文件。

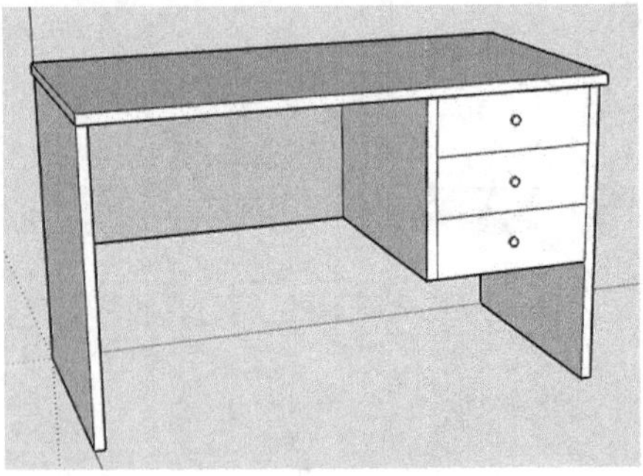

图 6-24　台板效果图

习题演练场

根据图 6-25 所示的尺寸，完成图 6-26 所示的小柜子模型的绘制。

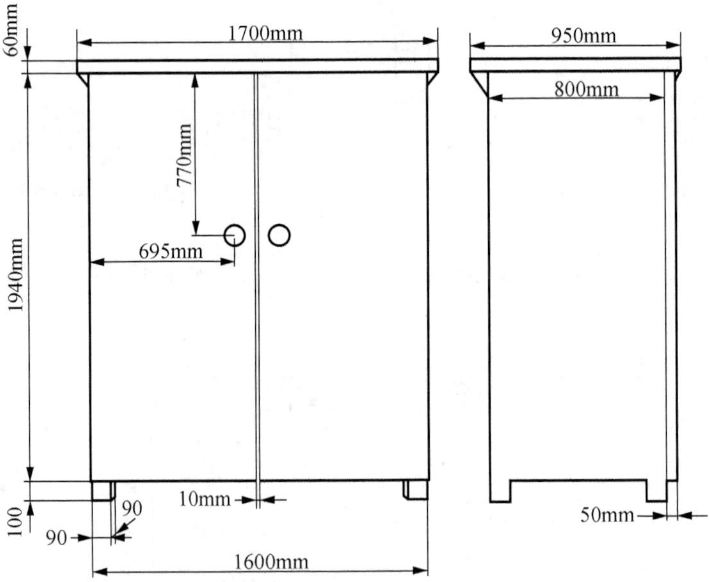

图 6-25　小柜子尺寸图

图 6-26　小柜子模型

第7课
绘制台灯

技能关键点

- 掌握 SketchUp Pro 2017“绘图”工具栏中的“圆”工具。
- 掌握 SketchUp Pro 2017“编辑”工具栏中的“偏移”工具。
- 掌握 SketchUp Pro 2017“编辑”工具栏中的“缩放”工具。

知识加油站

一、偏移工具

“编辑”工具栏的“偏移”工具可以将面及线对象在离原件等距离处创建副本。操作时首先单击需要偏移复制的平面，然后移动光标，向内移动光标进行收缩偏移复制，向外移动光标进行放大偏移复制，最后在右下角的“距离”文本框中输入偏移复制的距离，即可同时完成偏移与复制。

“偏移”工具对任意造型的“面”均可进行偏移复制，对由多条线段组成的转折线、弧线及线段与弧形组成的复合形状同样可以进行偏移复制。但是，“偏移”工具无法对单独及交叉的线段进行偏移复制。

二、缩放工具

“编辑”工具栏的“缩放”工具可以根据模型中其他图元对几何图形进行大小调整。操作时首先单击需要调整比例大小的图元（不能调整直线），然后单击缩放手柄，同时移动光标，最后在右下角的“数值”文本框中输入缩放比例，即可调整图元比例大小。

在移动光标的同时按住【Shift】键可以统一调整比例，如果同时按住【Ctrl】键，可以以几何图形的中心为基点调整比例。

新手训练营

参考图 7-1 所示的台灯模型，完成台灯三维建模绘制。

图 7-1　台灯模型

步骤 1：启动 SketchUp Pro 2017，在欢迎界面上单击“选择模板”按钮，在“模板”下拉列表中选择“3D 打印-毫米”选项，如图 7-2 所示。单击“开始使用 SketchUp”按钮，进入操作界面，如图 7-3 所示。

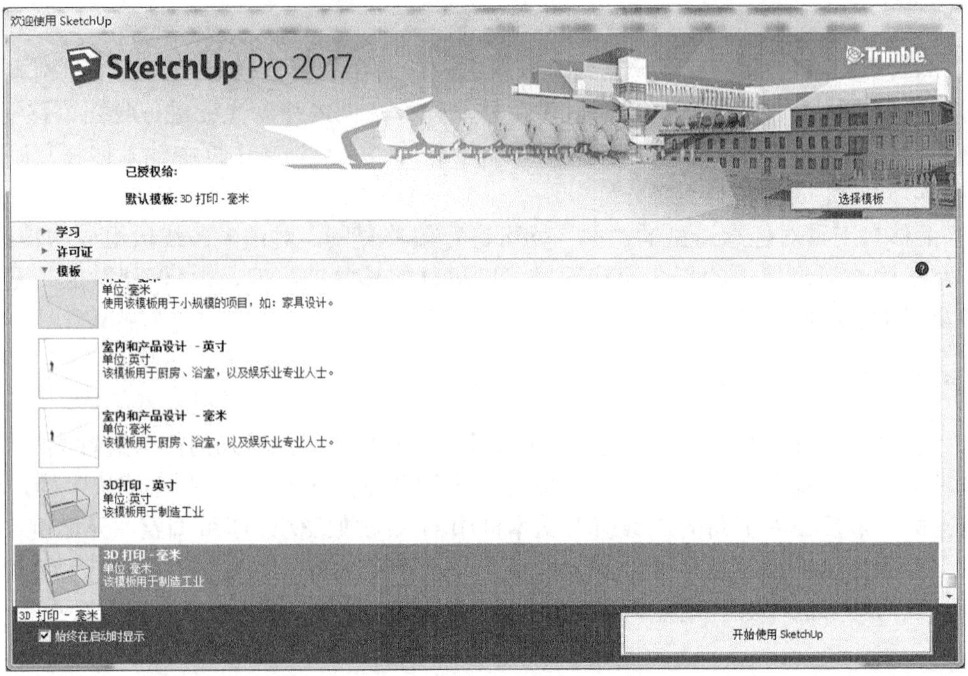

图 7-2　选择“3D 打印-毫米”模板

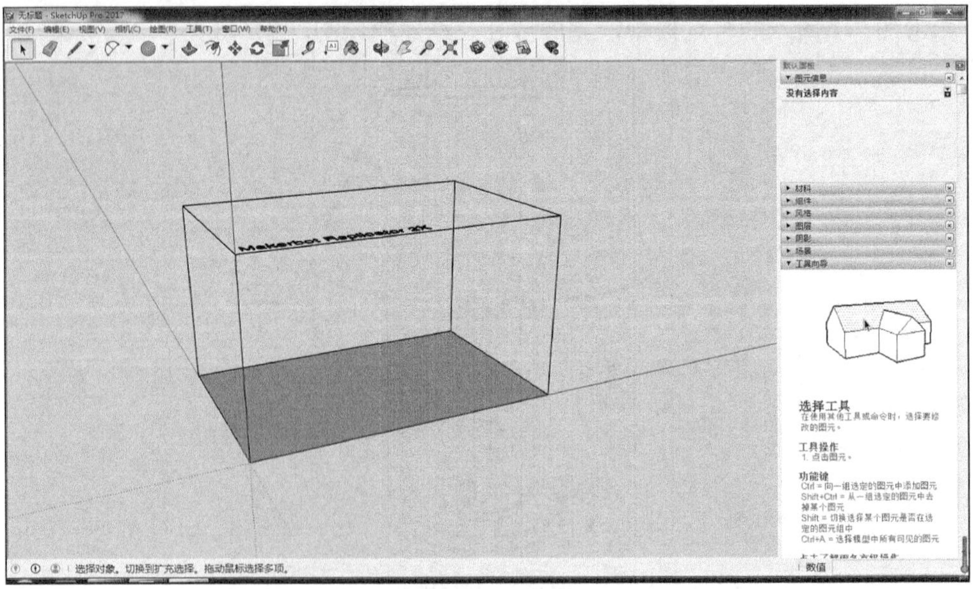

图 7-3　“3D 打印-毫米”模板操作界面

步骤 2：选择操作界面正中的“3D 打印机构造体积”，右击，在弹出的快捷菜单中选择“隐藏”命令，如图 7-4 所示。单击“形状/圆”工具按钮，移动光标至红绿轴交汇处，按住鼠标左键，向右上方移动光标，在右下角的“半径”文本框中输入“60”，按【Enter】键结束，同时松开左键，绘制完成图 7-5 所示的圆。

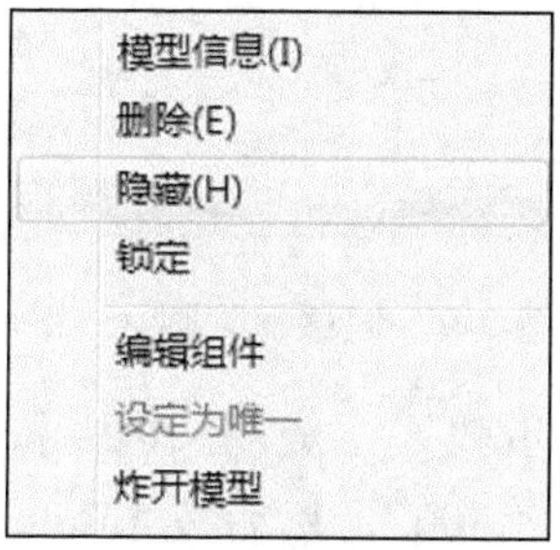

图 7-4　快捷菜单

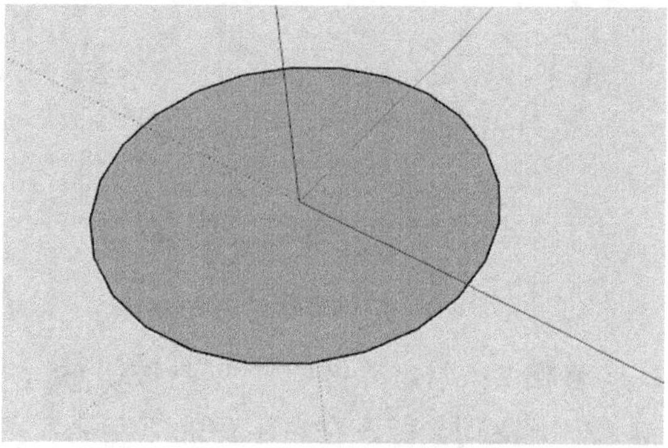

图 7-5　绘制圆（一）

步骤 3：单击“推/拉”工具按钮，移动光标至圆内，按住鼠标左键，向上移动光标，在右下角的“距离”文本框中输入“10”，然后按【Enter】键，同时松开左键，绘制完成图 7-6 所示的圆柱。

步骤 4：单击“偏移”工具按钮，在右下角的“距离”文本框中输入“30”，将选中的圆向内偏移，如图 7-7 所示。

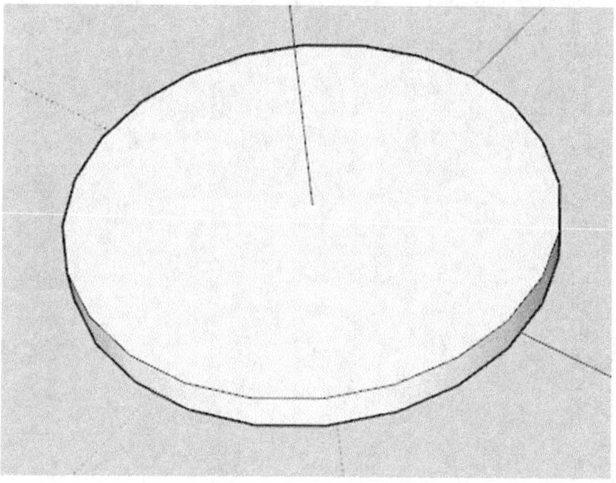

图 7-6　绘制圆柱（一）

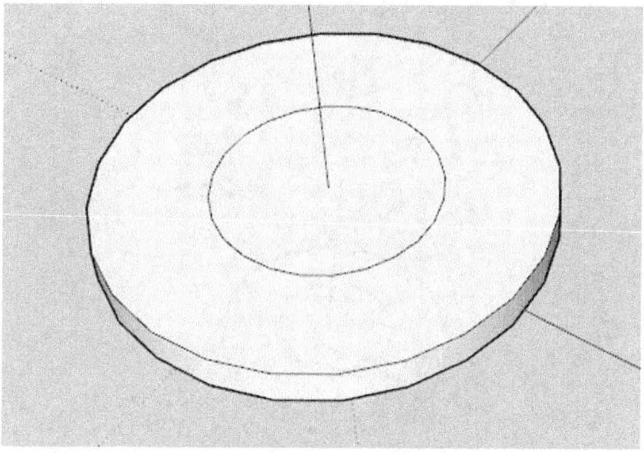

图 7-7　偏移复制圆（一）

步骤 5：单击“推/拉”工具按钮，移动光标至步骤 4 生成的圆内，按住鼠标左键，向上移动光标，在右下角的“距离”文本框中输入“5”，然后按【Enter】键，同时松开左键，绘制完成图 7-8 所示的圆柱。

步骤 6：单击“偏移”工具按钮，在右下角的“距离”文本框中输入“25”，选

7

中步骤 5 生成的圆柱顶面的圆向内偏移，如图 7-9 所示。

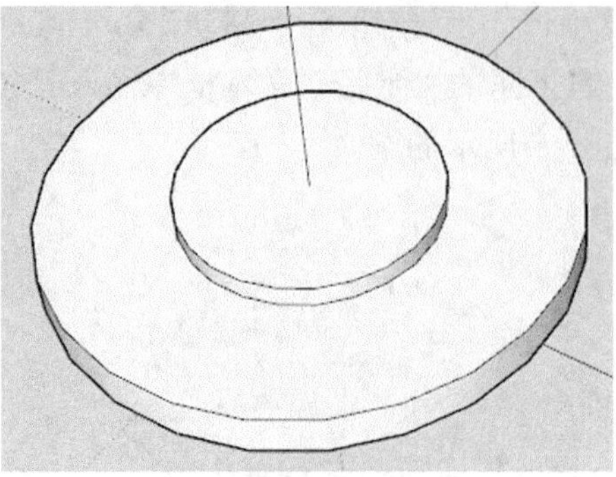

图 7-8　绘制圆柱（二）

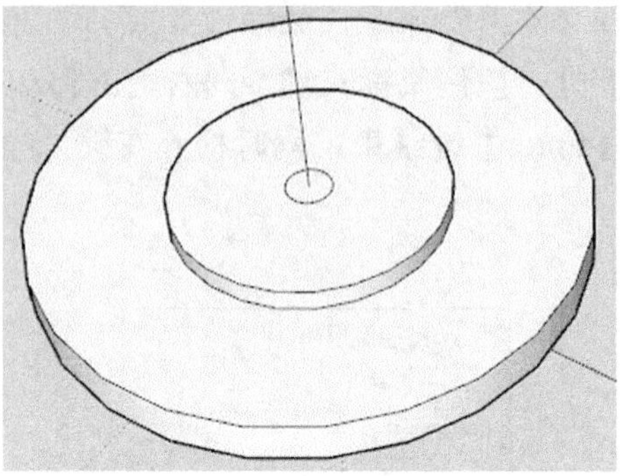

图 7-9　偏移复制圆（二）

步骤 7：单击“推/拉”工具按钮，移动光标至步骤 6 生成的圆内，按住鼠标左键，向上移动光标，在右下角的“距离”文本框中输入“300”，然后按【Enter】键，同时松开左键，绘制完成图 7-11 所示的灯杆。

步骤 8：单击“形状/圆”工具按钮，移动光标至步骤 7 生成的灯杆顶面圆心处，按住鼠标左键，向右上方移动光标，在右下角的“半径”文本框中输入“120”，按【Enter】键结束，同时松开左键，绘制完成图 7-12 所示的圆。

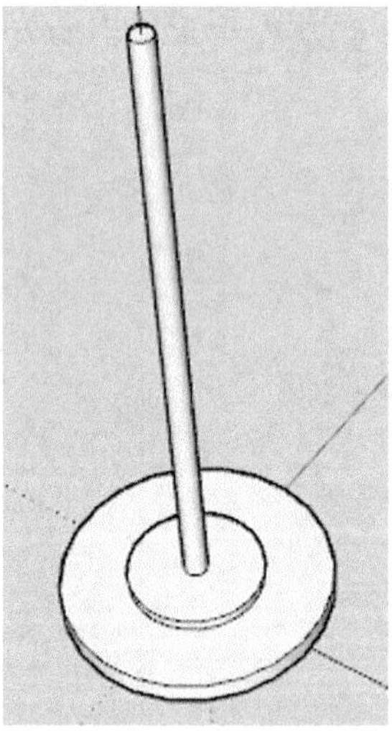

图 7-10　绘制灯杆

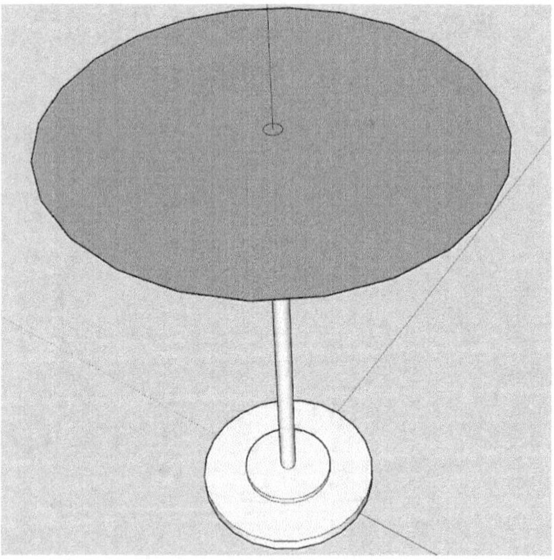

图 7-11　绘制圆（二）

步骤 9：单击“推/拉”工具按钮，移动光标至步骤 8 生成的圆内，按住鼠标左键，向下移动光标，在右下角的“距离”文本框中输入“120”，然后按【Enter】键，同时松开左键，完成效果如图 7-12 所示。

步骤 10：单击“缩放”工具按钮，选择步骤 9 生成的圆柱顶面，按住【Ctrl】键的同时用鼠标右键选中图 7-13 所示的角点，向内拖动，松开【Ctrl】键，在右下角的“比例”文本框中输入“0.5”，然后按【Enter】键，同时松开右键，绘制完成图 7-14 所示的灯罩。

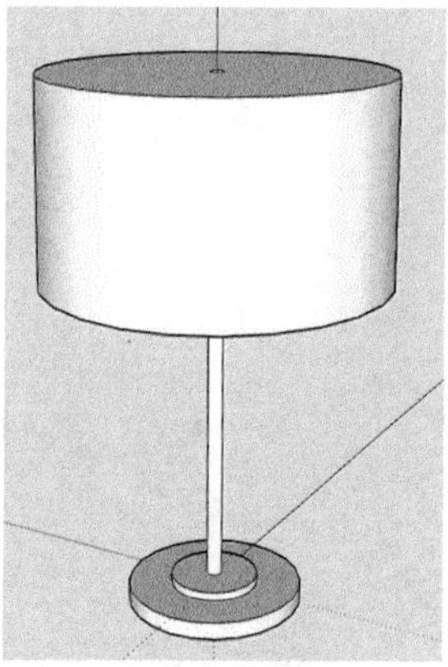

图 7-12　绘制圆柱（三）

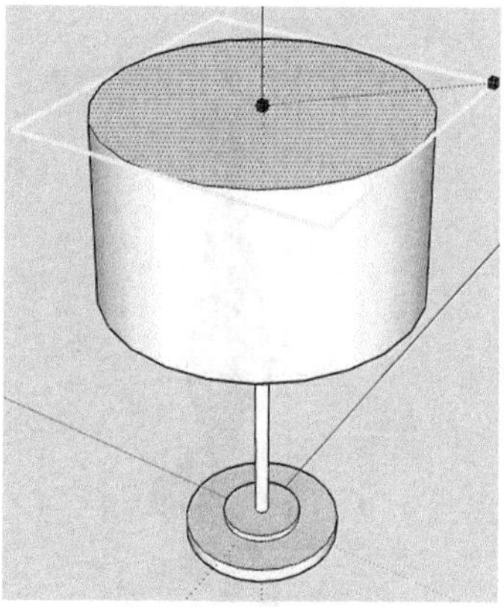

图 7-13　拉伸缩放面

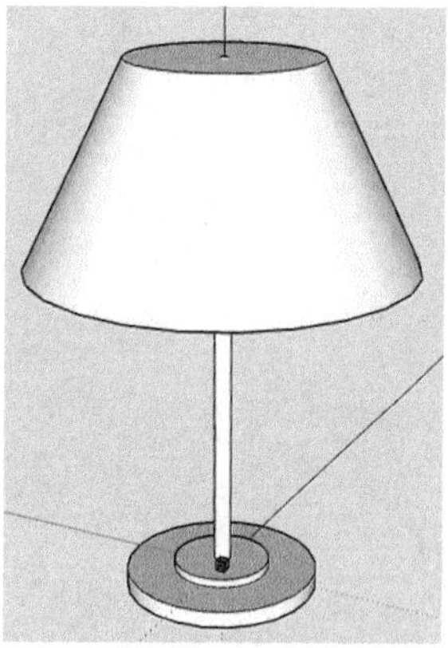

图 7-15　绘制灯罩

步骤 11：单击“选择”工具按钮 ，选中灯罩的底面，如图 7-15 所示。选择菜单栏中的“编辑”→“删除”命令，删除底面，完成效果如图 7-16 所示。

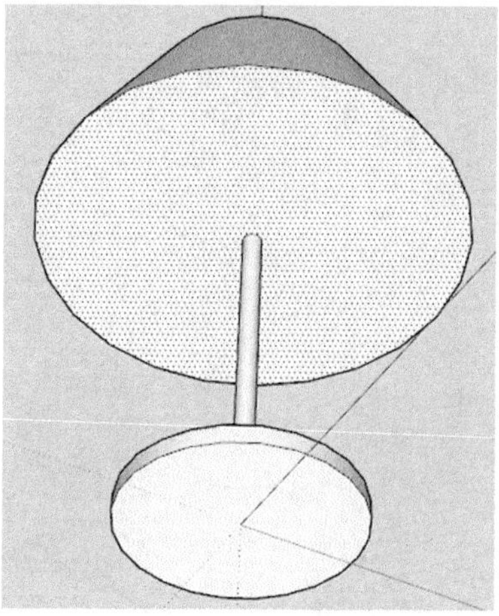

图 7-15　灯罩底面

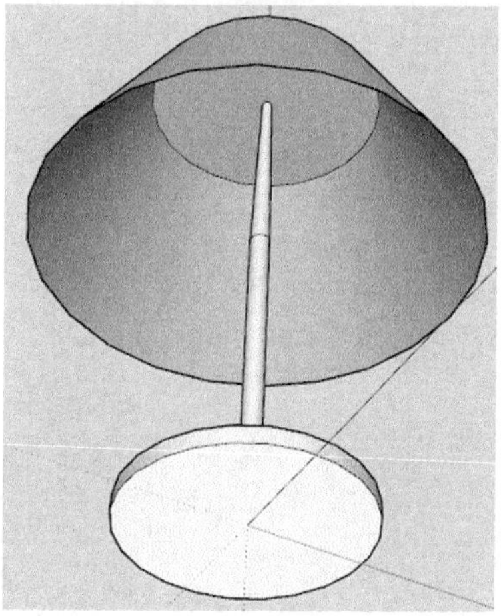

图 7-16　删除底面效果图

步骤 12：检查细节，确认无误后保存文件。

习题演练场

根据图 7-17 所示的台灯模型，完成台灯绘制，尺寸自定。

图 7-17　台灯模型

第 8 课

绘制小飞机

技能关键点

- 熟悉 SketchUp Pro 2017 视图切换的操作。
- 熟悉 SketchUp Pro 2017 旋转、平移视图的操作。
- 熟悉 SketchUp Pro 2017 缩放视图的操作。

知识加油站

一、视图切换

在 SketchUp Pro 2017 中，经常需要切换不同的视角，以便观察模型不同面的造型和材质。与很多三维建模软件不同，SketchUp 是以单视口显示的，因此掌握视图切换的方法显得尤为重要。

选择菜单栏中的“相机”→“标准视图”命令，打开图 8-1 所示“视图”工具栏。SketchUp Pro 2017 提供了 7 种视图可供切换，用户可以根据需要进行选择。

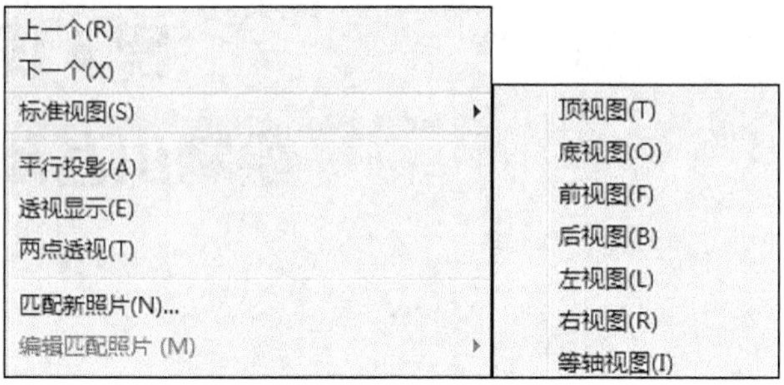

图 8-1 “视图”工具栏

小贴士

在进行视图切换时，如果需要察看绝对的平行显示效果，必须在菜单栏中找到“相机”→“平行投影”命令，否则系统默认“透视图”命令，会产生透视偏差。

二、旋转/平移视图

1. 旋转视图

单击图 8-2 所示的“相机”→“环绕观察”工具按钮，单击绘图区内任意一处，向任意方向移动光标均可绕绘图区中心转动，完成视图的旋转，快速观察模型各个方位的细节。

图 8-2 “相机”工具栏

小贴士

滚动鼠标中键，也可以快速地进行视图旋转操作。

2. 平移视图

单击图 8-2 所示的“相机”→“平移”工具按钮，单击绘图区内任意一处，然后向任意方向移动光标，就可以垂直或水平移动相机（即您的视角），观察模型不同区域的效果。

小贴士

按住【Shift】键或者滚动鼠标中键，也可以快速地进行视图平移。

三、缩放视图

1. 缩放视图

单击图 8-2 所示的“相机”→“缩放”工具按钮，在绘图区中任意一处单击并按住鼠标左键，向上拖动光标可以放大（靠近模型），向下拖动则可以缩小（远离模型），观察模型的整体或细节效果。

2. 缩放窗口视图

单击图 8-2 所示的“相机”→“缩放窗口”工具按钮，在需要缩放窗口显示的图元近处单击，按住鼠标左键，按对角方向移动光标，当所有图元都包含在缩放窗口中时释放鼠标，从而实现放大屏幕的特定区域。

3. 缩放范围

单击图 8-2 所示的“相机”→“充满视窗”工具按钮，可以对模型进行最大化的显示，使模型完全充满显示空间。

新手训练营

参考图 8-3 所示的小飞机模型，完成小飞机三维建模绘制。

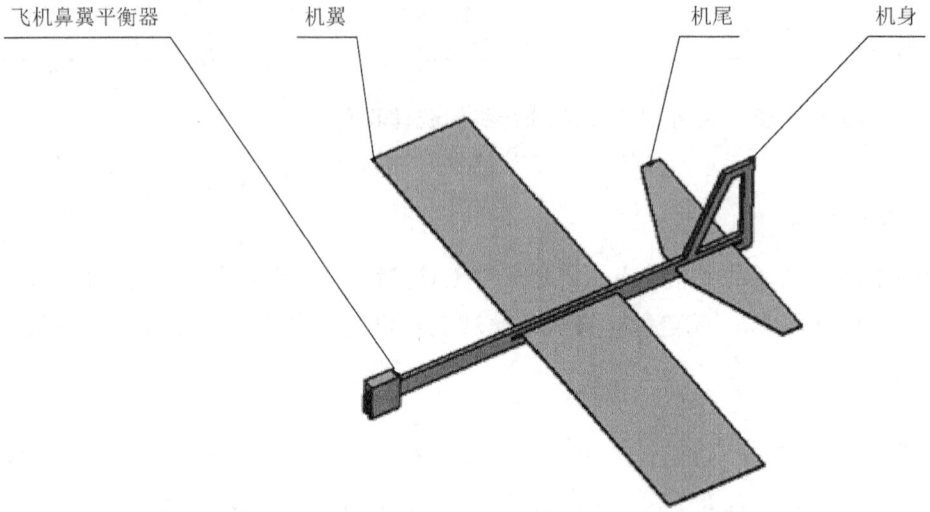

图 8-3　小飞机模型

一、机身设计

按照图 8-4 所示的机身图样尺寸，完成图 8-5 所示的小飞机机身的绘制。

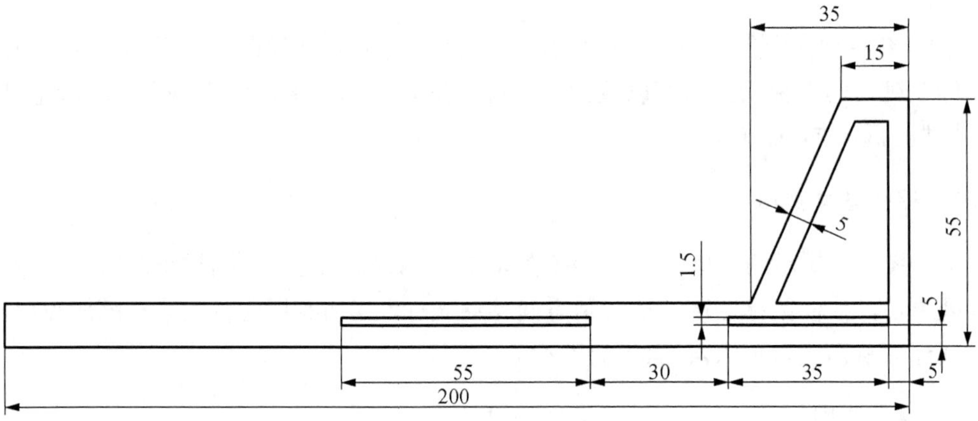

图 8-4　机身尺寸图

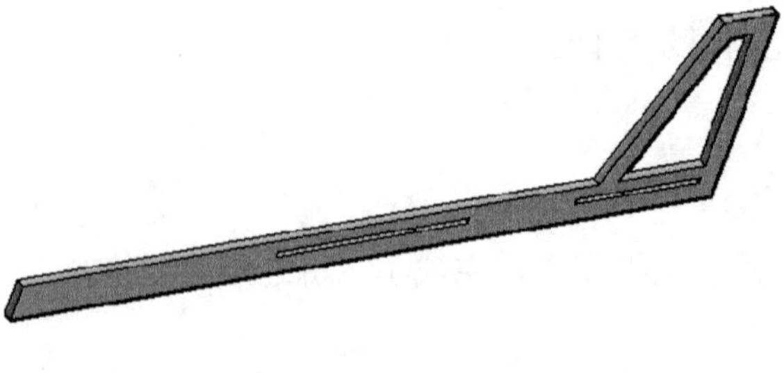

图 8-5　机身

步骤 1：启动 SketchUp Pro 2017，在欢迎界面上单击“选择模板”按钮，在“模板”下拉列表中选择“3D 打印-毫米”选项，单击“开始使用 SketchUp”按钮，进入操作界面。

步骤 2：选择菜单栏中的“相机”→“标准视图”→“前视图”命令，显示图 8-6 所示的视角。

步骤 3：单击“形状/矩形”工具按钮，移动光标至红蓝轴交汇处，按住鼠标左键，向右上方移动光标，在右下角的“尺寸”文本框中输入“200，55”，按【Enter】键结束，同时松开左键，绘制完成图 8-7 所示的矩形。

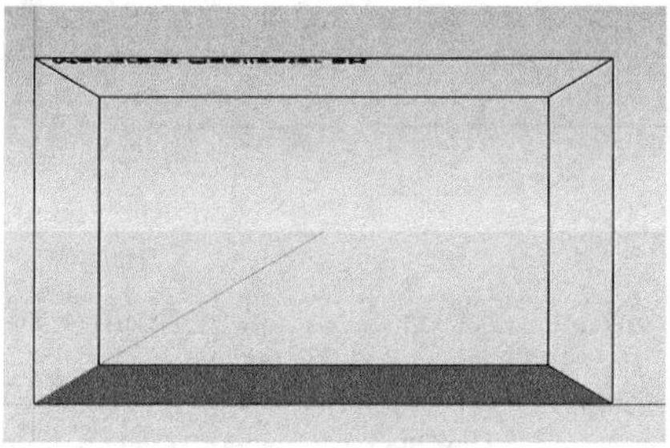

图 8-6 前视图视角

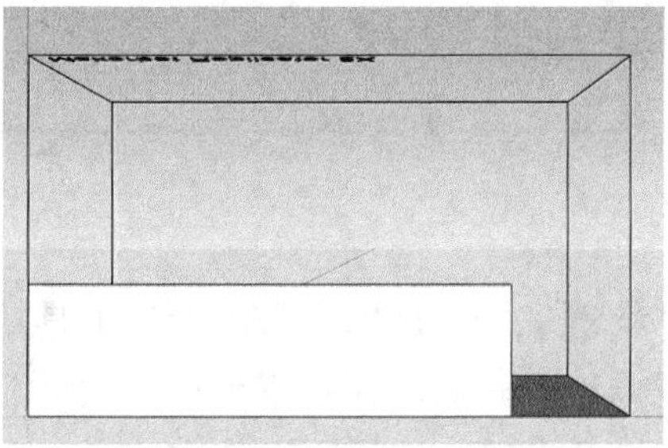

图 8-7 绘制矩形

步骤 4：单击“充满视窗”工具按钮，使矩形充满整个屏幕。单击“卷尺”工具按钮，将光标移至矩形左下角点，按住鼠标左键，将光标笔直向上移动，在右下角的“距离”文本框中输入“10”，按【Enter】键结束，同时松开左键，标记第一个参考点，如图 8-8 所示。

图 8-8 标记第一个参考点

步骤 5：按照步骤 4 的方法，标记另外 4 个参考点，如图 8-9 所示。

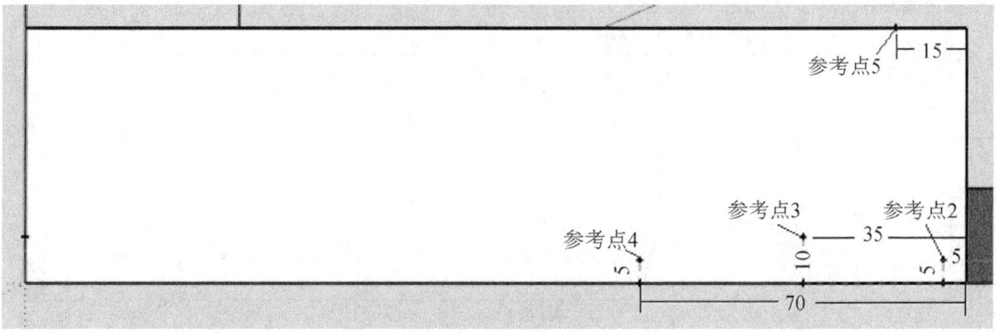

图 8-9 标记其余参考点

步骤6：单击“直线”工具按钮，找到参考点5，按住鼠标左键，移动光标至参考点3，绘制完成直线连接，按照以上方法绘制完成图8-10所示的直线连接。

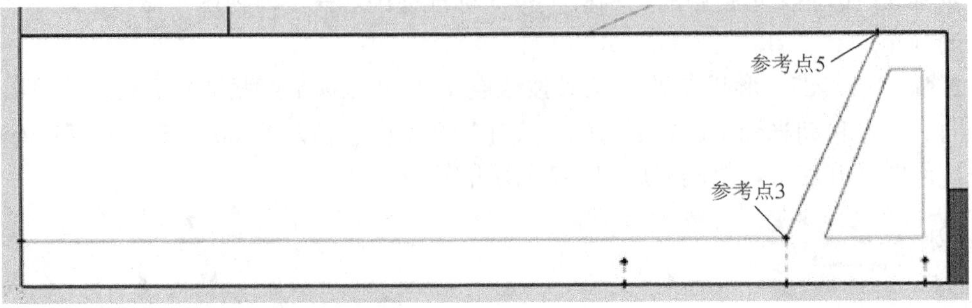

图8-10　绘制直线连接

步骤7：单击“形状/矩形”工具按钮，移动光标至参考点2，按住鼠标左键，向左下方移动光标，在右下角的“尺寸”文本框中输入“35，1.5”，按【Enter】键结束，同时松开左键。按照同样的方法，移动光标至参考点4，在“距离”文本框中输入“55，1.5”。绘制完成图8-11所示的两个矩形。

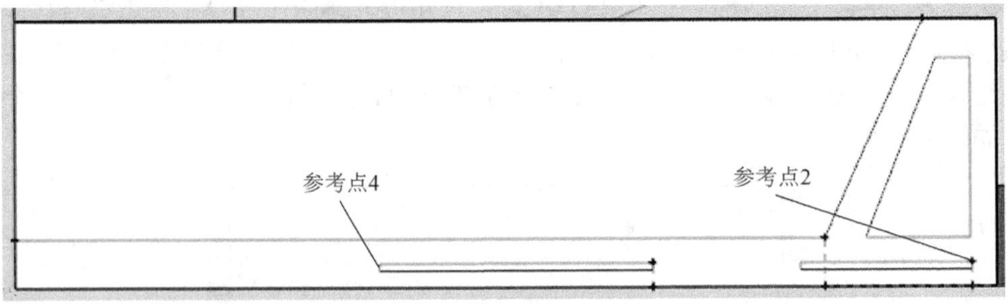

图8-11　绘制矩形

步骤8：单击“选择”工具按钮，选中图8-12所示要删除的区域，选择菜单栏中的“编辑”→“删除”命令。按照同样的方法，删除步骤7生成的两个矩形内部区域。完成效果如图8-13所示。

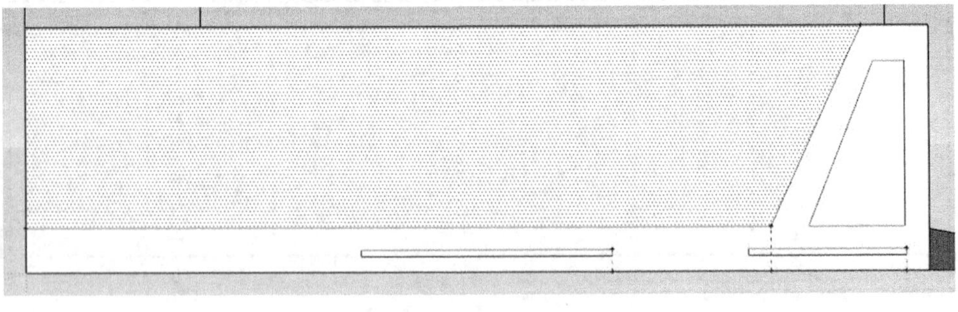

图8-12　选中删除区域

图 8-13 “删除”命令完成效果图

步骤 9： 单击“推/拉”工具按钮，移动光标至白色机身内，按住鼠标左键，向上移动光标，在右下角的“距离”文本框中输入“2.5”，然后按【Enter】键，同时松开左键，绘制完成图 8-14 所示的机身。

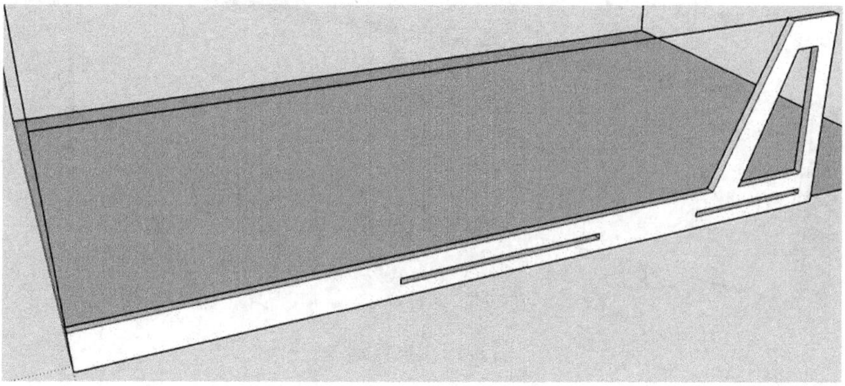

图 8-14 机身造型图

二、机翼设计

按照图 8-15 所示的机翼图样尺寸，完成小飞机机翼的绘制。

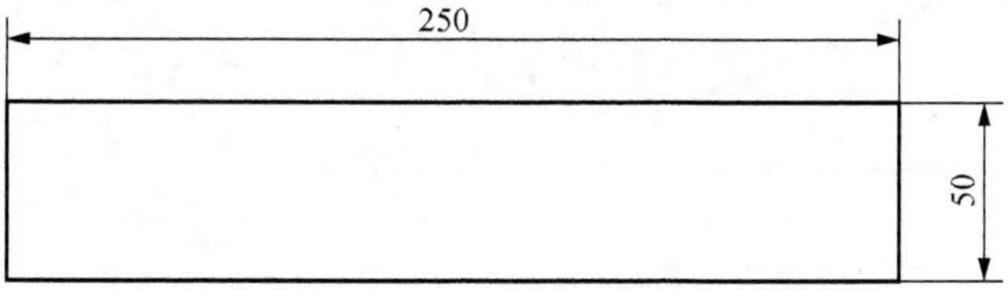

图 8-15 机翼尺寸

步骤 1： 选择菜单栏中的“文件”→“新建”命令，新建一个文件。选择菜单栏中的“相机”→“标准视图”→“前视图”命令。单击工具栏中的“形状/矩形”工具按钮，移动光标至红蓝轴交汇处，按住鼠标左键，向右上方移动光标，在右下角的“尺寸”文本框中输入“250，50”，按【Enter】键结束，同时松开左键，绘制完成图 8-16 所示的矩形。

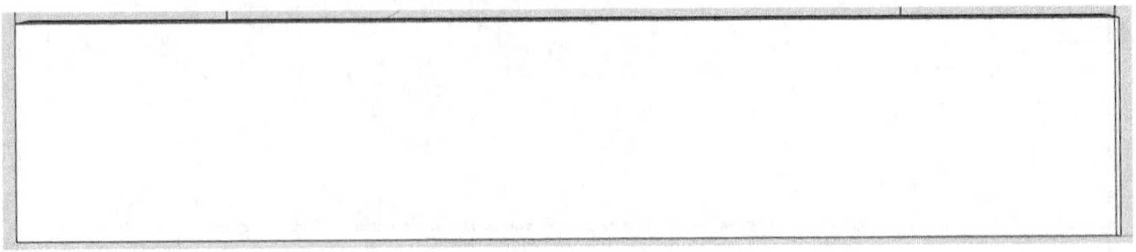

图 8-16　绘制矩形

步骤 2：单击“推/拉”工具按钮，移动光标至白色矩形内，按住鼠标左键，向上移动光标，在右下角的“距离”文本框中输入“0.6”，然后按【Enter】键，同时松开左键，绘制完成图 8-17 所示的机翼。

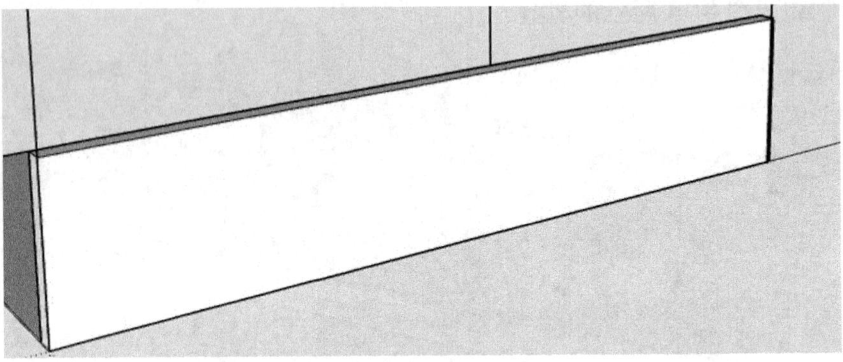

图 8-17　机翼造型

三、机尾设计

按照图 8-18 所示的机尾尺寸，完成小飞机机尾的绘制。

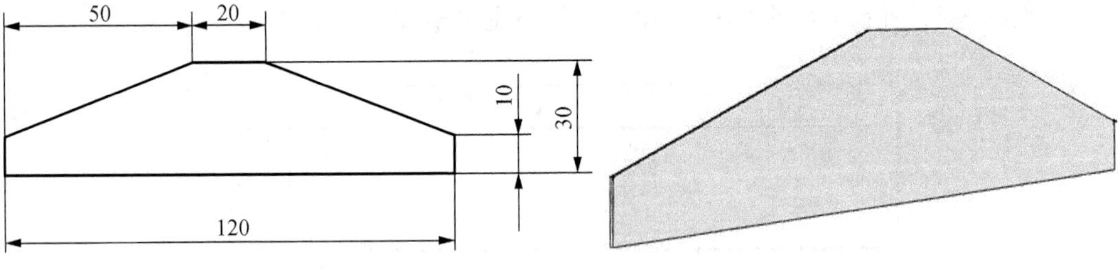

图 8-18　机尾尺寸和模型

步骤 1：选择菜单栏中的“文件”→“新建”命令，新建一个文件。选择菜单栏中的“相机”→“标准视图”→“前视图”命令。单击工具栏中的“形状/矩形”工具按钮，移动光标至红蓝轴交汇处，按住鼠标左键，向右上方移动光标，在右下角的“尺寸”文本框中输入“120，30”，按【Enter】键结束，同时松开左键，完成矩形绘制。

步骤 2：单击“卷尺”工具按钮，根据图 8-19 所示的尺寸，标记 4 个参考点。

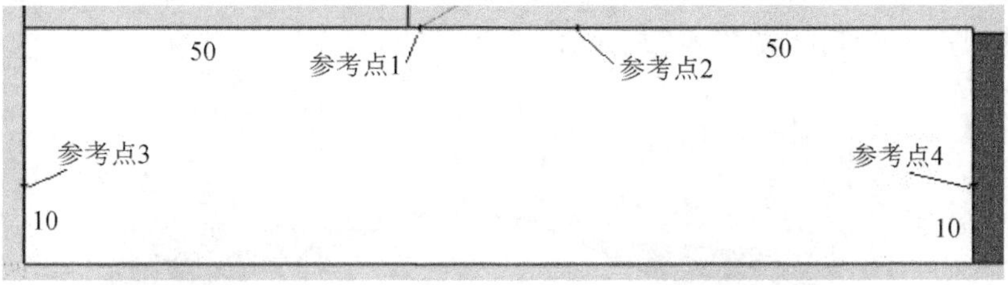

图 8-19　标记参考点

步骤 3：单击“直线”工具按钮，绘制完成图 8-20 所示的直线连接。

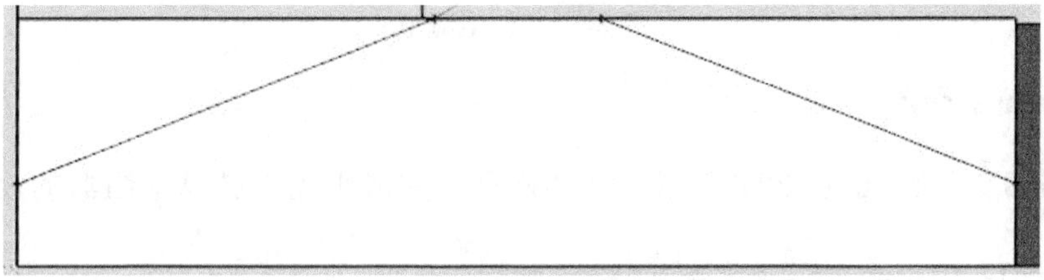

图 8-20　绘制直线连接

步骤 4：单击“选择”工具按钮，选中图 8-21 所示要删除的区域，然后选择菜单栏中的“编辑”→“删除”命令。按照同样的方法，删除另一侧三角形内部区域。完成效果如图 8-22 所示。

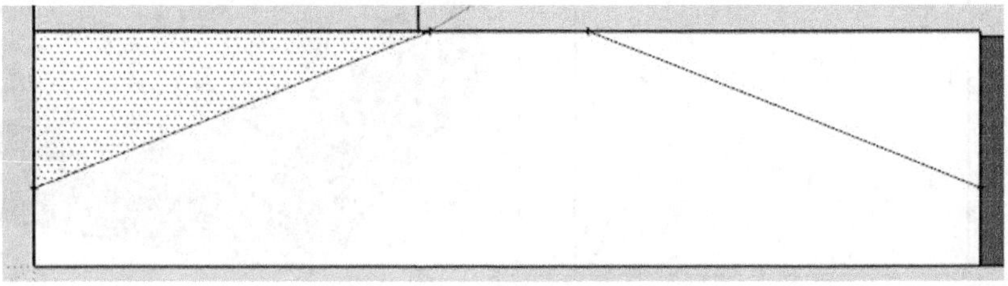

图 8-21　选中删除区域

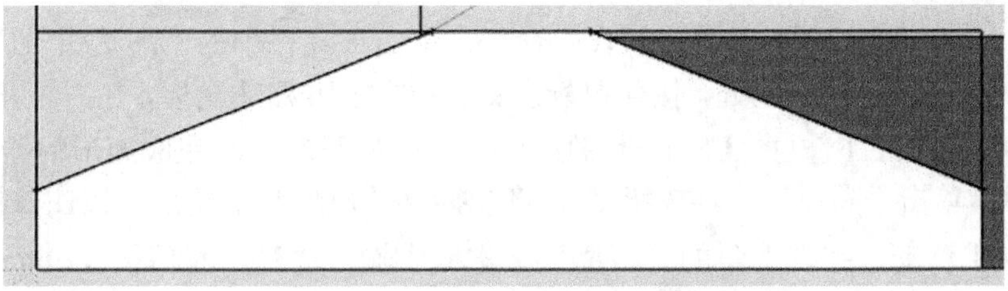

图 8-22　“删除”命令完成效果图

步骤 5：单击“推/拉”工具按钮，移动光标至白色梯形内，按住鼠标左键，向上移动光标，在右下角的“距离”文本框中输入“0.6”，然后按【Enter】键，同时松开左键，完成机尾的绘制，如图 8-23 所示。

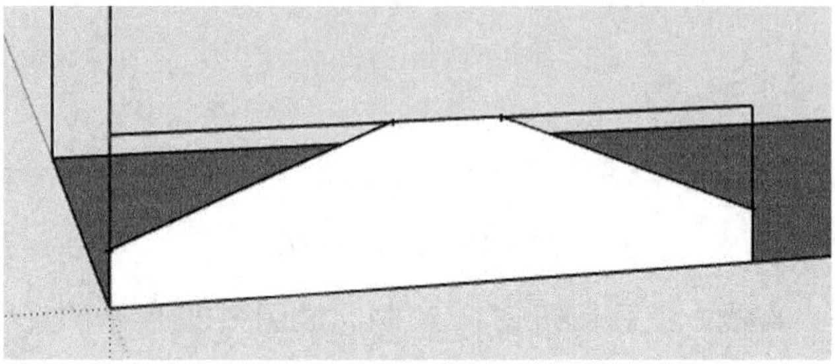

图 8-23　机尾造型

四、飞机鼻翼平衡器

按照图 8-24 所示的鼻翼平衡器尺寸和模型，完成小飞机鼻翼平衡器的设计。

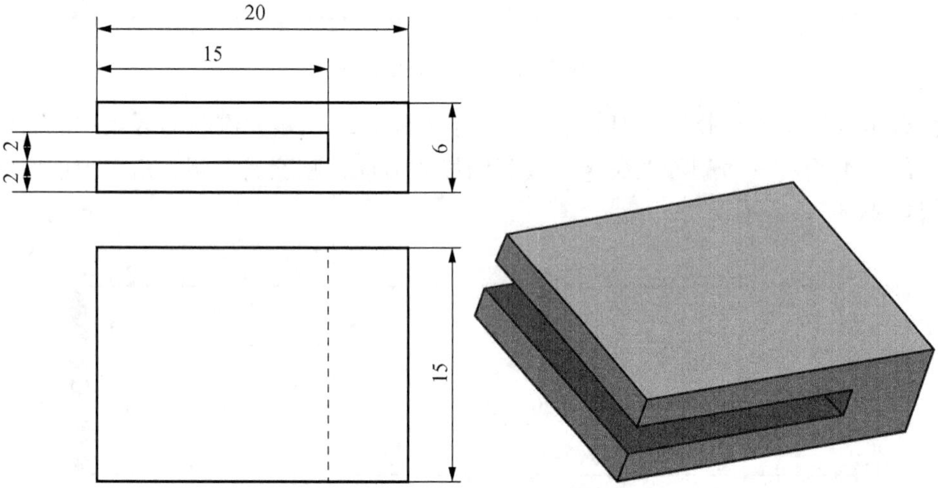

图 8-24　鼻翼平衡器尺寸和模型

步骤 1：选择菜单栏中的“文件”→“新建”命令，新建一个文件。选择菜单栏中的“相机”→“标准视图”→“前视图”命令。单击工具栏中的“形状/矩形”工具按钮，移动光标至红蓝轴交汇处，按住鼠标左键，向右上方移动光标，在右下角的“尺寸”文本框中输入“20，6”，按【Enter】键结束，同时松开左键，完成矩形的绘制。

步骤 2：单击“卷尺”工具按钮，将光标移至矩形左下角点，按住鼠标左键，将光标笔直向上移动，在右下角的“距离”文本框中输入“2”，然后按【Enter】键结束，同时松开左键，标记参考点，如图 8-25 所示。

步骤 3：单击工具栏中的“形状/矩形”工具按钮▨，移动光标至参考点，按住鼠标左键，同时向右上方移动光标，在右下角的“尺寸”文本框中输入“15，2”，按【Enter】键结束，同时松开左键，绘制完成图 8-26 所示的矩形。

图 8-25　标记参考点

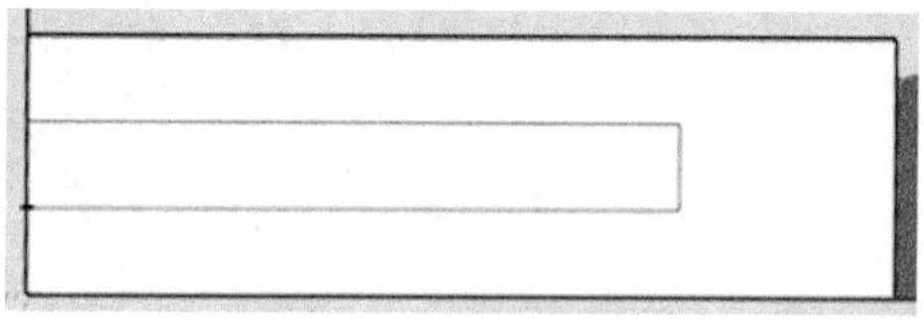

图 8-26　绘制矩形

步骤 4：单击“选择”工具按钮，选中图 8-27 所示要删除的区域，选择菜单栏中的“编辑”→“删除”命令。

步骤 5：单击“推/拉”工具按钮，移动光标至白色区域内，按住鼠标左键不放，向上移动光标，在右下角的“距离”文本框中输入“15”，然后按【Enter】键，同时松开左键，绘制完成图 8-28 所示的飞机鼻翼平衡器。

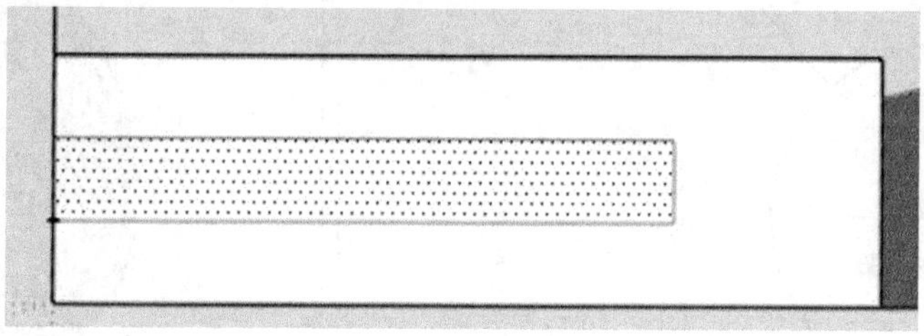

图 8-27　选中删除区域

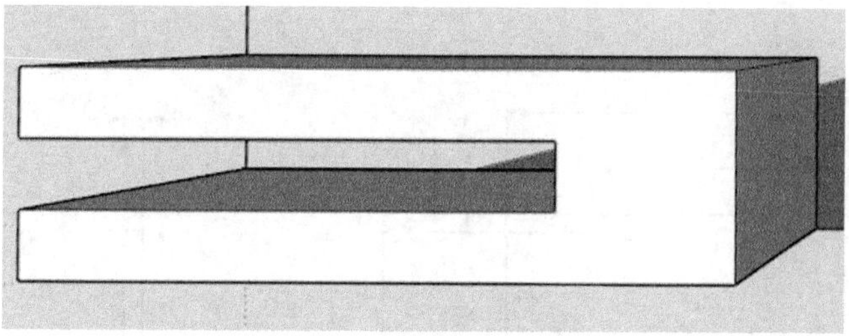

图 8-28　飞机鼻翼平衡器造型图

习题演练场

绘制图 8-29 所示的橡皮筋动力小汽车模型，各个部件的尺寸如图 8-30～图 8-32 所示。

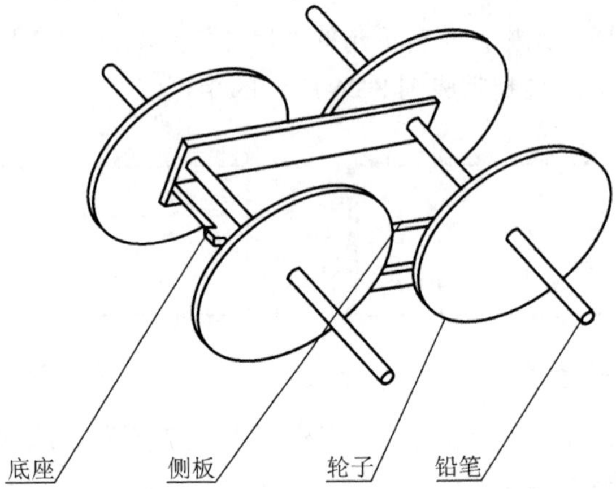

图 8-29　橡皮筋动力小汽车模型

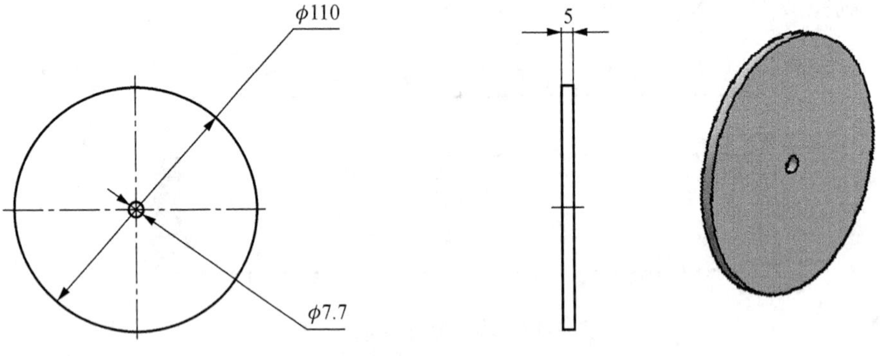

图 8-30　轮子尺寸和模型

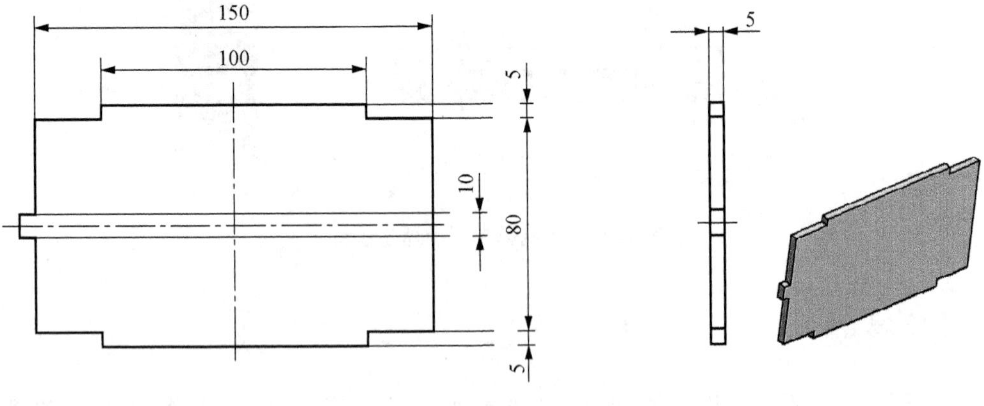

图 8-31　底座尺寸和模型

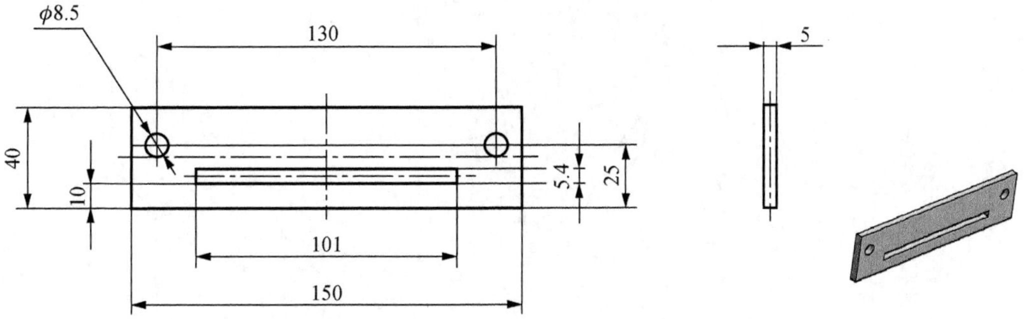

图 8-32　侧板尺寸和模型

第9课

绘制小房子

技能关键点

- 熟练运用 SketchUp Pro 2017 常用绘图工具
- 运用 SketchUp Pro 2017“材质”工具添加简单的材质

知识加油站

材质工具

SketchUp Pro 2017 在材质效果的表现上不具备优势，但其与材质相关的工具设置是比较全面的。选择菜单栏中的“工具”→“材质”命令，或者单击“材质”工具按钮，在操作界面右侧的“默认面板”中会出现图 9-1 所示的“材料”属性管理面板。可以在图 9-2 所示的材料列表中选择合适的材料。

图 9-1 “材料”属性管理面板

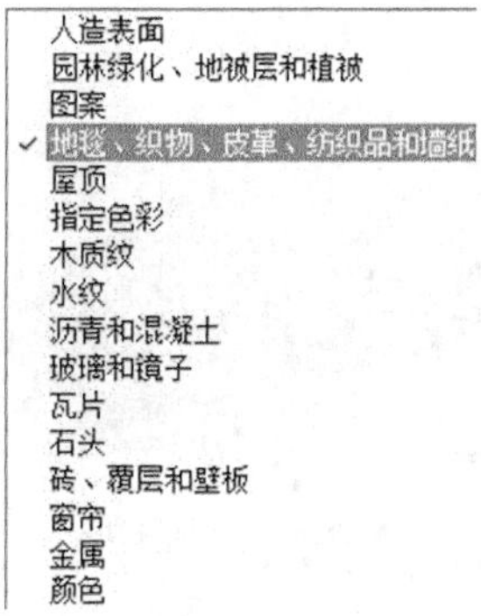

图 9-2 材料列表

新手训练营

参考图 9-3 所示的小房子模型，完成小房子三维建模绘制。

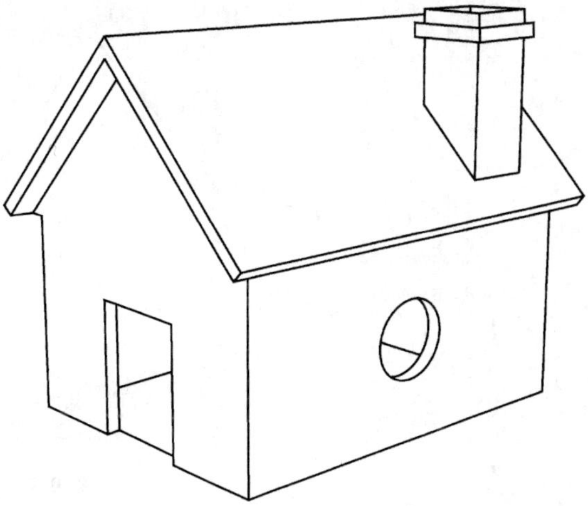

图 9-3 小房子模型

步骤 1：启动 SketchUp Pro 2017 软件，在欢迎界面上单击“选择模板”按钮，在“模板”下拉列表中选择“建筑设计-毫米”选项，单击“开始使用 SketchUp”按钮，进入操作界面。

步骤 2：选择菜单栏中的“相机”→“标准视图”→“等轴视图”命令，单击“形状/矩形”工具按钮，移动光标至红绿轴交汇处，按住鼠标左键，向右上方移动光标，在右下角的“尺寸”文本框中输入“5000,6000”，按【Enter】键结束，同时松开左键，绘制完成图 9-4 所示的矩形。

步骤 3：单击“推/拉”工具按钮，移动光标至矩形内，按住鼠标左键，向上移动光标，在右下角的“距离”文本框中输入“3000”，然后按【Enter】键，同时松开左键，绘制完成图 9-5 所示的长方体。

9

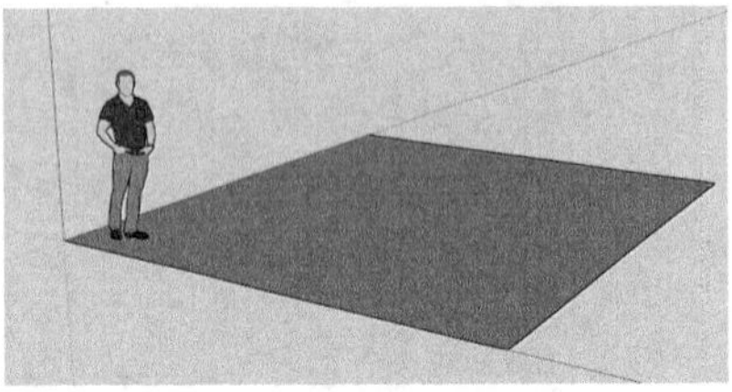

图 9-4　绘制矩形

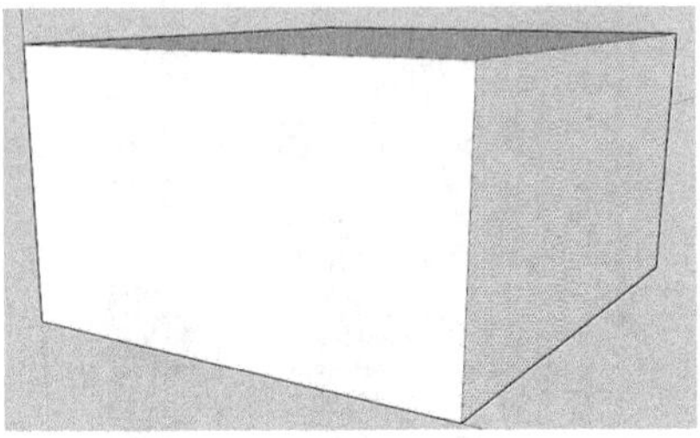

图 9-5　绘制长方体

步骤 4：单击“直线”工具按钮，在步骤 3 生成的长方体顶面捕捉中点绘制一条中心线，如图 9-6 所示。

步骤 5：单击“选择”工具按钮，选中步骤 4 绘制的中心线，然后单击“移动”工具按钮，按住鼠标左键，将中心线沿蓝轴向上拖动，在右下角的“距离”文本框中输入“2500”，然后按【Enter】键，同时松开左键，绘制完成图 9-7 所示的房顶。

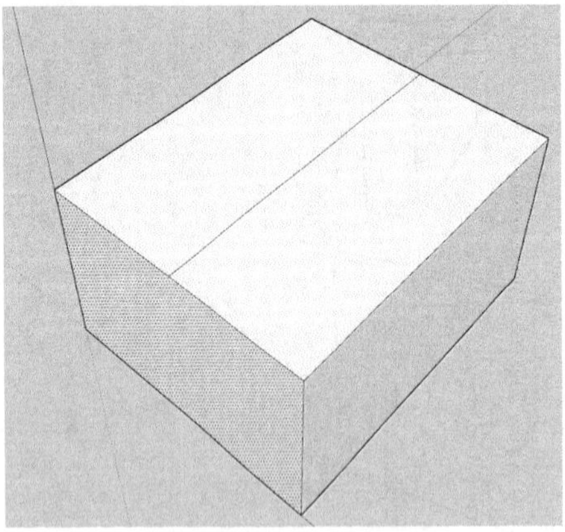

图 9-6　绘制中心线

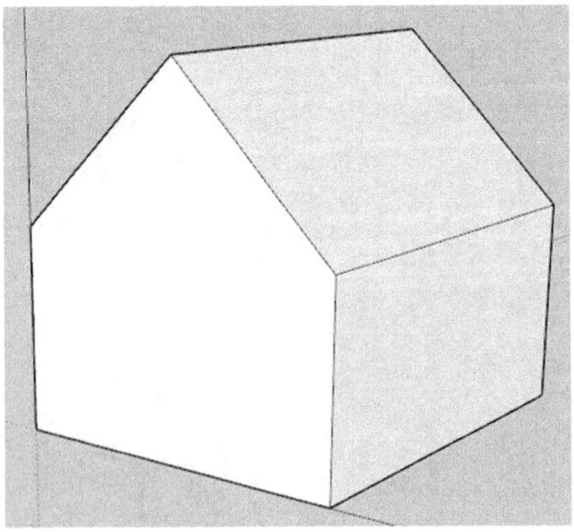

图 9-7　绘制房顶

步骤 6：单击“推/拉”工具按钮，移动光标至房顶白色区域内，按住鼠标左键，

向外移动光标，在右下角的“距离”文本框中输入“200”，然后按【Enter】键，同时松开左键。另一边房顶也重复同样操作，绘制完成图 9-8 所示的屋顶两面。

步骤 7：单击“推/拉”工具按钮，移动光标至图 9-8 所示的房子立面区域内，按住鼠标左键，向内移动光标，在右下角的“距离”文本框中输入“200”，然后按【Enter】键，同时松开左键。另一边立面也重复同样操作，绘制完成图 9-9 所示的房体。

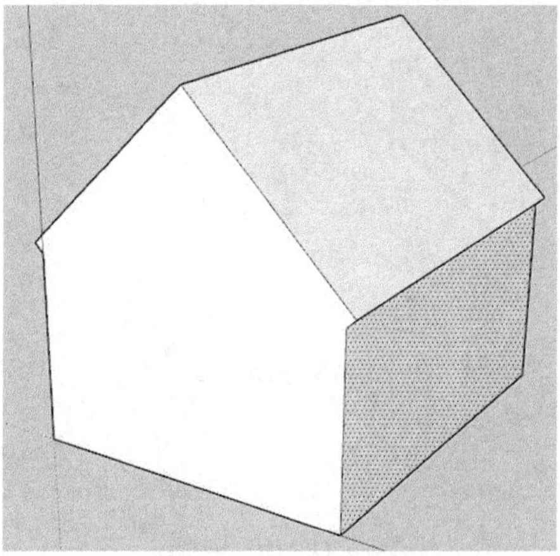

图 9-8 绘制房顶两面

图 9-9 绘制房体

步骤 8：单击“选择”工具按钮，同时按住【Ctrl】键，选择房顶两条边，单击“偏移”工具按钮，在右下角的“距离”文本框中输入“200”，将选中的两条边向内偏移，如图 9-10 所示。

步骤 9：单击“推/拉”工具按钮，移动光标至偏移直线的区域内，按住鼠标左键，向外移动光标，在右下角的“距离”文本框中输入“400”，然后按【Enter】键，同时松开左键，完成效果如图 9-11 所示。

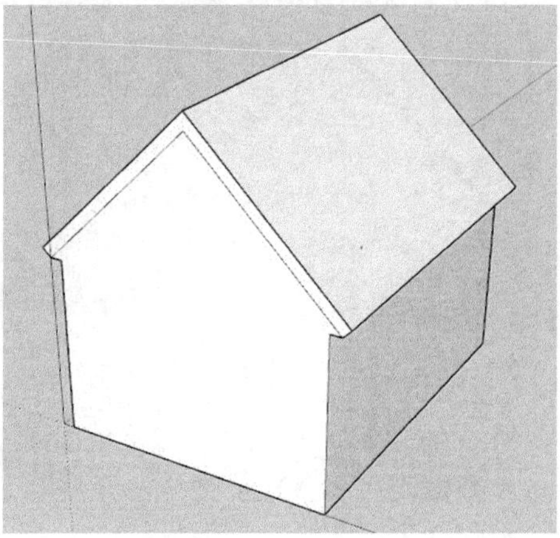

图 9-10 偏移复制面

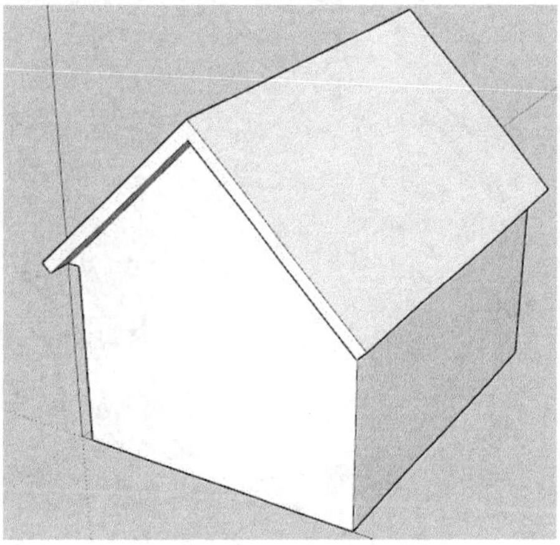

图 9-11 推拉面

步骤 10：利用相同的方法，对另一面的房顶也进行偏移和推拉操作，完成效果如图 9-12 所示。

步骤 11：单击“选择”工具按钮，选择图 9-13 所示的参考线段，右击，在弹出的快捷菜单中选择“拆分”命令，输入值“3”。

9

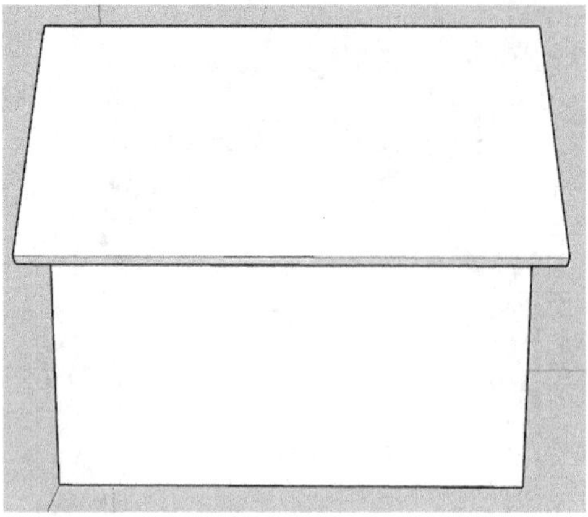

图 9-12　房顶效果图

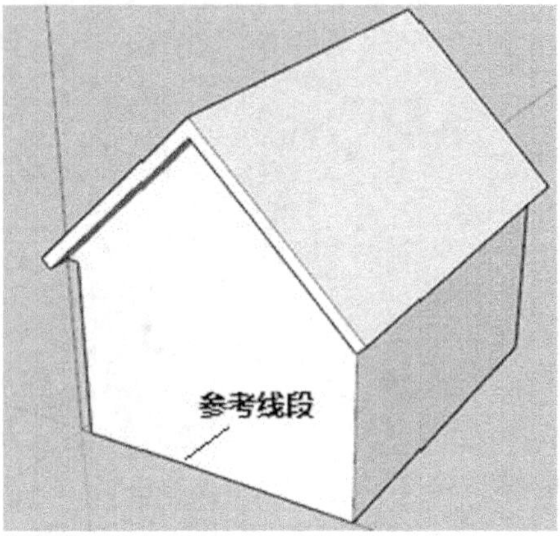

图 9-13　拆分线段

步骤 12：单击“直线”工具按钮，在步骤 11 被拆分的线段上捕捉点，绘制一个如图 9-14 所示高 2000mm 的房门。

步骤 13：单击“推/拉”工具按钮，移动光标至房门的区域内，按住鼠标左键，向内移动光标，在右下角的“距离”文本框中输入“200”，然后按【Enter】键，同时松开左键，完成效果如图 9-15 所示。

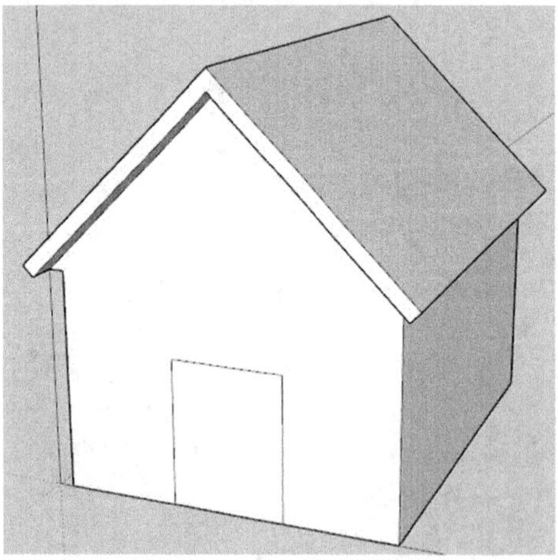

图 9-14　绘制房门

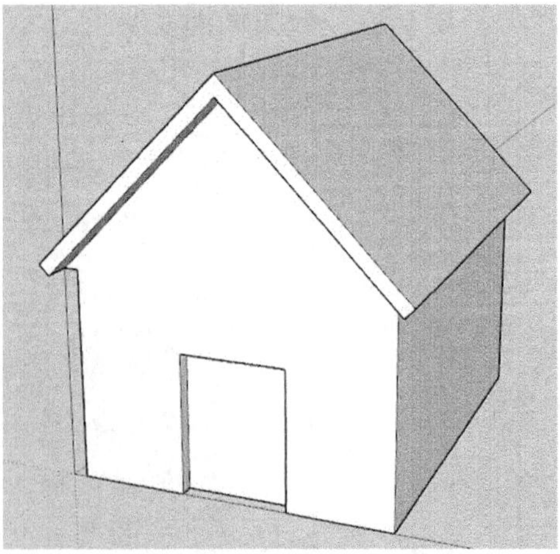

图 9-15　推拉房门

步骤 14：单击“选择”工具按钮，选中步骤 13 生成的推拉面，选择菜单栏中的

“编辑”→“删除”命令，删除推拉面，完成效果如图 9-16 所示，可以看到房子的内部空间。

步骤 15：单击“形状/圆”工具按钮，在如图 9-17 所示的位置，画一个半径为 600mm 的圆。

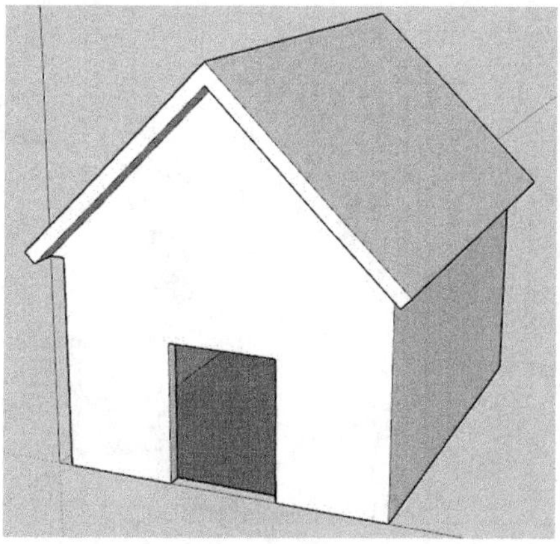

图 9-16　删除推拉面

图 9-17　绘制圆

步骤 16：单击“推/拉”工具按钮，移动光标至圆的区域内，按住鼠标左键，向内移动光标，在右下角的“距离”文本框中输入“200”，然后按【Enter】键，同时松开左键，完成效果如图 9-18 所示。

步骤 17：单击“选择”工具按钮，选中步骤 16 生成的推拉面，选择菜单栏中的“编辑”→“删除”命令，删除推拉面，完成效果如图 9-19 所示。

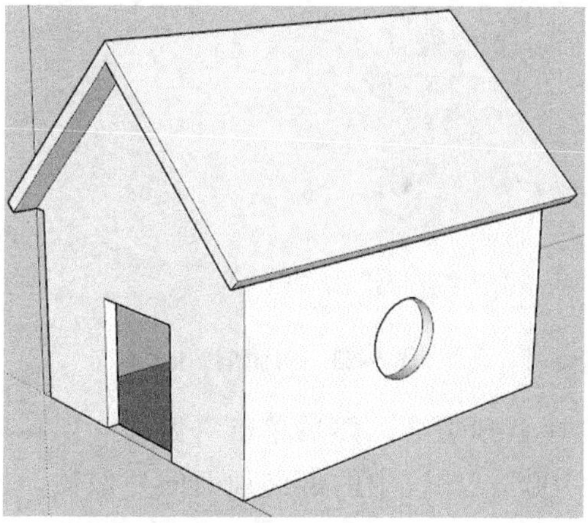

图 9-18　推拉圆

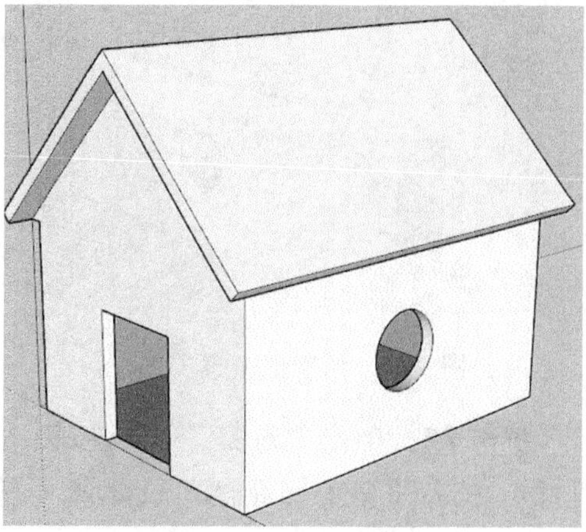

图 9-19　圆窗效果

步骤 18：单击“直线”工具按钮，在房顶面上绘制一条图 9-20 所示的直线。

步骤 19：与蓝轴对齐，向上绘制一条长度为 2000mm 的直线。与绿轴对齐，绘制一条长度为 1000mm 的直线。将直线垂直连接，绘制完成一个图 9-21 所示的烟囱面。

图 9-20　绘制直线

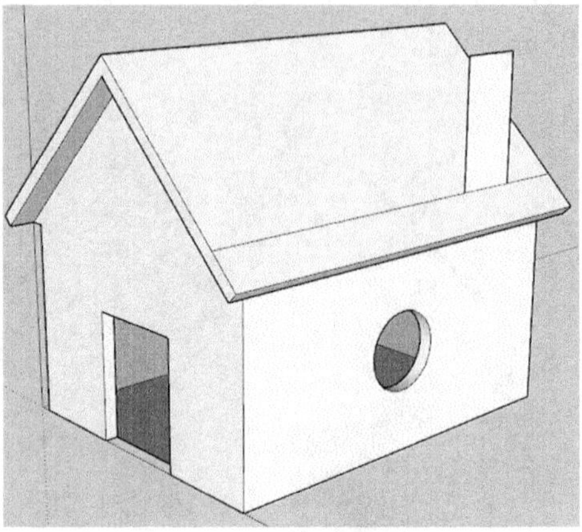

图 9-21　绘制烟囱面（一）

步骤 20：与红轴对齐，继续绘制一条长度为 1000mm 的直线。与蓝轴对齐，绘制直线，将直线连接，形成了另一个烟囱面，如图 9-22 所示。

步骤 21：用同样的方法，绘制烟囱的另一面并连接直线，形成烟囱的封闭面，如图 9-23 所示。

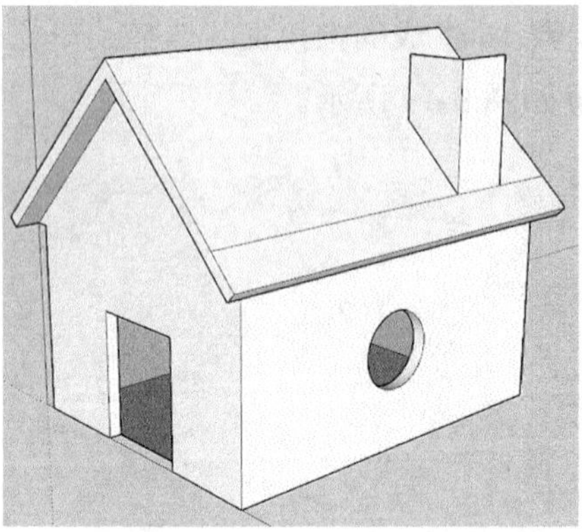

图 9-22　绘制烟囱面（二）

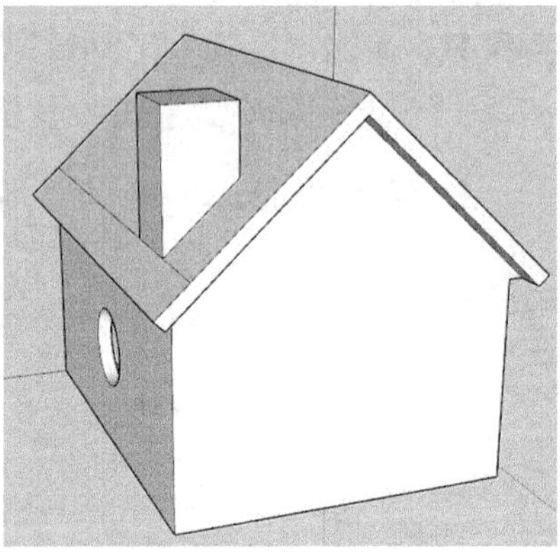

图 9-23　封闭烟囱面

步骤 22：单击“选择”工具按钮，选择烟囱顶面，然后单击“偏移”工具按钮，在右下角的“距离”文本框中输入“100”，将选中的烟囱顶面向外偏移，如图 9-24 所示。

步骤 23：单击“推/拉”工具按钮，移动光标至偏移面的区域内，按住鼠标左键，向上移动光标，在右下角的“距离”文本框中输入“200”，然后按【Enter】键，同时松开左键，完成效果如图 9-25 所示。

图 9-24　偏移复制烟囱顶面

图 9-25　推拉效果图

步骤 24：单击“推/拉”工具按钮，移动光标至长方形区域内，按住鼠标左键，向上移动光标，在右下角的“距离”文本框中输入“400”，然后按【Enter】键，同时松开左键，完成效果如图 9-26 所示。

步骤 25：单击“擦除”工具按钮，擦除多余线条。单击“选择”工具按钮，选中烟囱顶面，选择菜单栏中的“编辑”→“删除”命令，删除烟囱顶面，完成效果如图 9-27 所示。

图 9-26　推拉面

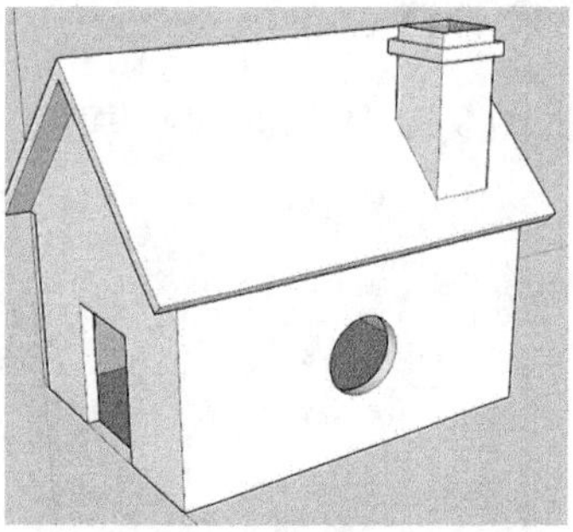

图 9-27　删除多余线和烟囱顶面

步骤 26：单击“材质”工具按钮，在右侧打开的“材料”属性管理面板中，给小房子添加一些漂亮的材质，如图 9-28、图 9-29 所示，最终效果如图 9-30 所示。

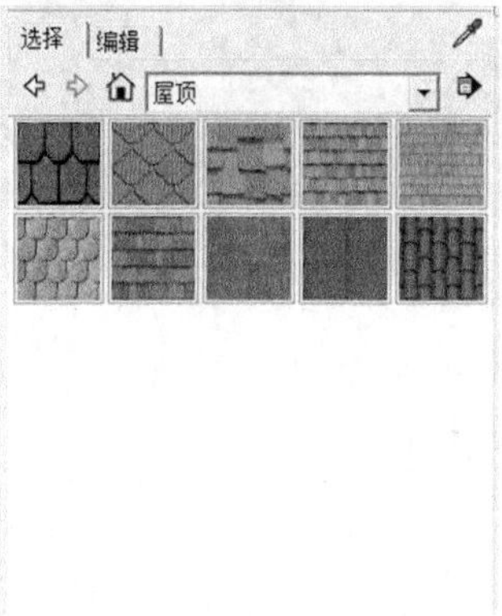

图 9-28　屋顶材料

图 9-29　墙面材料

图 9-30　小房子效果图

习题演练场 ★

根据图 9-31 所示的别墅模型，完成别墅绘制，尺寸自定。

图 9-31　别墅模型

第 10 课

绘制户外长凳

技能关键点

- 掌握 SketchUp Pro 2017“建筑施工”工具栏中的“量角器”工具
- 掌握 SketchUp Pro 2017“绘图”工具栏中的“旋转矩形”工具

知识加油站

量角器工具

“量角器”工具有测量角度和创建角度辅助线的功能。调用“量角器”工具有两种方式。第一种是选择菜单栏中的“工具”→“量角器”命令，如图 10-1 所示；第二种是在工具栏空白处右击，在弹出的快捷菜单中勾选“建筑施工”复选框，打开“建筑施工”工具栏，单击“量角器”工具按钮，如图 10-2 所示。

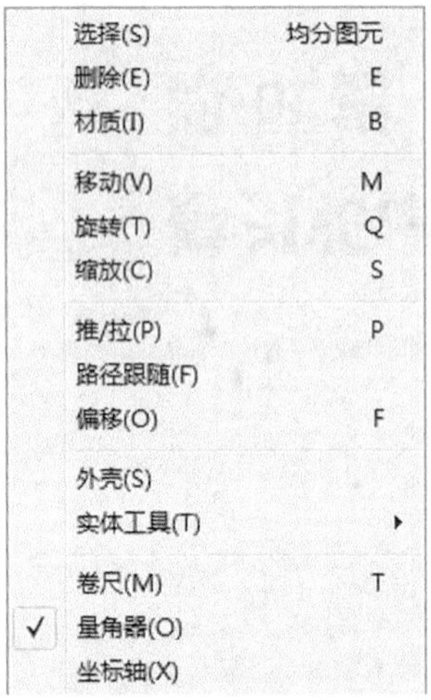

图 10-1　“工具”菜单

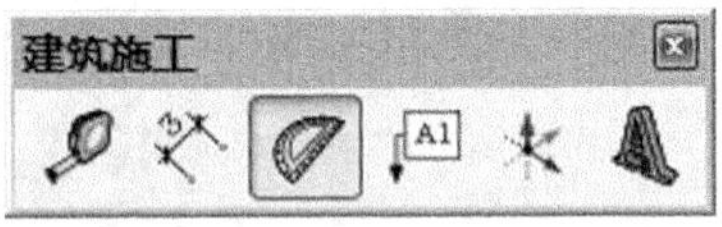

图 10-2　“建筑施工”工具栏

操作“量角器”工具时先将量角器中心放到角的顶点（两条直线相交处），然后单击设置顶点，也可以单击并拖动第一个点，以设置旋转平面。在圆中移动光标，直到触及角的始端（其中一条直线），单击设置角的始端。在圆中移动光标，直到触及角的末端（另一条直线）为止。单击可测量角。

按住【Ctrl】键切换，创建角度辅助线。如果配合箭头键操作，会有很多意想不到的效果。箭头键（第一次单击之前）的作用是锁定量角器旋转轴线方向，【↑】表示沿着蓝色轴线方向，【←】表示沿着绿色轴线方向，【→】表示沿着红色轴线方向，【↓】表示沿着平行方向。箭头键（第一次单击之后）的作用是将绘图方向锁定为具体的推导方向，【↑】表示沿着蓝色轴线方向，【←】表示沿着绿色轴线方向，【→】表示沿着红色轴线方向，【↓】表示沿着平行或者垂直方向。

新手训练营

参考图 10-3 所示的户外长凳模型，完成户外长凳三维建模绘制。

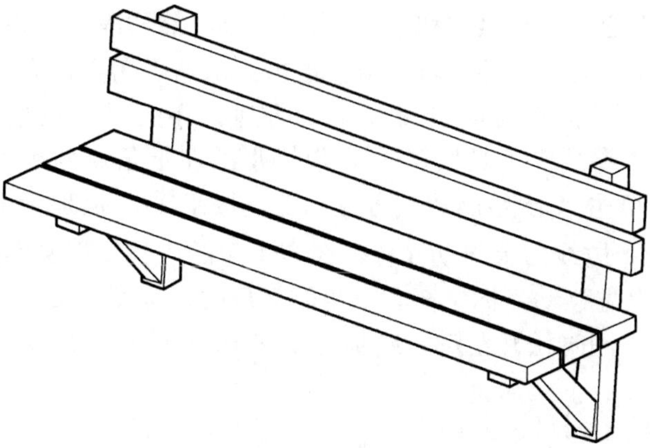

图 10-3　户外长凳模型

步骤 1：启动 SketchUp Pro 2017 软件，在欢迎界面上单击“选择模板”按钮，在“模板”下拉列表中选择“木工-毫米”选项，单击“开始使用 SketchUp”按钮，进入操作界面。

步骤 2：选择菜单栏中的“相机”→“标准视图”→“右视图”命令。单击“形状/矩形”工具按钮，移动光标至蓝绿轴交汇处，按住鼠标左键，向右上方移动光标，在右下角的“尺寸”文本框中输入“75，820”，按【Enter】键结束，同时松开左键，绘制完成图 10-4 所示的矩形。

步骤 3：单击“建筑施工”工具栏的“量角器”工具按钮，选择矩形的右下角点为角的顶点，单击绿轴作为角的始边，逆时针方向移动光标，在右下角的“角度”文本框中输入“85”，按【Enter】键结束，同时松开左键，绘制完成图 10-5 所示的辅助线。

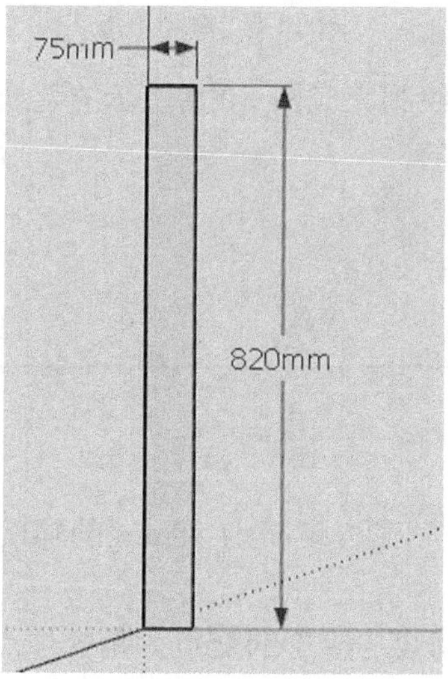

图 10-4　绘制矩形

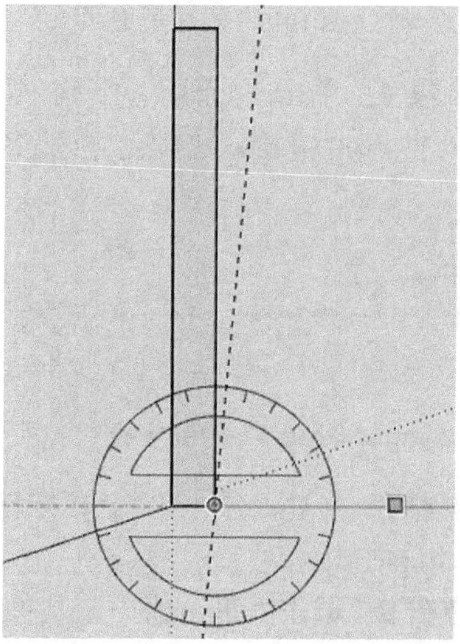

图 10-5　绘制角度辅助线

步骤 4：单击“选择”工具按钮，选中矩形，然后单击“旋转”工具按钮，移动光标至矩形右下角点，按住鼠标左键，单击矩形右上角点作为旋转起始点，移动光标至角度辅助线，当显示“在线上”时，松开左键，完成图 10-6 所示矩形的旋转。

步骤 5：单击“卷尺”工具按钮，以矩形的左下角点为起点，沿着边线向上在 300mm 处作标记。单击“形状/旋转长方形”工具按钮，捕捉标记点作为起始点，光标变为形状，沿着边线向上移动光标，在右下角的“长度”文本框中输入“75”。按住鼠标左键，向左上方移动光标，在右下角的“角度，宽度”文本框中输入“0，420”，按【Enter】键结束，同时松开左键，绘制完成图 10-7 所示的矩形。

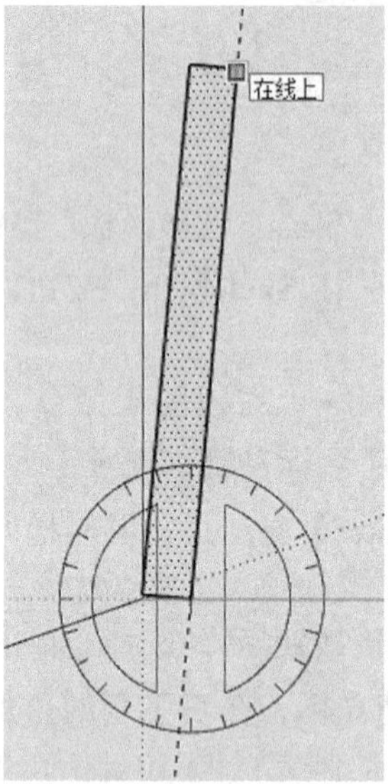

图 10-6　旋转矩形

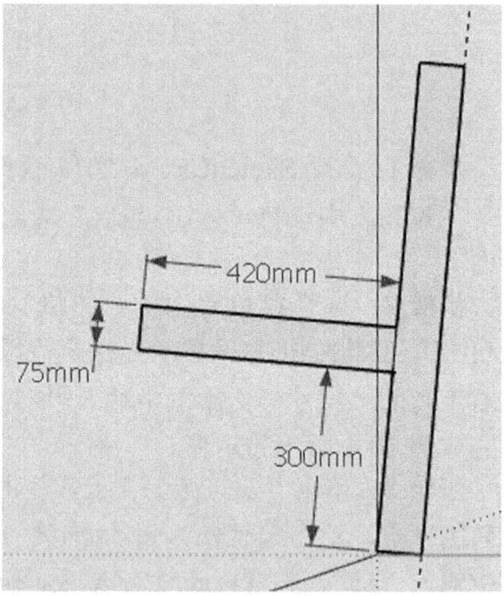

图 10-7　绘制矩形

步骤 6：单击“直线”工具按钮，捕捉点，绘制完成图 10-8 所示的直线。单击“擦除”工具按钮，擦除多余线条，如图 10-9 所示。

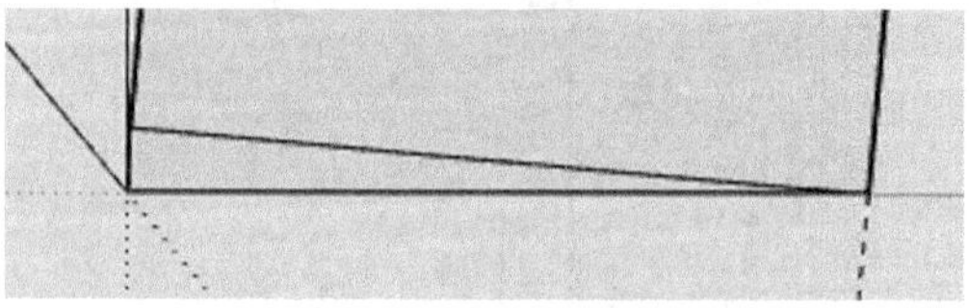

图 10-8　绘制直线

图 10-9　擦除多余线

步骤 7：单击“卷尺”工具按钮，创建与矩形底边距离为 15mm 的辅助线，如图 10-10 所示。

步骤 8：单击“量角器”工具按钮，选择辅助线与矩形的交点为角的顶点，单击辅助线作为角的始边，顺时针方向移动光标，在右下角的“角度”文本框中输入“50”，按【Enter】键结束，同时松开左键，绘制完成图 10-11 所示的角度辅助线。

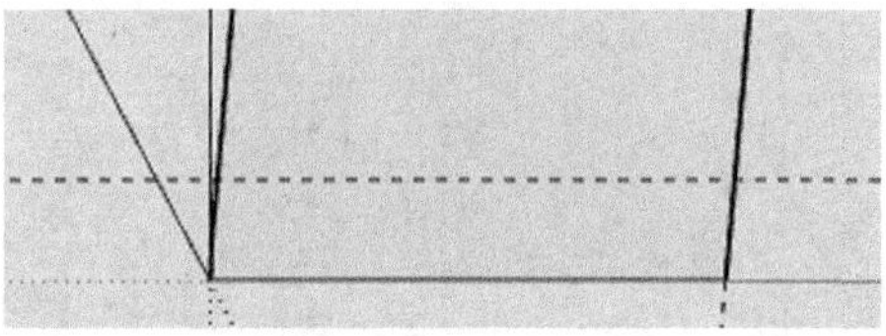

图 10-10　创建辅助线

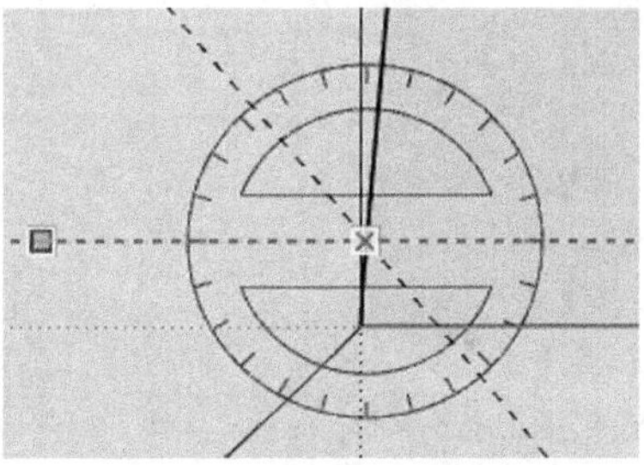

图 10-11　绘制角度辅助线

步骤 9：单击“直线”工具按钮，捕捉点，绘制完成图 10-12 所示的斜线。

步骤 10：单击“偏移”工具按钮，光标移至三角形区域，在右下角的“距离”文本框中输入“75”，同时向内移动光标，将选中的三角形向内偏移，如图 10-12 所示。

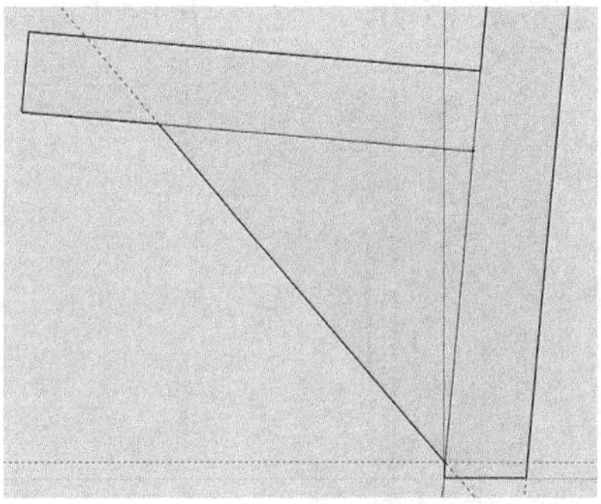

图 10-12　绘制斜线（一）

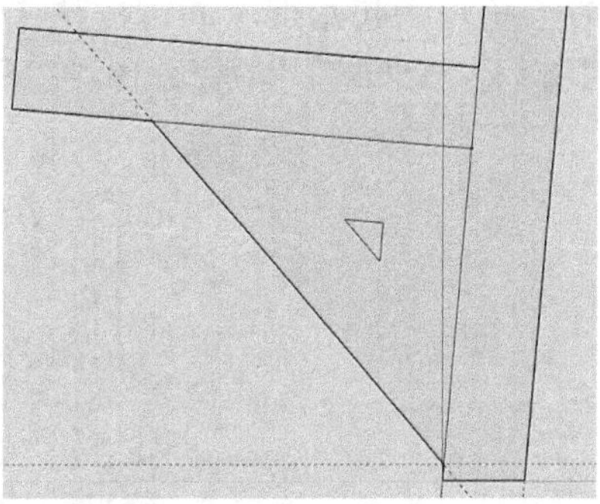

图 10-13　偏移选中的三角形

步骤 11：单击“直线”工具按钮，捕捉点，完成图 10-14 斜线的绘制，右击三角形区域，在弹出的快捷菜单中选择“删除”命令，删除多余面，如图 10-15 所示。

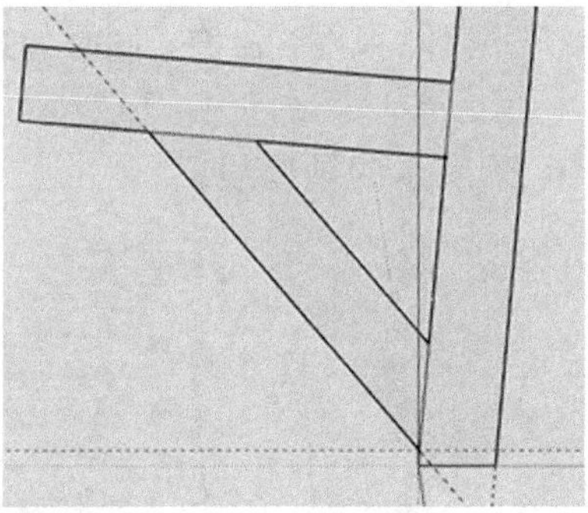

图 10-14　绘制斜线（二）

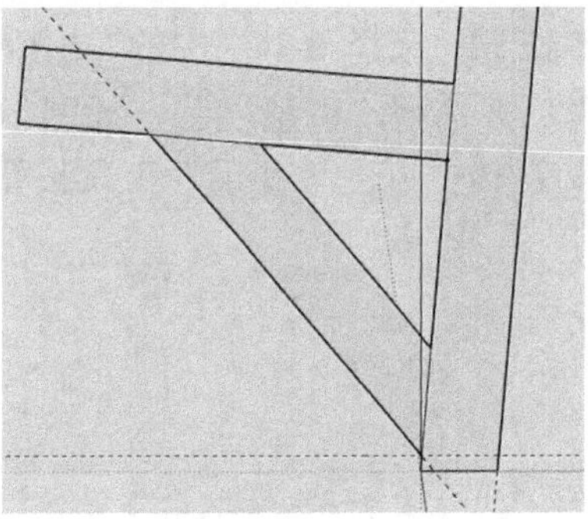

图 10-15　删除面

步骤 12：单击“推/拉”工具按钮，分别将做好的造型推拉 75mm，完成效果如图 10-16 所示。再次单击“推/拉”工具按钮，将斜支撑柱两边均向内推 10mm，如图 10-17 所示。单击“擦除”工具按钮，擦除多余线条，绘制完成图 10-18 所示的支撑架。

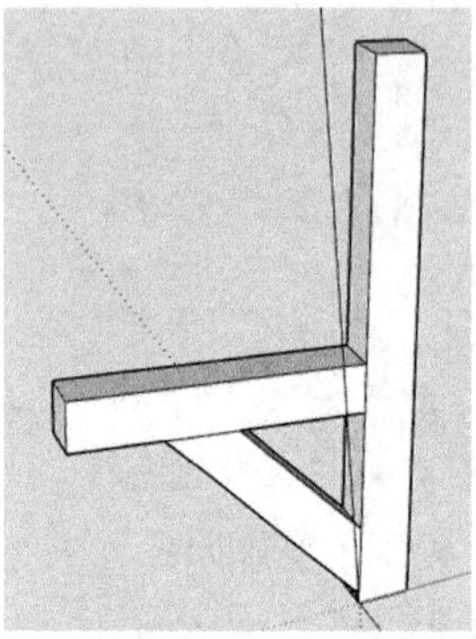

图 10-16　推拉面

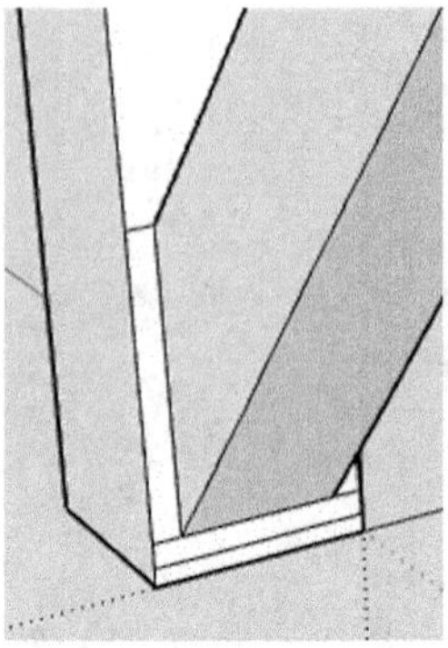

图 10-17　推拉斜支撑柱

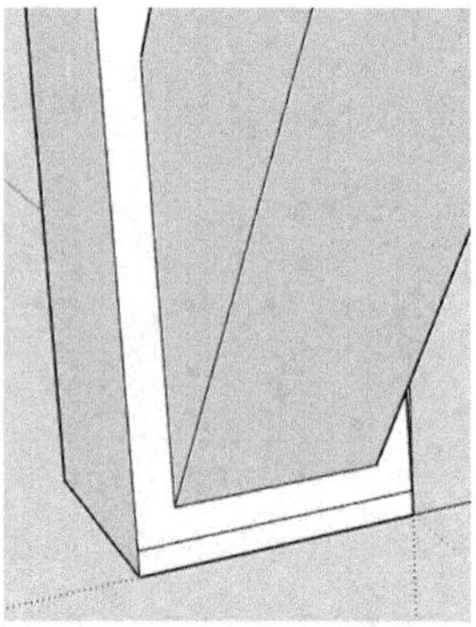

图 10-18　绘制支撑架

步骤 13：单击“选择”工具按钮，选中支撑架，然后单击“移动”工具按钮，选中右下角点为起始点，同时按住【Ctrl】键，沿着红轴移动，在右下角的“距离”文本框中输入“1500”，完成图 10-19 所示的移动复制。

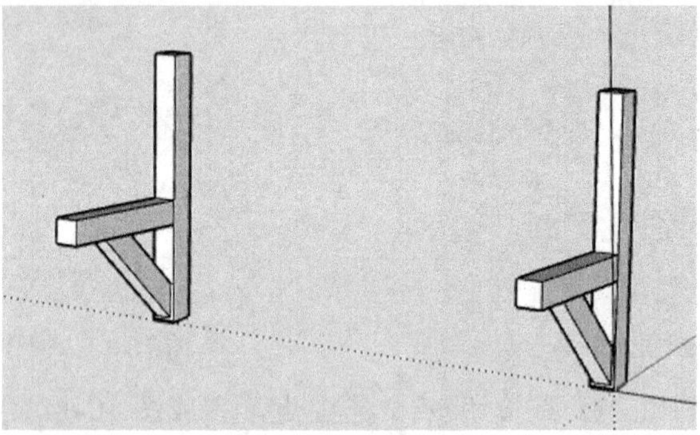

图 10-19　移动复制支撑架

步骤 14：选择菜单栏中的“相机”→“标准视图”→“右视图”命令，同时勾选“平行投影”复选框，调整视图，如图 10-20 所示。

步骤 15：单击“卷尺”工具按钮，创建图 10-21 所示的辅助线。

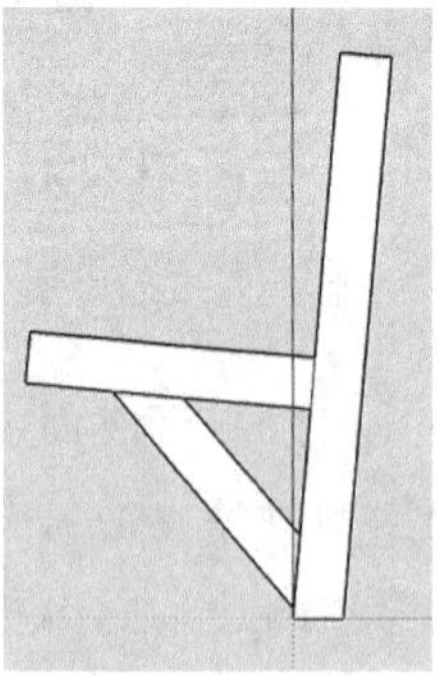

图 10-20　调整视图

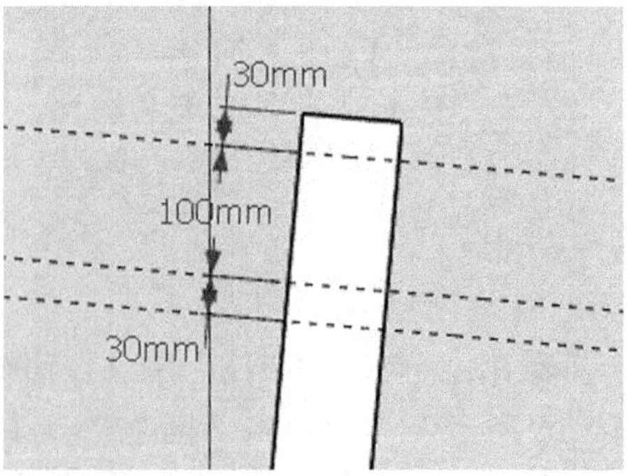

图 10-21　创建辅助线（一）

步骤 16：单击“形状/旋转长方形”工具按钮，绘制完成图 10-22 所示的矩形。

步骤 17：单击“选择”工具按钮，选中步骤 16 绘制的矩形，单击“移动”工具按钮，同时按住【Ctrl】键，利用自动点捕捉完成图 10-23 所示的移动复制。

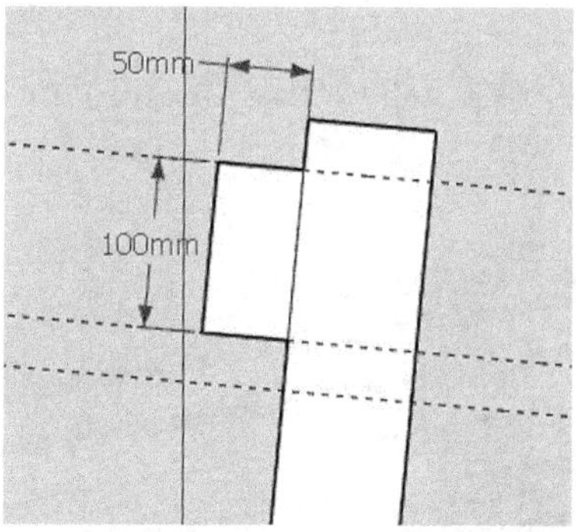

图 10-22 绘制矩形（一）

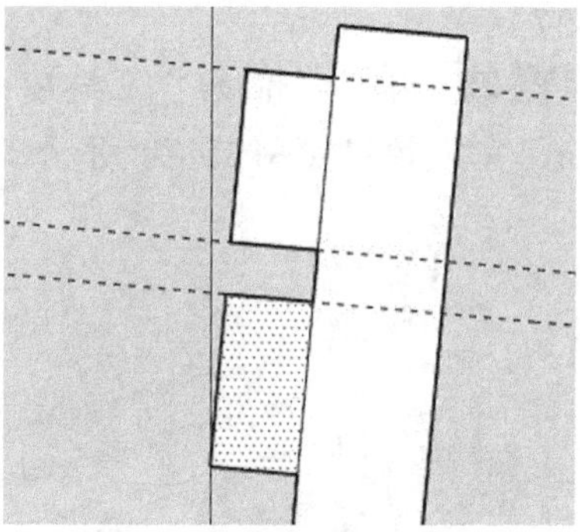

图 10-23 移动复制矩形（一）

步骤 18：单击“卷尺”工具按钮，绘制图 10-24 所示的辅助线，与边线距离为 10mm。

步骤 19：单击“形状/旋转长方形”工具按钮，利用辅助线和自动点捕捉绘制完成图 10-25 所示长为 160mm、宽为 50mm 的矩形。

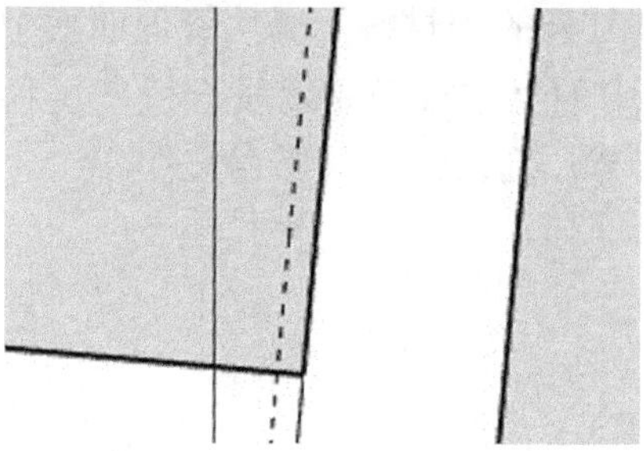

图 10-24 创建辅助线（二）

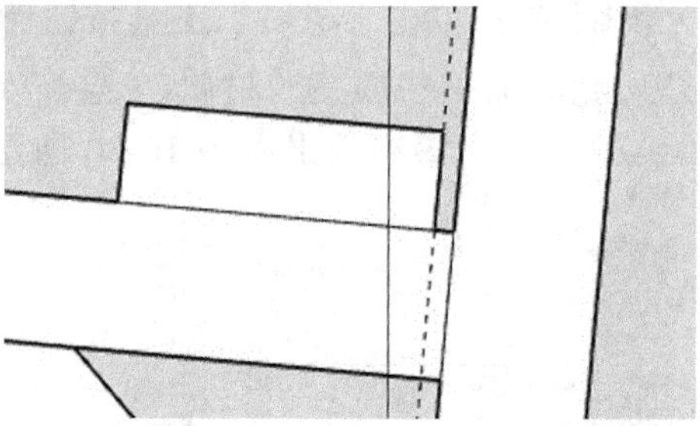

图 10-25 绘制矩形（三）

步骤 20：单击“选择”工具按钮，选中步骤 19 绘制的矩形，然后单击“移动”工具按钮，同时按住【Ctrl】键，利用自动点捕捉完成图 10-26 所示的移动复制，每个矩形间隔均为 10mm。

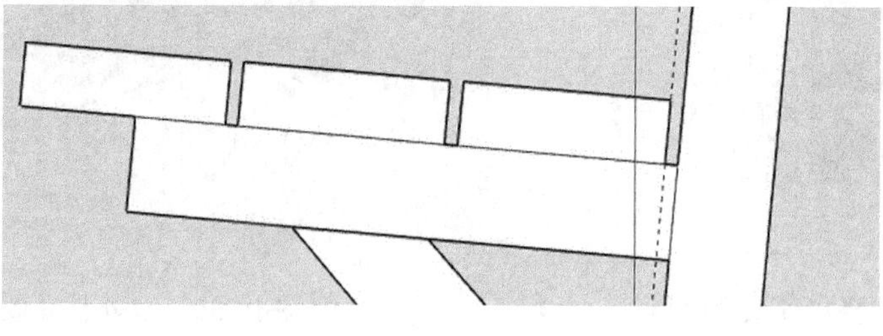

图 10-26 移动复制矩形（二）

步骤 21：单击“推/拉”工具按钮 ，移动光标至矩形区域内，按住鼠标左键，向另一个支撑架拖动光标，直至拖到支撑架的外侧边线，单击边线上任意一点，松开左键，完成推拉。另外四个矩形区域，可以将光标移动至矩形区域内，然后双击，完成效果如图 10-27 所示。

步骤 22：单击“推/拉”工具按钮 ，将上一步骤完成的推拉造型，再向外各推拉 120mm，完成效果如图 10-28 所示。

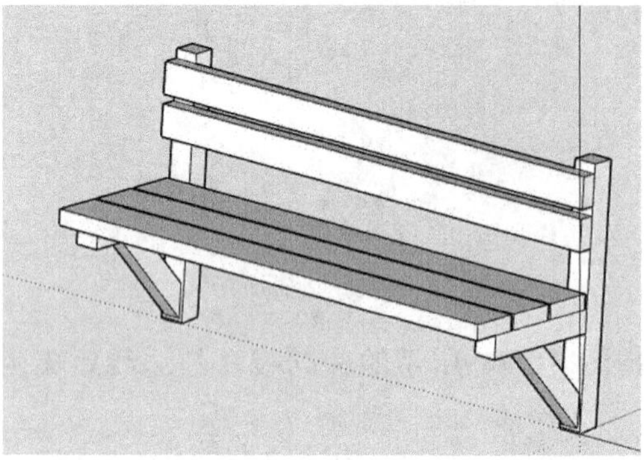

图 10-27　推拉造型

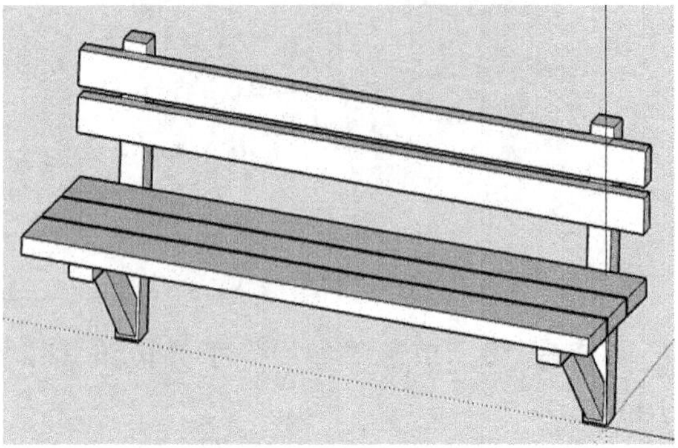

图 10-28　推拉效果图

步骤 23：单击“材质”工具按钮 ，在右侧打开的“材料”属性管理面板中，给户外长凳添加一些漂亮的材质，选择“木质纹”中的“带节子的木胶合板”材料，如图 10-29 所示。最终效果如图 10-30 所示。检查细节，确认无误后保存文件。

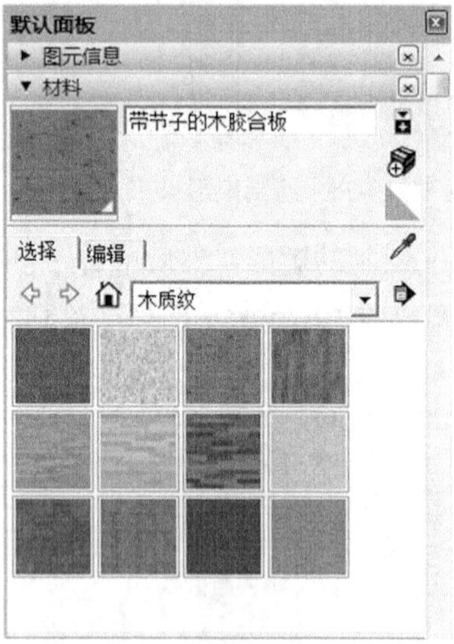

图 10-29　选择户外长凳材料

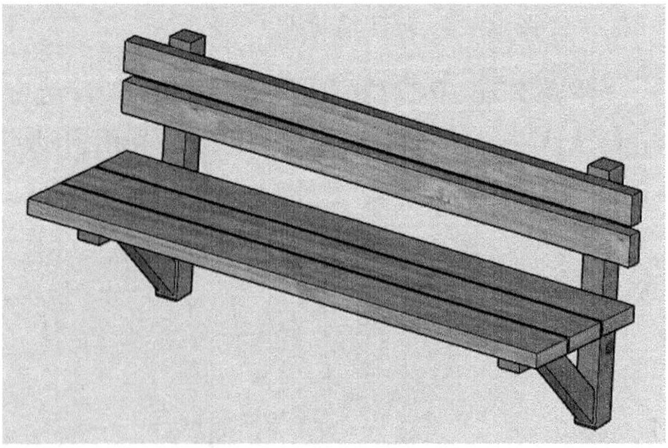

图 10-30　户外长凳效果图

习题演练场 ★

根据图 10-31 所示的长凳模型，完成长凳绘制，尺寸自定。

图 10-31　长凳模型

第11课

绘制吧椅

技能关键点

- 能综合应用 SketchUp Pro 2017“绘图”工具绘制图形。
- 掌握 SketchUp Pro 2017“编辑”工具栏中的“偏移”工具。
- 掌握 SketchUp Pro 2017“编辑”工具栏中的“路径跟随”工具。

知识加油站

路径跟随工具

“路径跟随”工具可以沿路径复制平面。调用“路径跟随”工具有两种方式。第一种是选择菜单栏中的“工具”→“路径跟随”选项；第二种是在工具栏空白处右击，在弹出的快捷菜单中勾选“编辑”复选框，打开“编辑”工具栏，如图 11-1 所示。

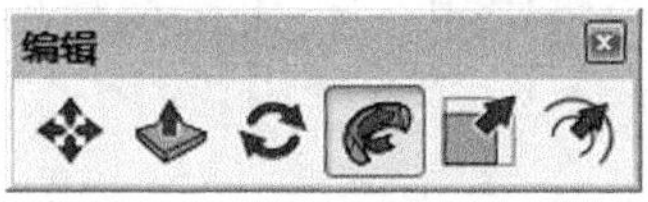

图 11-1 “编辑”工具栏

操作“路径跟随”工具时先找到要修改的几何图形的边线，此边线就是路径。然后绘制一个垂直于路径的平面。单击“路径跟随”工具按钮，单击平面作为要挤压的平面，拖动光标直到路径末端，完成操作。如果同时按住【Alt】键，是将平面周长作为路径。

新手训练营

参考图 11-2 所示的吧椅模型，完成吧椅三维建模绘制。

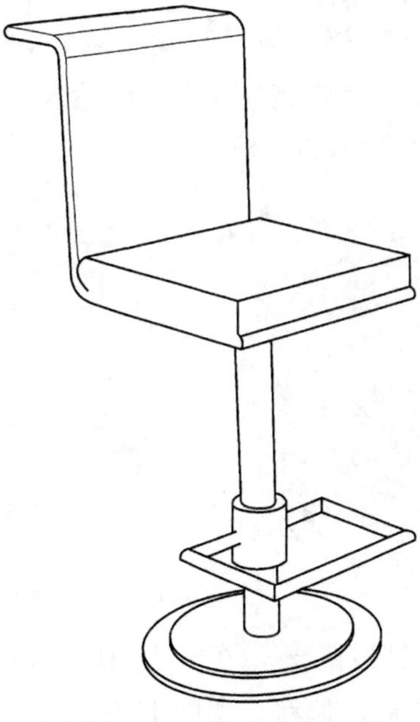

图 11-2 吧椅模型

步骤 1：启动 SketchUp Pro 2017 软件，在欢迎界面上单击“选择模板”按钮，在“模板”下拉列表中选择“室内和产品设计-毫米”选项，单击“开始使用 SketchUp”按钮，进入操作界面。

步骤 2：单击“形状/圆”工具按钮，移动光标至红绿轴交汇处，按住鼠标左键，向右上方移动光标，在右下角的“半径”文本框中输入“270”，按【Enter】键结束，同时松开左键，绘制完成图 11-3 所示的圆形。

步骤 3：单击“推/拉”工具按钮，移动光标至圆内，按住鼠标左键，向上移动光标，在右下角的“距离”文本框中输入“20”，然后按【Enter】键，同时松开左键，绘制完成图 11-4 所示的圆柱。

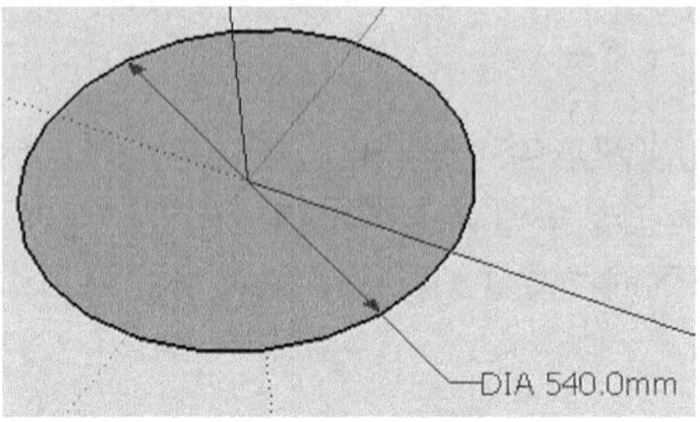

图 11-3　绘制圆

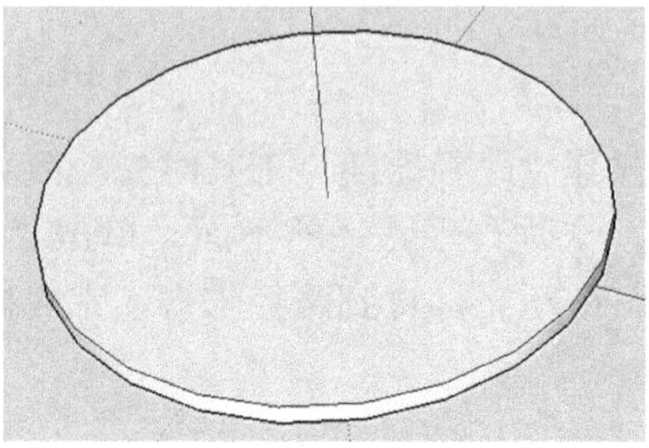

图 11-4　绘制圆柱（一）

步骤 4：单击“偏移”工具按钮，在右下角的“距离”文本框中输入“60”，将选中的圆向内偏移，如图 11-5 所示。

步骤 5：单击“推/拉”工具按钮，移动光标至步骤 4 生成的圆内，按住鼠标左键，向上移动光标，在右下角的“距离”文本框中输入“20”，然后按【Enter】键，同时松开左键，绘制完成图 11-6 所示的圆柱。

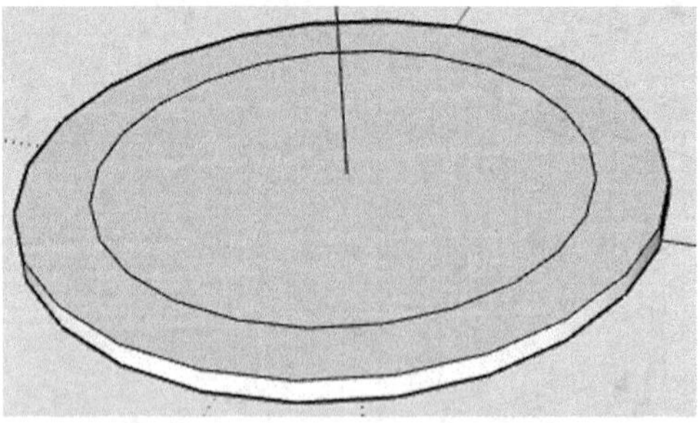

图 11-5　偏移复制圆（一）

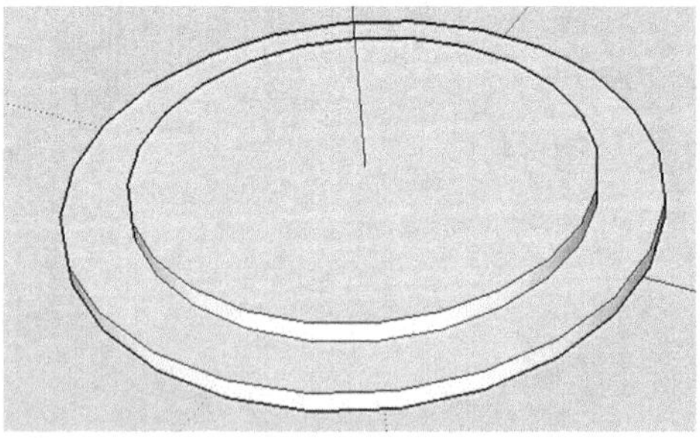

图 11-6　绘制圆柱体（二）

步骤 6：单击“偏移”工具按钮，在右下角的“距离”文本框中输入“170”，选中步骤 5 生成的圆柱顶面的圆向内偏移，如图 11-7 所示。

步骤 7：单击“推/拉”工具按钮，移动光标至步骤 6 生成的圆内，按住鼠标左键键，向上移动光标，在右下角的“距离”文本框中输入“180”，然后按【Enter】键，同时松开左键，完成效果如图 11-8 所示。

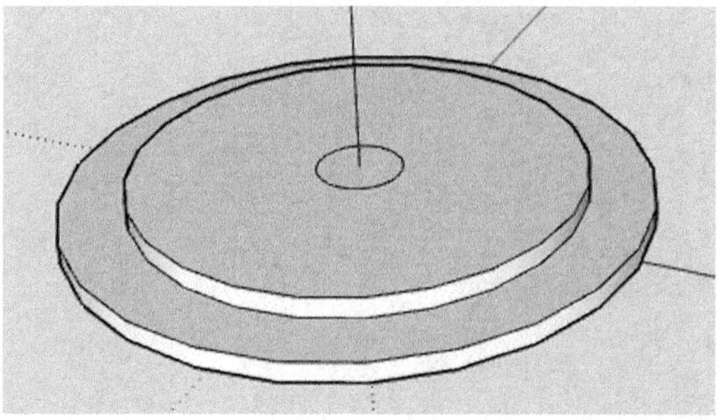

图 11-7　偏移复制圆（二）

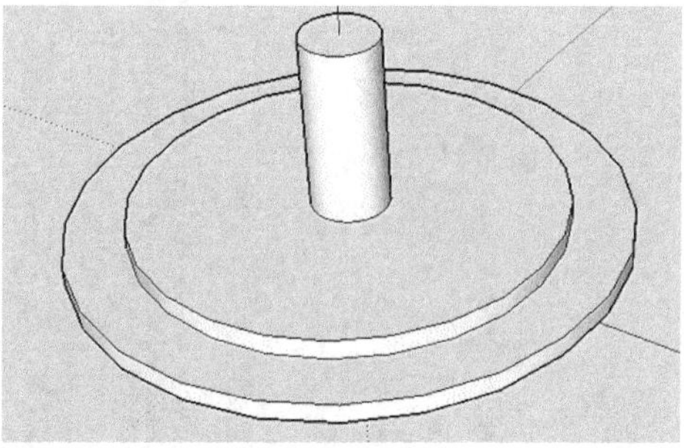

图 11-8　绘制圆柱（三）

步骤 8：单击“偏移”工具按钮，在右下角的“距离”文本框中输入“20”，选中步骤 7 生成的圆柱顶面的圆向内偏移，如图 11-9 所示。

步骤 9：重复上述步骤，根据图 11-10 所示的尺寸完成支架绘制。

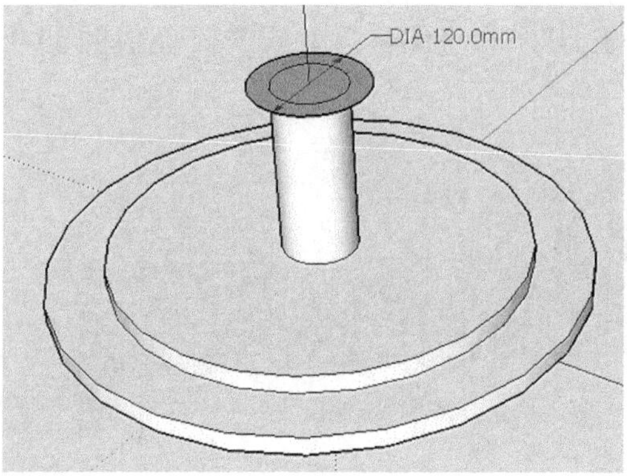

图 11-9　偏移复制圆（三）

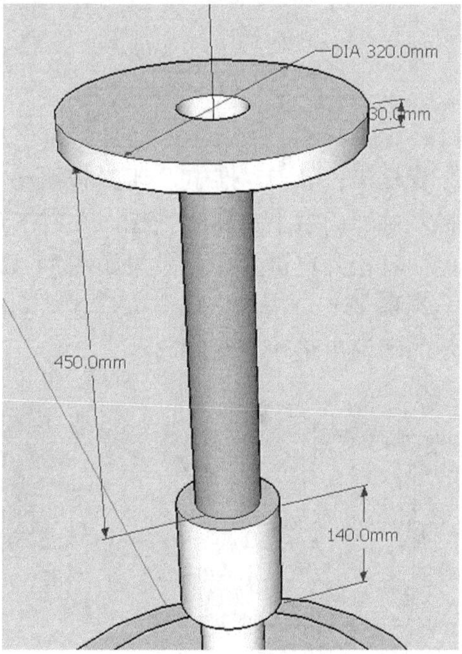

图 11-10　完成支架绘制

步骤 10：运用“直线”工具、“圆弧”工具和“偏移”工具，完成图 11-11 所示的吧椅靠背轮廓绘制。

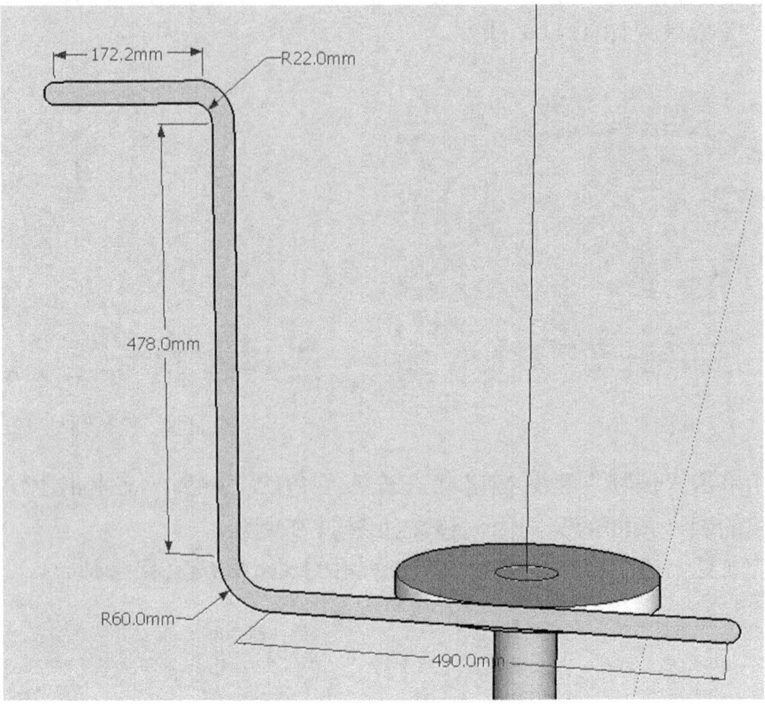

图 11-11　绘制吧椅靠背轮廓

步骤 11：单击“推/拉”工具按钮，移动光标至步骤 10 生成的靠背区域内，按住鼠标左键，向右上方移动光标，在右下角的“距离”栏中输入“500”，然后按【Enter】键，同时松开左键，完成效果如图 11-12 所示。

步骤 12：运用“直线”工具、“圆弧”工具和“偏移”工具，完成图 11-13 所示的吧椅坐垫轮廓绘制。

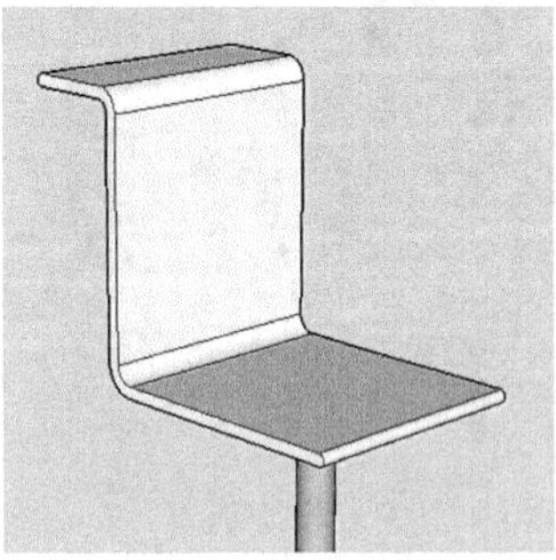

图 11-12　靠背效果图

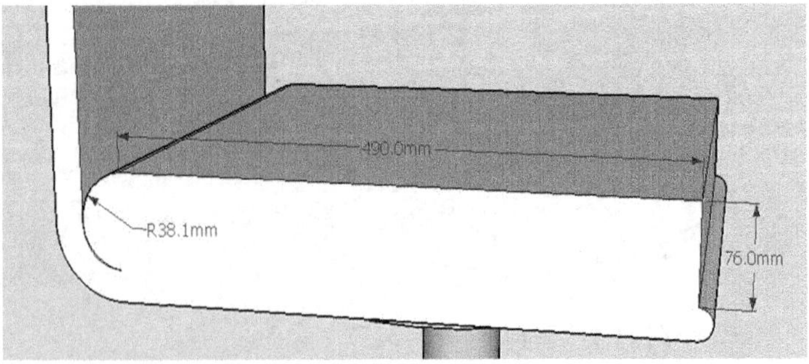

图 11-13　绘制吧椅坐垫轮廓

步骤 13：运用“直线”工具和“形状/圆”工具，绘制图 11-14 所示的圆形截面和矩形路径。

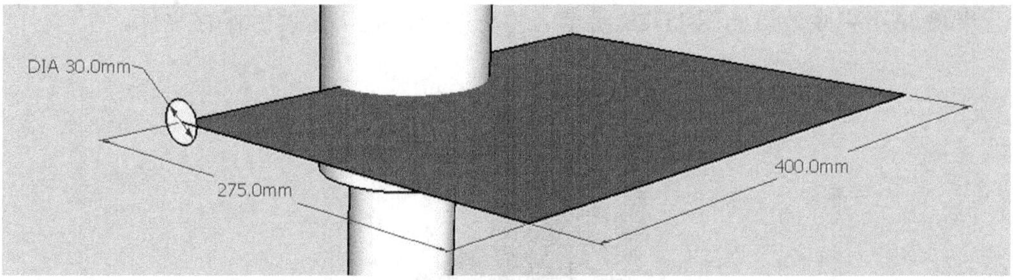

图 11-14　绘制圆形截面和矩形路径

步骤 14： 单击“编辑”工具栏的“路径跟随”工具按钮，选择圆形截面作为“要挤压的平面”，然后按住【Alt】键，将矩形周长作为路径，生成图 11-15 所示的脚踏。

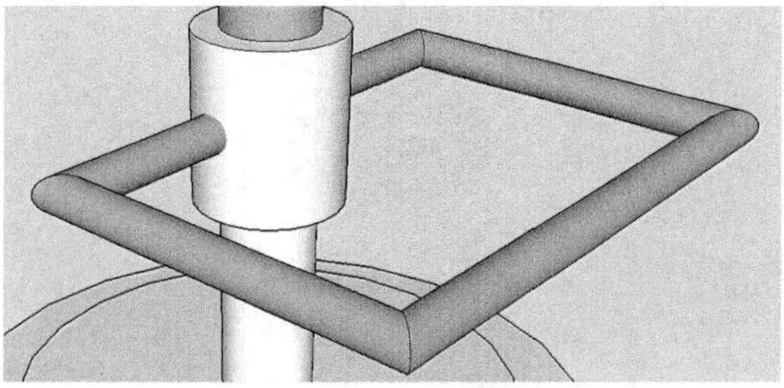

图 11-15　生成脚踏

步骤 15： 单击“材质”工具按钮，在右侧打开的“材料”属性管理面板中，给吧椅添加一些漂亮的材质。选择“金属”中的“带阳极铝的金属”材料作为支架的材质，如图 11-16 所示。选择“木质纹”中的“饰面木板”材料作为靠背和坐垫的材质，如图 11-17 所示。

图 11-16　支架材质

图 11-17　靠背和坐垫材质

步骤 16：完成效果如图 11-18 所示。检查细节，确认无误后保存文件。

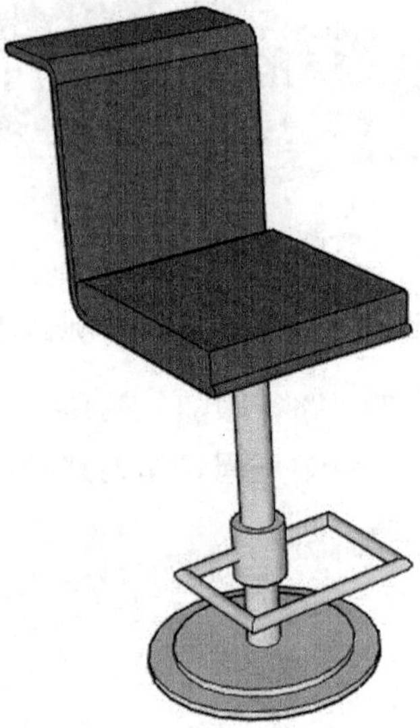

图 11-18　吧椅模型

习题演练场

根据图 11-19 所示的吧椅模型，完成吧椅绘制，尺寸自定。

图 11-19　吧椅模型

第 12 课
绘制简欧圆台

技能关键点

- 能综合应用 SketchUp Pro 2017“绘图”工具绘制图形
- 掌握 SketchUp Pro 2017“编辑”工具栏中的“路径跟随”工具
- 掌握 SketchUp Pro 2017“编辑”工具栏中的“旋转”工具

知识加油站

旋转工具

“编辑”工具栏中的“旋转”工具可以沿圆形路径旋转、拉伸、扭曲或复制对象。操作时先选中对象，确定旋转基点，以设置旋转平面。在圆中移动光标，直到到达旋转起点，单击设置旋转的起点。在圆中移动光标，直到到达旋转终点，单击完成旋转操作。按住【Ctrl】键进行操作，可以同时进行旋转和复制。

如果需要以一定的角度旋转复制多个对象，首先选中对象，确定旋转基点，设置旋转平面，然后确定旋转起点，同时按住【Ctrl】键，在右下角的“角度”文本框中输入旋转角度，按【Enter】键，再次在右下角的“角度”文本框中输入“*复制数量”，最后按【Enter】键，就可以一次完成指定数量的多个对象的旋转复制，如图 12-1 所示。

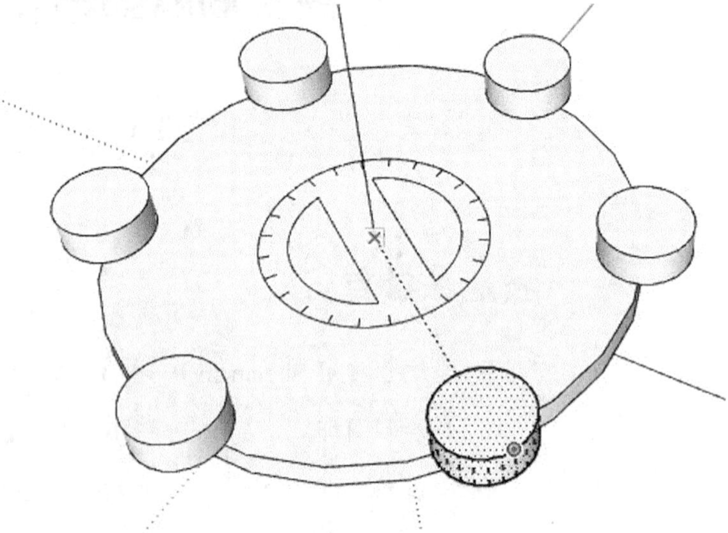

图 12-1　等角度旋转复制多个对象

如果配合箭头键操作，会有很多意想不到的效果。箭头键（第一次单击之前）的作用是锁定量角器旋转轴线方向，【↑】表示沿着蓝色轴线方向，【←】表示沿着绿色轴线方向，【→】表示沿着红色轴线方向，【↓】表示沿着平行方向。箭头键（第一次单击之后）的作用是将绘图方向锁定为具体的推导方向，【↑】表示沿着蓝色轴线方向，【←】表示沿着绿色轴线方向，【→】表示沿着红色轴线方向，【↓】表示沿着平行或者垂直方向。

新手训练营

参考图 12-2 所示的简欧圆台模型，完成简欧圆台三维建模绘制。

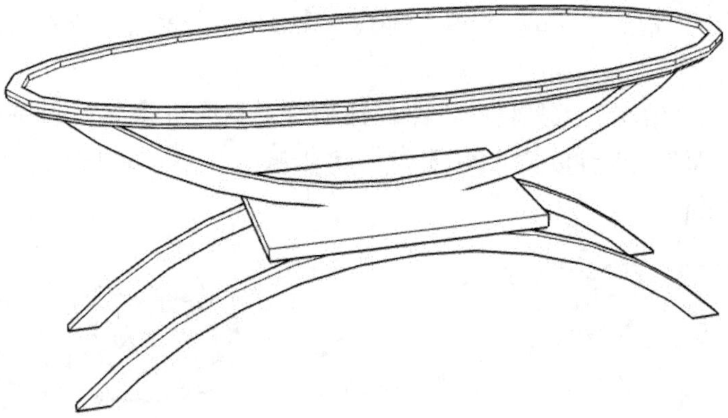

图 12-2　简欧圆台模型

步骤 1：启动 SketchUp Pro 2017 软件，在欢迎界面上单击“选择模板”按钮，在“模板”下拉列表中选择“室内和产品设计-毫米”选项，单击“开始使用 SketchUp”按钮，进入操作界面。

步骤 2：单击“形状/圆”工具按钮，移动光标至红绿轴交汇处，按住鼠标左键，向右上方移动光标，在右下角的“半径”文本框中输入“1000”，按【Enter】键结束，同时松开左键，绘制完成图 12-3 所示的圆。

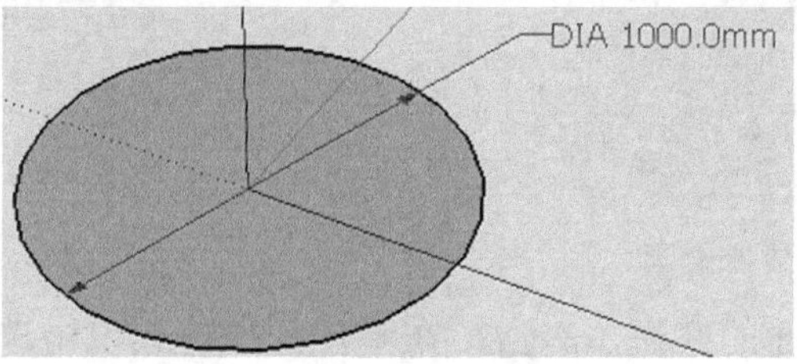

图 12-3　绘制圆

步骤 3：单击“缩放”工具按钮，选择圆，如图 12-4 所示。按住宽度方向的控制点，在右下角的“比例”文本框中输入“0.4”，然后按【Enter】键，同时松开左键，完成图 12-5 所示的比例缩放。

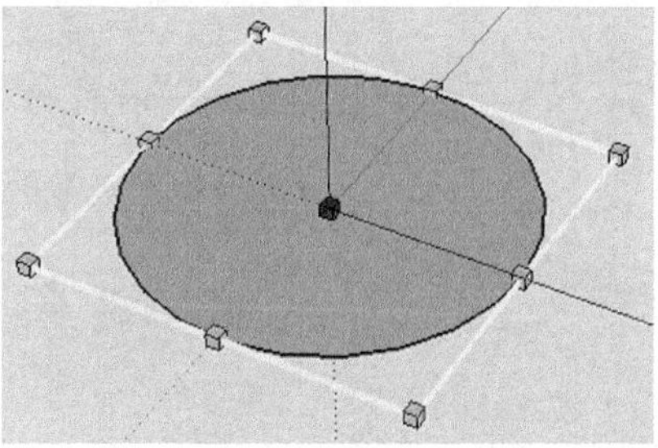

图 12-4　选择圆

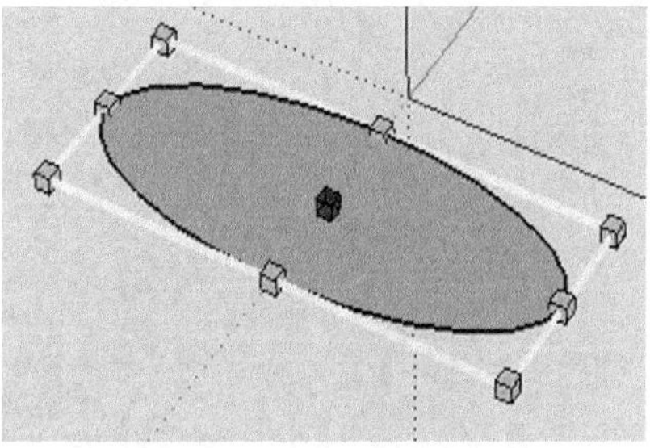

图 12-5　比例缩放圆

步骤 4：运用“直线”工具和“圆弧”工具，绘制图 12-6 所示的圆台装饰线的截面。

步骤 5：单击“编辑”工具栏的“路径跟随”工具按钮，选择圆台装饰线截面作为“要挤压的平面”，然后按住【Alt】键，将步骤 3 生成的椭圆周长作为路径，生成图 12-7 所示的装饰线。

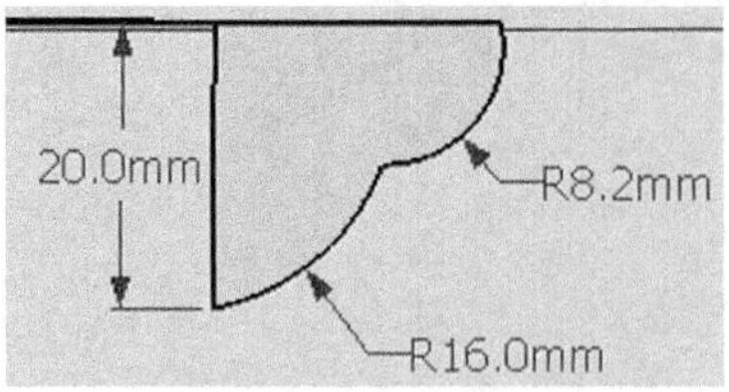

图 12-6　绘制装饰线截面

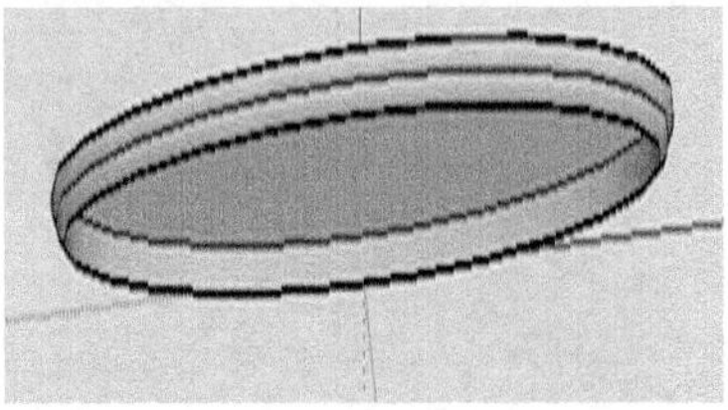

图 12-7　路径跟随生成装饰线

步骤 6：单击“偏移”工具按钮，在右下角的“距离”文本框中输入“10”，将选中的装饰线顶部椭圆面向内偏移，如图 12-8 所示。

步骤 7：单击“推/拉”工具按钮，移动光标至环形区域内，按住鼠标左键，向上移动光标，在右下角的“距离”文本框中输入“8”，然后按【Enter】键，同时松开左键，绘制完成图 12-9 所示的顶部细节。

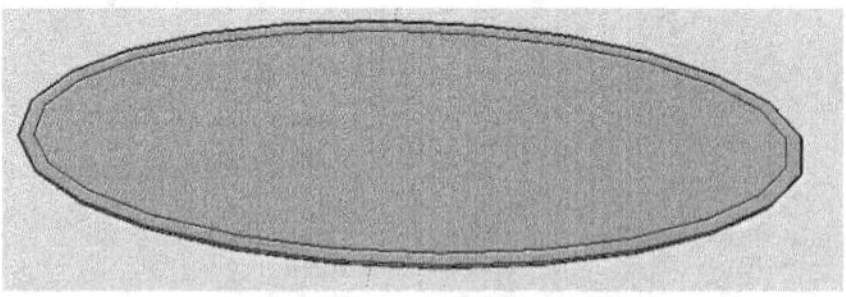

图 12-8　偏移复制椭圆

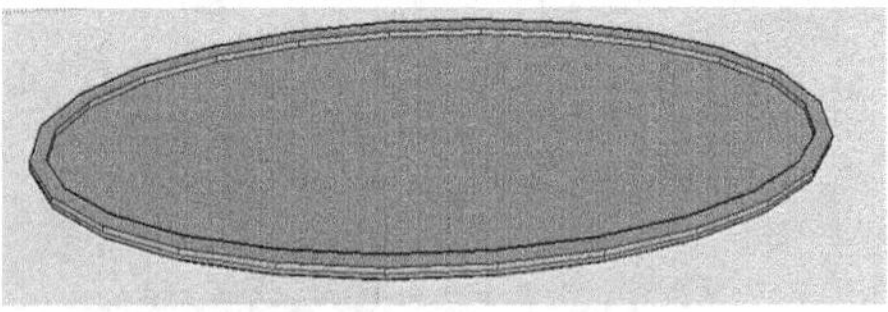

图 12-9　绘制顶部细节

步骤 8：选中椭圆面的底面，右击，在弹出的快捷菜单中选择“选择”→“边界边线”命令，如图 12-10 所示。

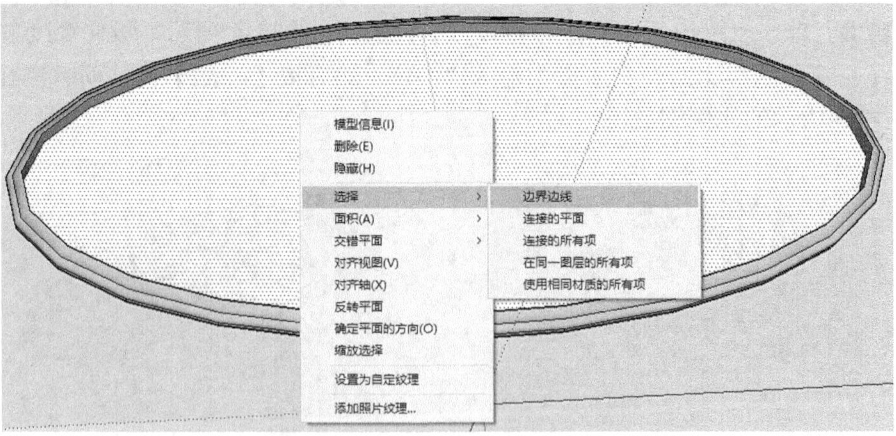

图 12-10　选择“边界边线”命令

步骤 9：单击“移动”工具按钮，移动光标至椭圆底面，单击任意一点，按住鼠标左键，向上移动光标，在右下角的“距离”文本框中输入“20”，然后按【Enter】键，同时松开左键，完成效果如图 12-11 所示。

步骤 10：单击“圆弧”工具按钮，选择适当的圆弧起点和终点，在右下角的“弧高”文本框中输入“200”，然后按【Enter】键，绘制完成图 12-12 所示的支撑架弧形外轮廓。

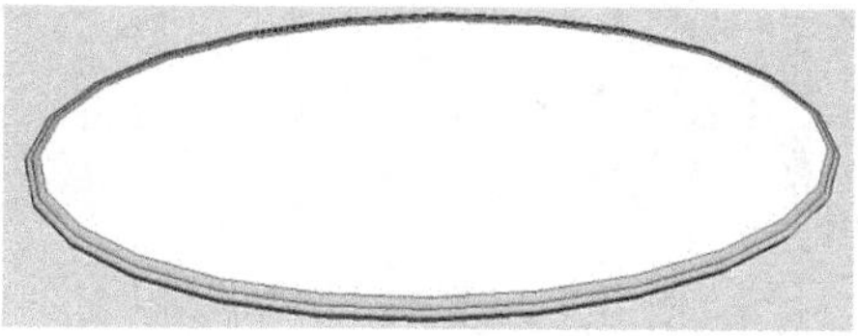

图 12-11　移动复制椭圆效果图

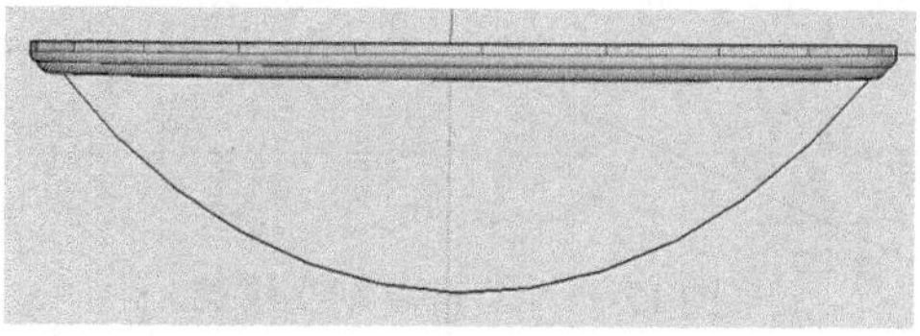

图 12-12　绘制支撑架弧形外轮廓

步骤 11：单击“偏移”工具按钮，在右下角的“距离”文本框中输入“30”，选中支撑架弧形外轮廓向内偏移，如图 12-13 所示。

步骤 12：运用“直线”工具，封闭支撑架轮廓平面，如图 12-14 所示。

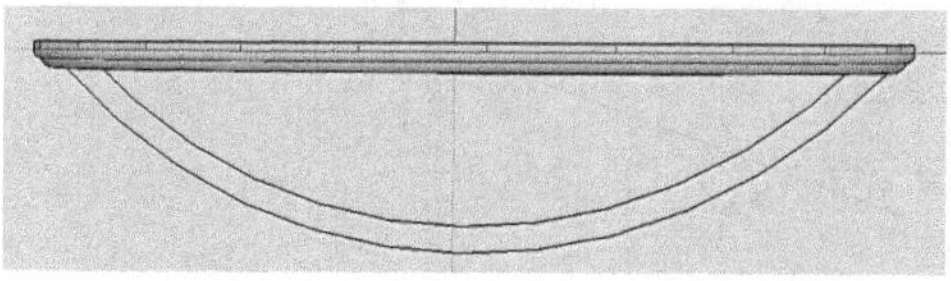

图 12-13　偏移复制弧线

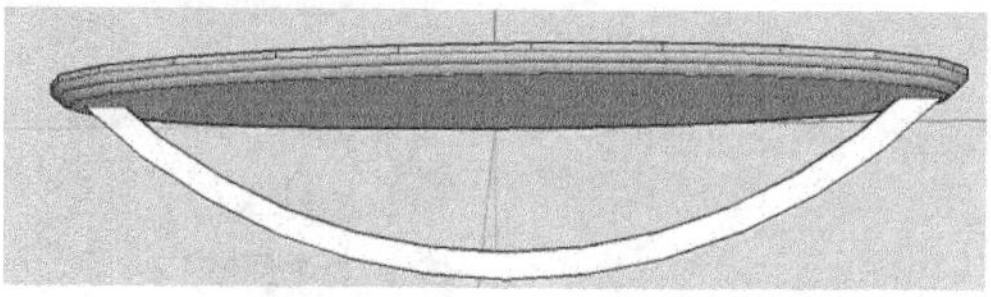

图 12-14　封闭支撑架轮廓平面

步骤 13：利用“推/拉”工具，绘制 20mm 宽的弧形支撑架，如图 12-15 所示。

步骤 14：选中弧形支撑架，选择菜单栏中的“编辑”→“创建群组”命令，创建群组，如图 12-16 所示。

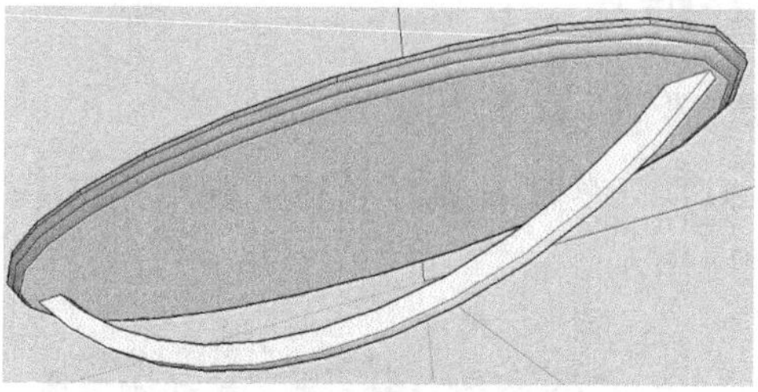

图 12-15　绘制弧形支撑架

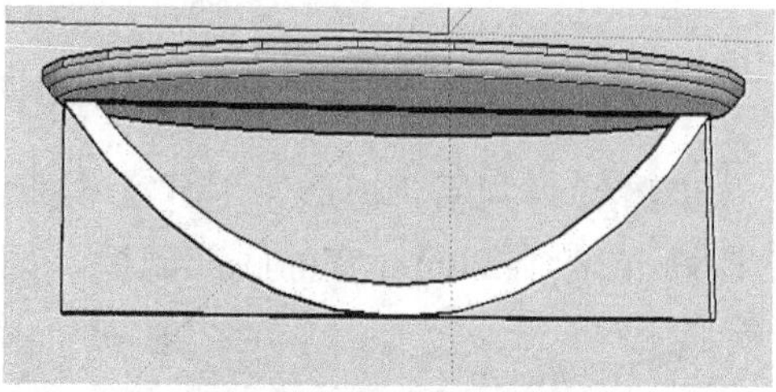

图 12-16　创建群组

步骤 15：单击“旋转”工具按钮，先将弧形支撑架的弧形顶点作为旋转基点，设置绿色量角器为旋转平面，同时按住【Ctrl】键，沿着水平线任取一点为旋转起始点，在右下角的“角度”文本框中输入“180”，然后按【Enter】键，同时松开左键，完成图 12-17 所示的旋转复制。

步骤 16：选择上一步骤绘制的支撑架，利用“移动”工具✥，移动复制另一个支撑架，并调整支撑架之间的间距为 220mm，如图 12-18 所示。

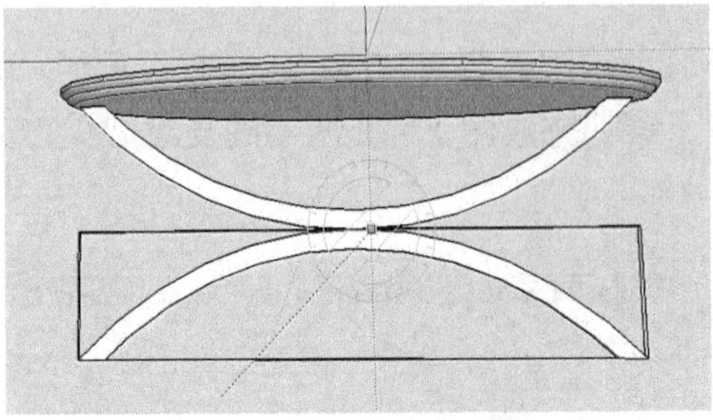

图 12-17　旋转复制支撑架

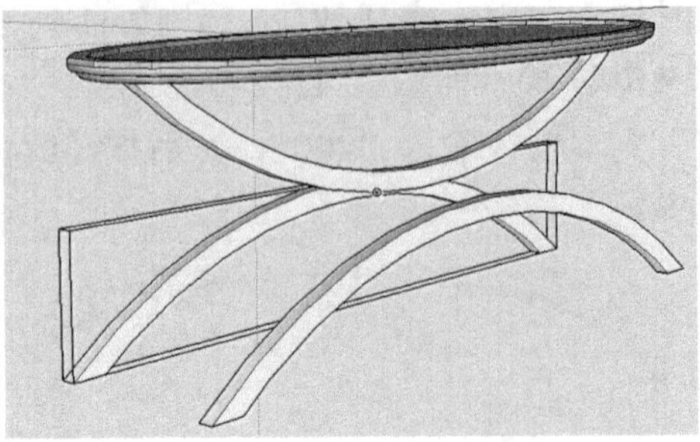

图 12-18　移动复制支撑架

步骤 17：选择菜单栏中的“视图”→“表面类型”→“X 光透视模式”命令，如图 12-19 所示。

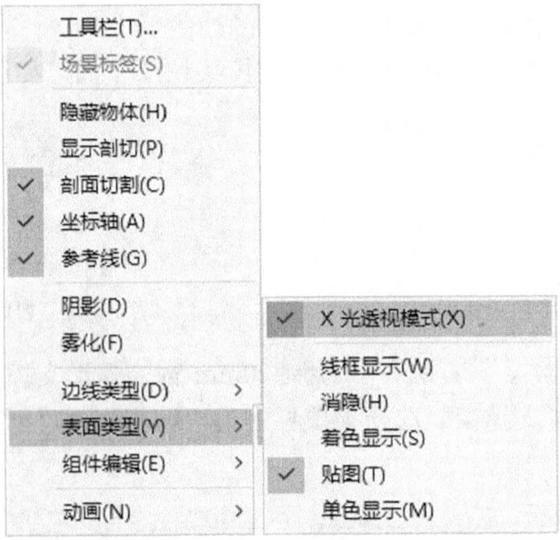

图 12-19　选择“X 光透视模式”命令

步骤 18：利用“矩形”工具▨绘制图 12-20 所示的底部搁板轮廓。利用“推/拉”工具◆，绘制 20mm 宽的底部搁板，如图 12-21 所示。

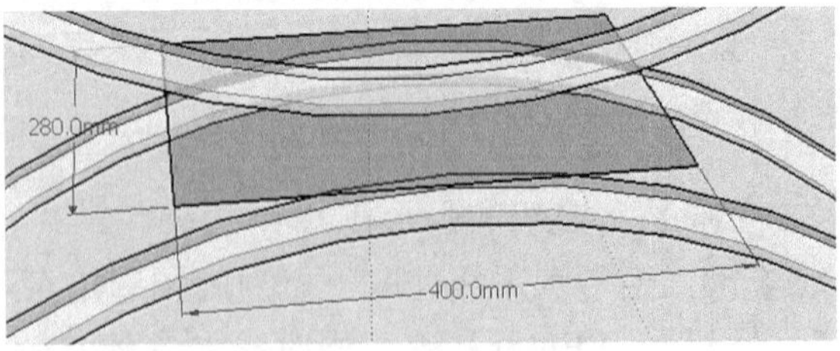

图 12-20　绘制搁板轮廓

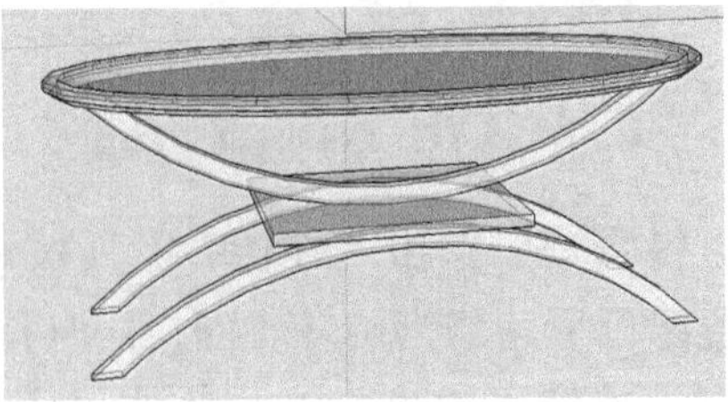

图 12-21　绘制底部搁板

步骤 19：单击“材质”工具按钮 ，在右侧打开的“材料”属性管理面板中，给简欧圆台添加材质。选择“木质纹”中的“原色樱桃木”作为简欧圆台的材质，如图 12-22 所示。简欧圆台模型完成效果如图 12-23 所示。检查细节，确认无误后保存文件。

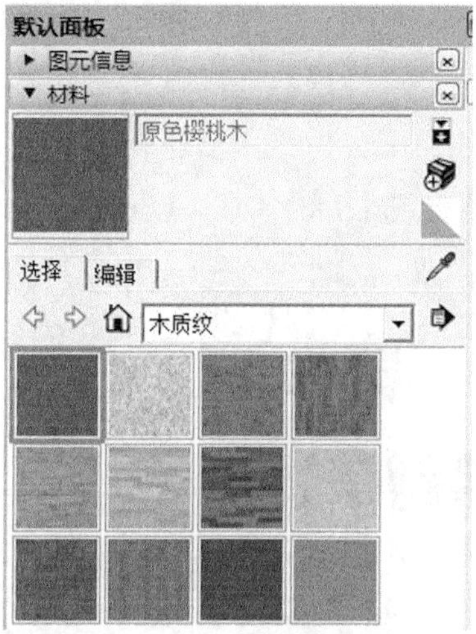

图 12-22　简欧圆台材质选择

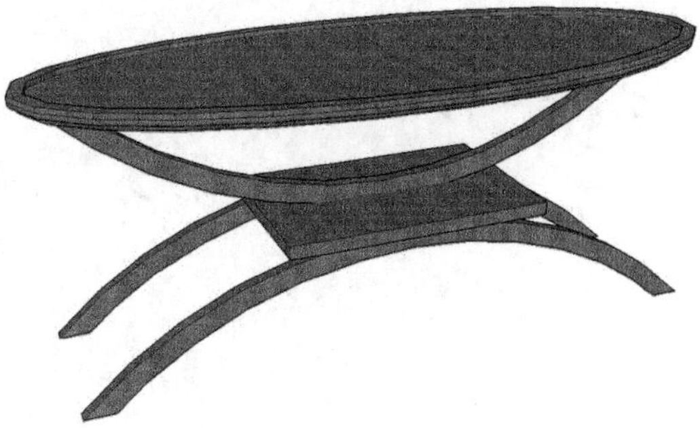

图 12-23　简欧圆台效果图

习题演练场 ★

根据图 12-24 所示的简欧茶几模型，完成简欧茶几绘制，尺寸自定。

图 12-24　简欧茶几模型

第 13 课

绘制草坪灯

技能关键点

- 掌握“编辑”工具栏中的“路径跟随”工具
- 掌握“编辑”工具栏中的“旋转”工具
- 熟悉“编辑”菜单下的“创建群组”和“创建组件”命令

知识加油站

一、创建群组

“创建群组”在菜单栏“编辑”的下拉菜单中，如图 13-1 所示。创建群组是将模型中的某一构筑物或元素进行分组的意思。创建群组最主要的作用是独立物体，将某一构筑物或部分元素创建群组，能起到将组内的物体与模型中的其他物体分离的作用，但是其位置的坐标轴并没有发生变化，仍然保持与其他物体的空间关系，只是能将其独立，在建模的时候不会影响组外部的其他构筑物、元素，使得在建模过程中，可以对某一构筑物及某一元素进行独立建模。群组主要有以下 5 个优点。

（1）快速选择：选择一个群组时，群组内所有的元素都将被选中。

（2）几何体隔离：群组可以使组内的几何体和模型的其他几何体分隔，这意味着不会被其他几何体修改。

（3）帮助组织模型：可以把几个群组再编为一个群组，创建一个分层级的群组。

（4）改善性能：用组群来划分模型，可以使 SketchUp Pro 2017 更有效地利用计算机资源，意味着更快的绘图和显示操作。

（5）组的材质：分配给群组的材质会由组内使用默认材质的几何体继承，而指定了其他材质的几何体则保持不变，这样就可以快速地给某些特定的表面上色。

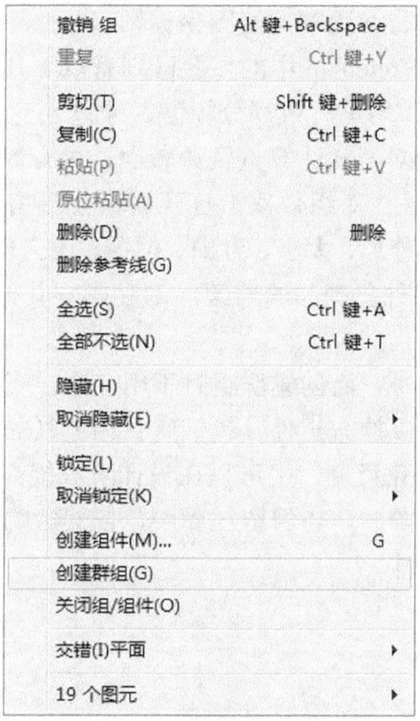

图 13-1 “编辑”下拉菜单

二、创建组件

“创建组件”也在菜单栏“编辑”的下拉菜单中，如图 13-1 所示。组件是将一个或多个几何体的集合定义为一个单位，使之可以像一个物体那样进行操作。组件与群组类似，但组件在与其他用户或者其他 SketchUp 组件之间共享数据时更为方便。组件就是一个 SketchUp 文件，可以放置或者插入到其他的 SketchUp 文件中去。组件可以是独立的物体，如家具（桌子和椅子）等，也可以是关联物体，如门窗等。组件的尺寸和范围不是预先设定好的，也没有限制。组件除了包括组的材质、组织、区分、选集等特点外，还提供以下功能。

（1）关联行为：如果编辑一组关联组件中的一个，其他所有的关联组件也会同步更新。可以同时编辑整个图案，极大地减少错误和不对称的情况。

（2）组件库：SketchUp 附带一系列预设组件库，也可以创建自己的组件库，并和他人分享。

（3）文件链接：组件只存在于创建它们的文件中（内部组件），或者可以将组件导出用到别的 SketchUp 文件中。

（4）组件替换：可以用别的 SketchUp 文档的组件来替换当前文档的组件。这样可以进行不同细节等级的建模和渲染。

（5）特殊的对齐行为：组件可以对齐到不同的表面上，或者在组件与表面相交的剪切位置开口。组件还可以有自己内部的绘图坐标轴。

“组件”与“群组”在 SketchUp 中的主要区别有以下几点。

（1）“组件”和“群组”均可有效划分模型，通过创建一个分层级的群组，可对模型进行有效管理，但群组相对消耗计算机资源较少，可有效提高场景的生成速度。

（2）“组件”有关联特性，对组件双击打开编辑会影响其他相关的组件（复制的其他对象，不会只影响模型的外形、大小、方向、位置，还会使材质赋予也进行关联影响，而且编辑时，对任何一个组件复制品的修改，都会影响其他相关组件），但是对群组的修改不会产生其他关联。

（3）制作组件时需要名称，而创建群组时不用名字。同时制作组件时如果使用了文件中相同的组件名，将会替换原来组件，包括所有相关联的组件模型。这个特点便于在比较大的规划设计中控制细化程度，也可以在设计阶段提高设计速度。

（4）图中“组件”被删除时，还保留在库中，依然影响文件的大小和速度。而“群组”被删后则不存在于文件中。

新手训练营

参考图 13-2 所示的草坪灯模型，完成草坪灯的三维建模绘制。

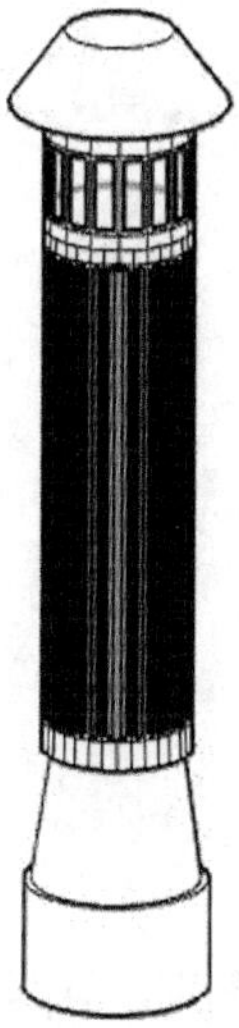

图 13-2　草坪灯模型

步骤 1：启动 SketchUp Pro 2017，在欢迎界面上单击“选择模板”按钮，在“模板”下拉列表中选择“室内和产品设计-毫米”选项，单击“开始使用 SketchUp”按钮，进入操作界面。

步骤 2：单击“形状/圆”工具按钮，移动光标至红绿轴交汇处，按住鼠标左键，向右上方移动光标，在右下角的“半径”文本框中输入“90”，按【Enter】键结束，同时松开左键，绘制完成图 13-3 所示的圆。

步骤 3：单击“推/拉”工具按钮，移动光标至圆内，按住鼠标左键，向上移动光标，在右下角的“距离”文本框中输入“110”，然后按【Enter】键，同时松开左键，绘制完成图 13-4 所示的圆柱。

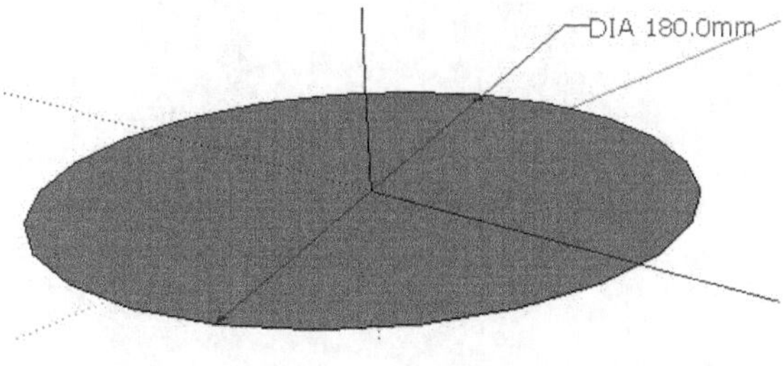

图 13-3　绘制圆

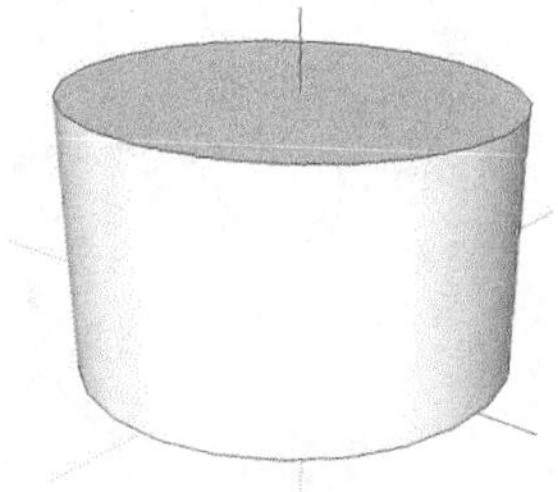

图 13-4　绘制圆柱（一）

步骤 4：单击“偏移”工具按钮，在右下角的“距离”文本框中输入“8”，将选中的圆向内偏移，如图 13-5 所示。

步骤 5：单击“推/拉”工具按钮，移动光标至步骤 4 生成的圆内，按住鼠标左键，向上移动光标，在右下角的“距离”文本框中输入“135”，然后按【Enter】键，同时松开左键，绘制完成图 13-6 所示的圆柱。

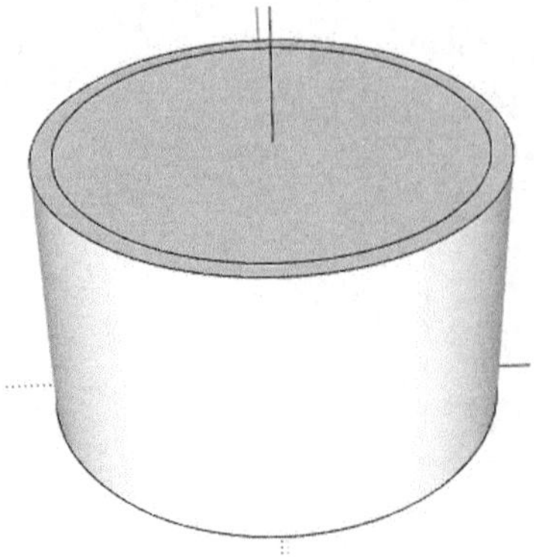

图 13-5　偏移复制圆

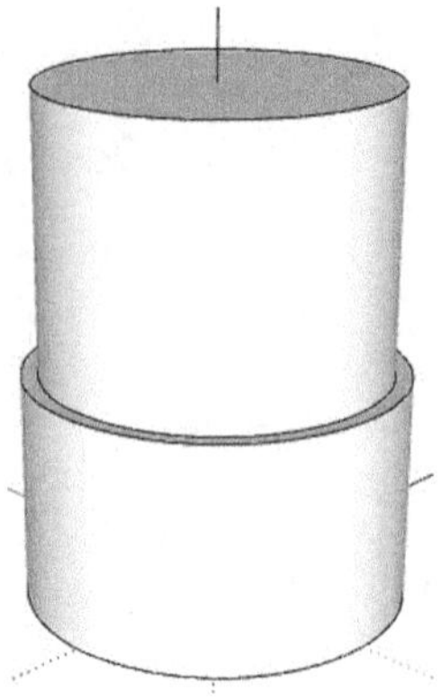

图 13-6　绘制圆柱（二）

步骤 6：单击“缩放”工具按钮，选中图 13-7 所示的圆柱顶面，同时按住【Ctrl】键，向内拖动红色角点，直到右下角“数值”文本框中的数字变为“0.88”，松开左键，制作倒角效果。

步骤 7：单击“形状/圆”工具按钮，捕捉顶面的中心点，按住鼠标左键，向右上方移动光标，在右下角的“半径”文本框中输入“90”，然后同时按住【Ctrl】键和【+】或【-】键，更改右下角的“半径”文本框中显示的段数，直到显示“32”，松开两键，并按【Enter】键结束操作，绘制图 13-8 所示的圆。

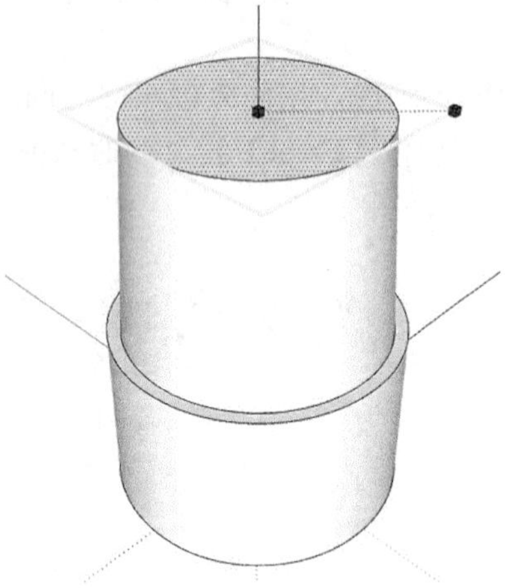

图 13-7　利用缩放制作倒角效果

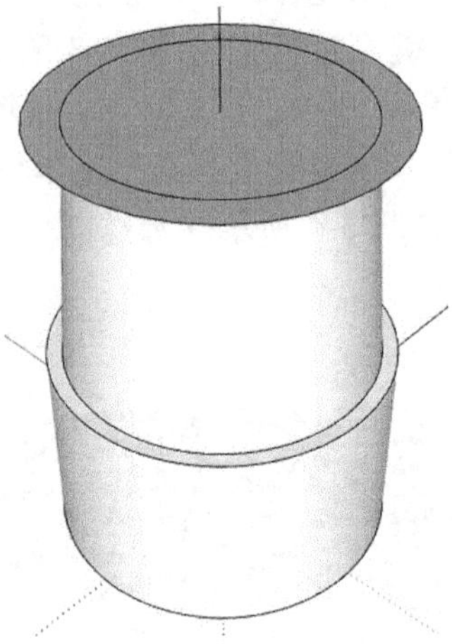

图 13-8　绘制圆

步骤 8：单击步骤 7 绘制的圆的圆周，右击，在弹出的图 13-9 所示的快捷菜单中选择“分解曲线”命令。

步骤 9：单击“推/拉”工具按钮，移动光标至圆内，按住鼠标左键，向上移动光标，在右下角的“距离”文本框中输入“535”，然后按【Enter】键，同时松开左键，利用“擦除”工具擦除多余线，完成效果如图 13-10 所示。

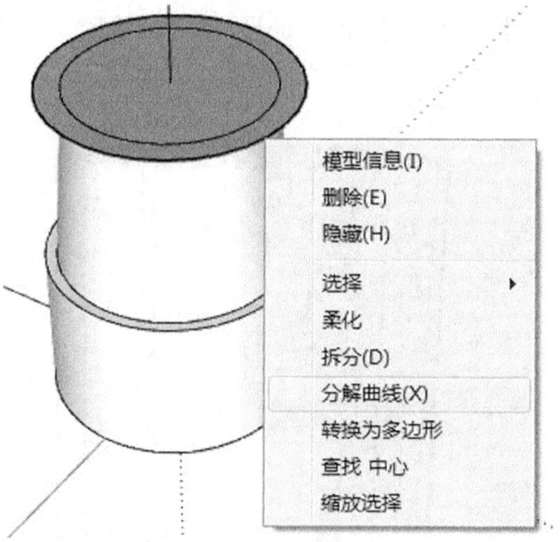

图 13-9　分解曲线

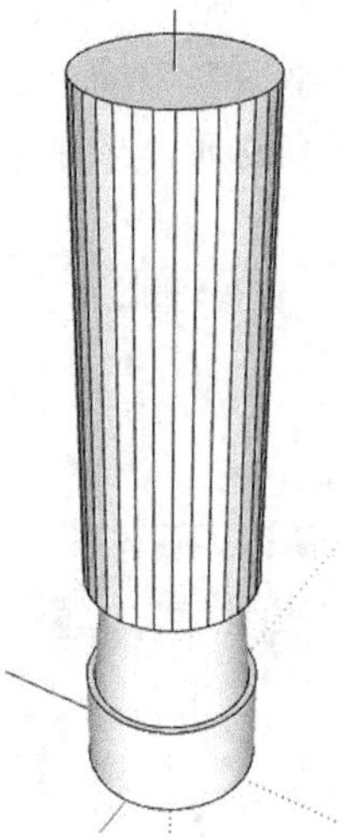

图 13-10　推拉圆操作后效果图

步骤 10：单击"移动"工具按钮，选中顶面，根据图 13-11 所示的尺寸，完成移动复制。

步骤 11：单击"偏移"工具按钮，在右下角的"距离"文本框中输入"4"，将选中的矩形向内偏移，如图 13-12 所示。利用"推/拉"工具，将偏移复制的矩形向内推 4mm，如图 13-13 所示。

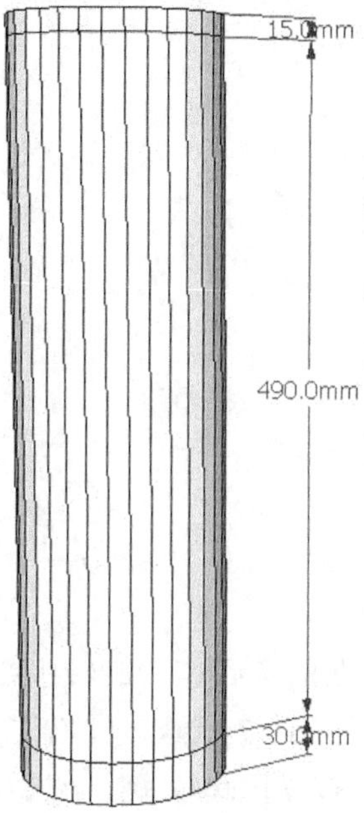

图 13-11　移动复制圆

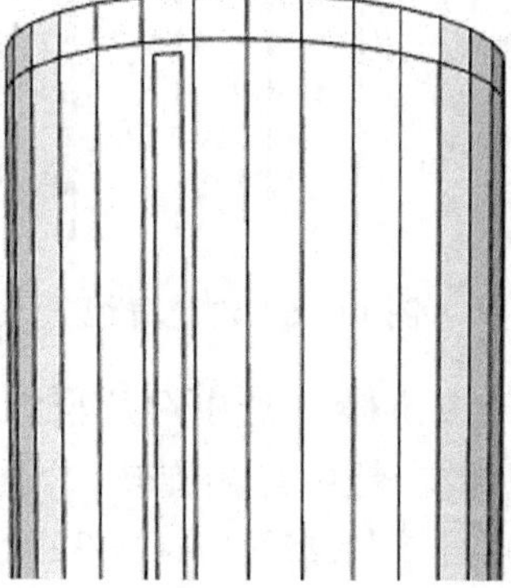

图 13-12　偏移复制矩形

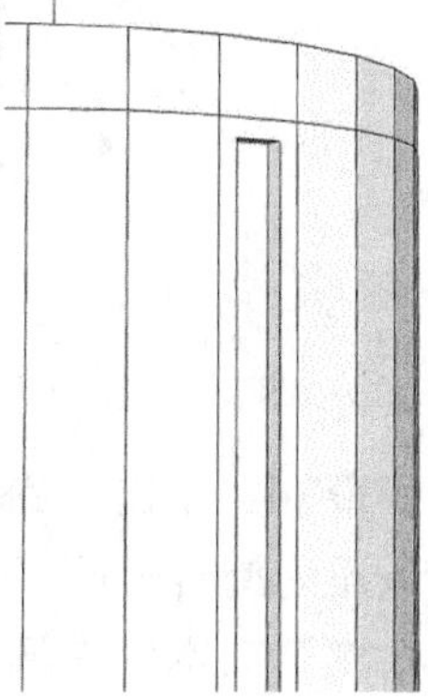

图 13-13　推拉矩形

步骤 12：单击“材质”工具按钮，在右侧打开的“材料”属性管理面板中，选择“玻璃和镜子”中的“金色半透明玻璃”作为灯片的材质，如图 13-14 所示。给灯片赋予暖色灯光材质，效果如图 13-15 所示。

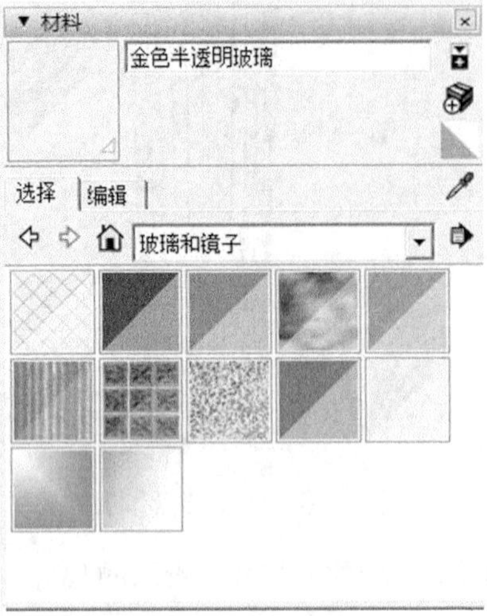

图 13-14　灯片材质选择

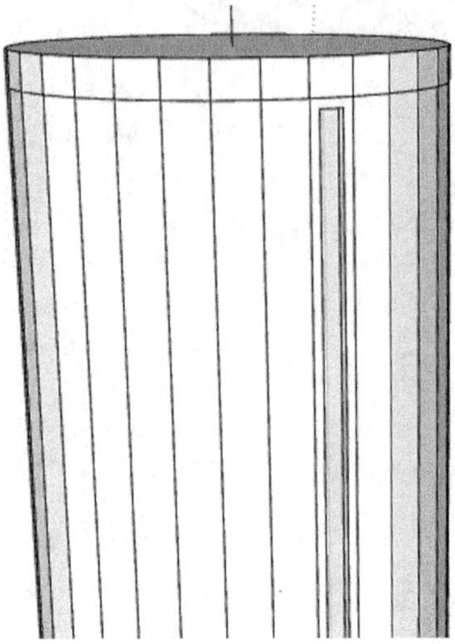

图 13-15　赋予灯片材质效果图

步骤 13：单击“选择”工具按钮，同时按住【Ctrl】键，选中灯片和四周的矩形框，选择菜单栏中的“编辑”→“创建群组”命令，将灯片创建为组，如图 13-16 所示。

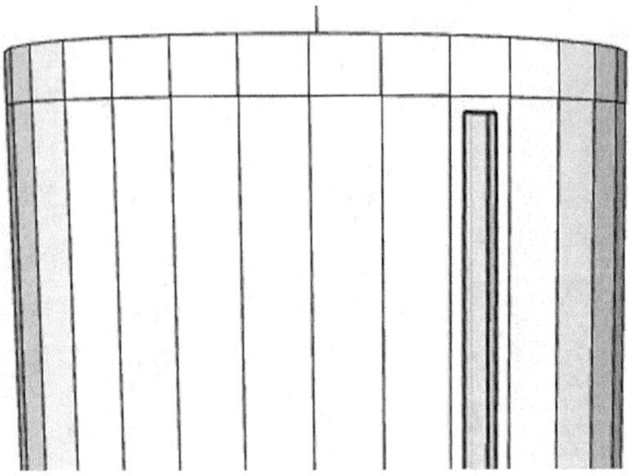

图 13-16　创建群组

步骤 14：单击“旋转”工具按钮，选中灯片群组，将顶面的圆心作为旋转中心，设置顶面为旋转平面，选择灯片的上边中点为旋转起始点，如图 13-17 所示，在右下角的“角度”文本框中输入旋转角度“11.25”（360÷32=11.25），按【Enter】键，然后再次在右下角的“角度”文本框中输入“*31”，按【Enter】键，完成图 13-18 所示的灯片多重旋转复制。

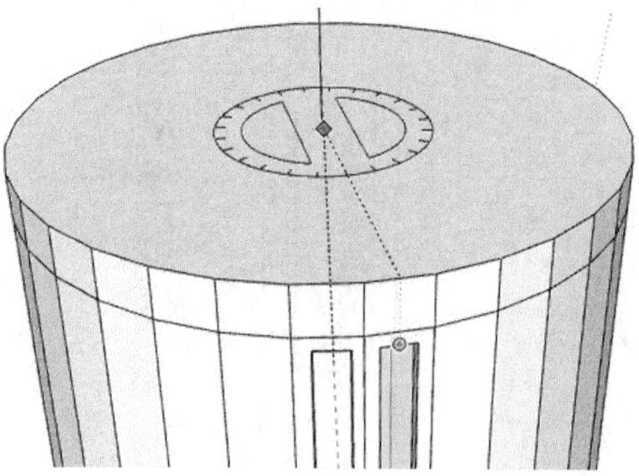

图 13-17　旋转复制

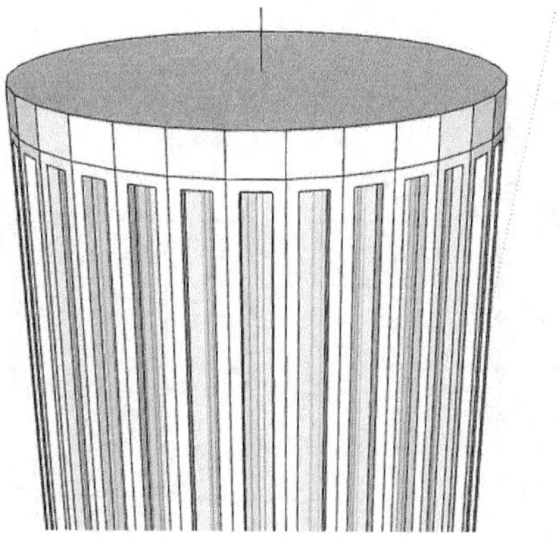

图 13-18　多重旋转复制效果图

步骤 15：单击“形状/圆”工具按钮，在空白绘图区任意找一点作为圆的圆心，按住鼠标左键，向右上方移动光标，在右下角的“半径”文本框中输入“90”，同时按住【Ctrl】键和【+】或【-】键，更改右下角的“半径”文本框中显示的段数，直到显示“16”，松开两键，并按【Enter】键结束操作，绘制图 13-19 所示的圆。右击，在弹出的快捷菜单中选择“分解曲线”命令。

步骤 16：利用“推/拉”工具和“移动”工具，根据图 13-20 所示的尺寸，完成灯头绘制。

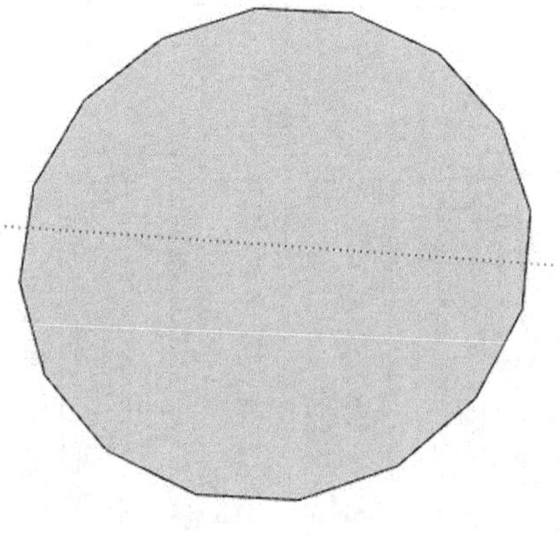

图 13-19　绘制圆

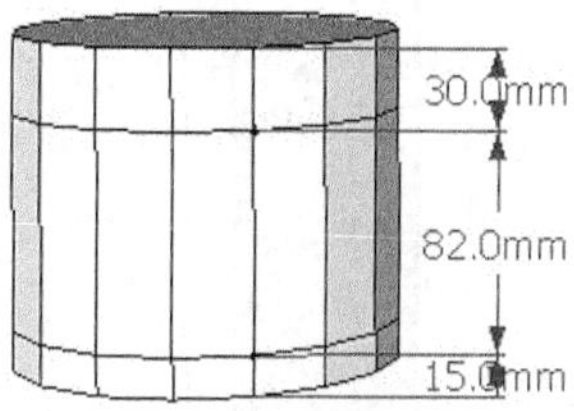

图 13-20　绘制灯头

步骤 17：单击“偏移”工具按钮，在右下角的“距离”文本框中输入“5”，将选中的矩形向内偏移。利用“推/拉”工具，将偏移复制的矩形向内推拉 5mm，如图 13-21 所示完成灯片绘制。

步骤 18：单击“材质”工具按钮，在右侧弹出的“材料”属性管理面板中，选择“玻璃和镜子”中的“金色半透明玻璃”作为灯片的材质，给灯片赋予暖色灯光材质，效果如图 13-22 所示。

13

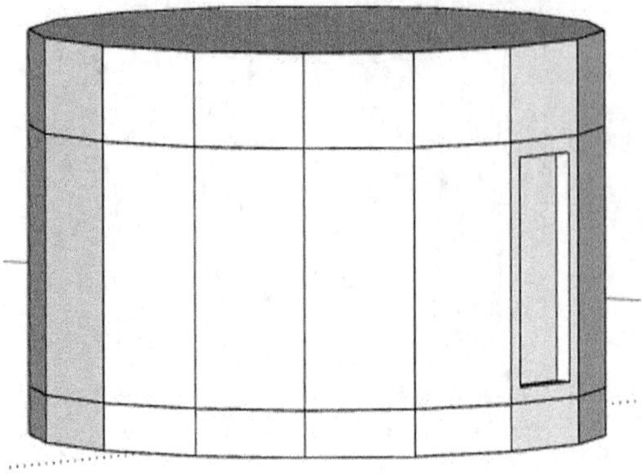

图 13-21　灯片绘制

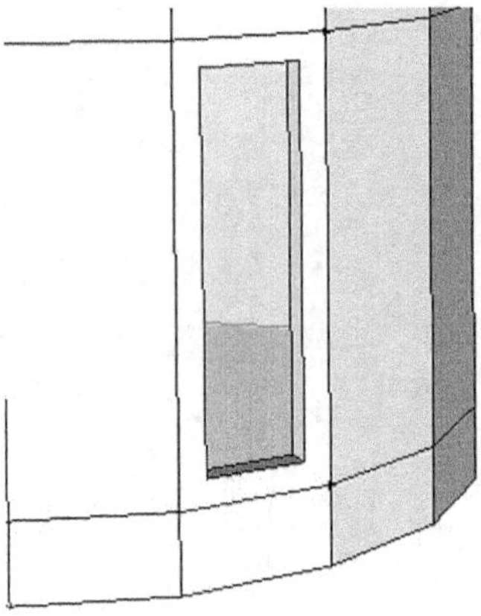

图 13-22　赋予灯片材质效果图

步骤 19：单击“选择”工具按钮，同时按住【Ctrl】键，选中灯片和四周的矩形框，选择菜单栏中的“编辑”→“创建群组”命令，将灯片创建为组，如图 13-23 所示。

步骤 20：单击“旋转”工具按钮，选中灯片群组，将顶面的圆心作为旋转中心，设置顶面为旋转平面，选择灯片的上边中点作为旋转起始点，在右下角的“角度”文本框中输入旋转角度“22.5”（360÷16=22.5），按【Enter】键，再次在右下角的“角度”文本框中输入“*15”，按【Enter】键，完成图 13-24 所示的灯片多重旋转复制。

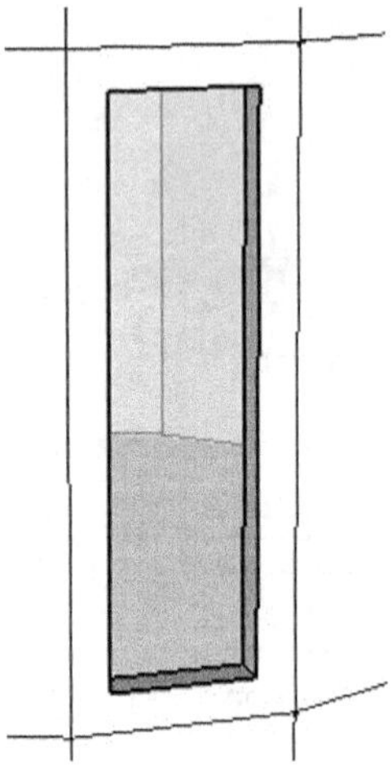

图 13-23　创建群组

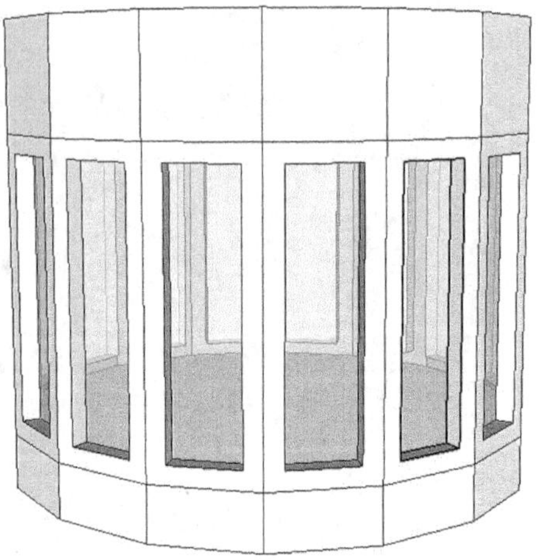

图 13-24　多重旋转复制效果图

步骤 21：利用“移动”工具将绘制完成的灯头移动到灯柱的顶部中心，如图 13-25 所示。

步骤 22：利用“形状/圆”工具和“推/拉”工具，根据图 13-26 所示的尺寸绘制灯罩轮廓。

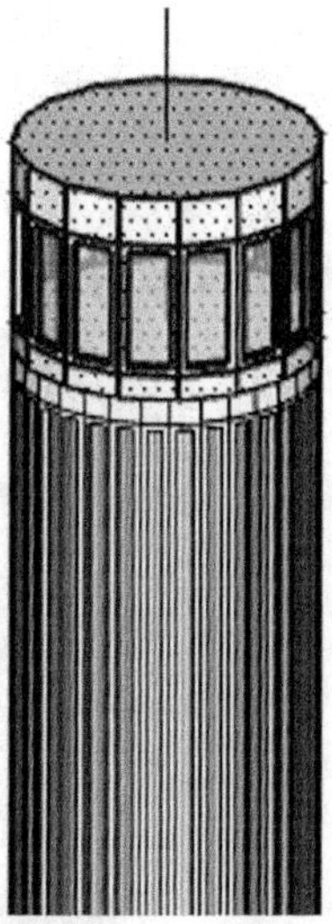

图 13-25　移动对位

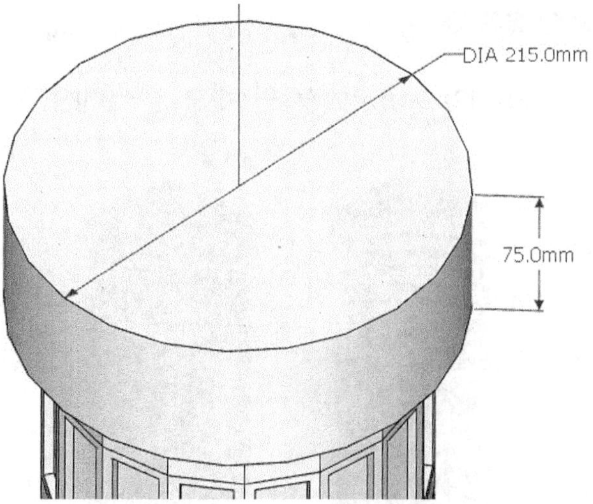

图 13-26　绘制灯罩轮廓

步骤 23：单击“缩放”工具按钮，选中图 13-27 所示的灯罩顶面，同时按住【Ctrl】键，向内拖动红色角点，直到右下角“数值”文本框中的数字变为“0.5”，松开左键，制作尖顶效果。

步骤 24：完成效果如图 13-28 所示。检查细节，确认无误后保存文件。

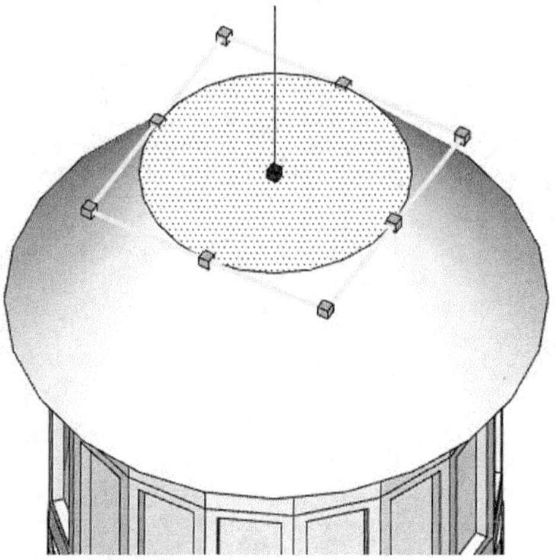

图 13-27　缩放制作尖顶

图 13-28　草坪灯最终效果

习题演练场★

在图 13-29 所示的草坪灯中任选一款进行绘制，尺寸自定。

图 13-29　草坪灯模型

第 14 课

绘制中式石桥

技能关键点

- 熟练运用 SketchUp Pro 2017 常用编辑工具
- 掌握 SketchUp Pro 2017“编辑”工具栏中的“移动”工具

知识加油站

移动工具

“编辑”工具栏的“移动”工具可以对操作对象进行移动、拉伸，同时还具有复制功能。操作时，单击对象或者用选择工具预先选择多个对象，确定移动起点，将光标移至新的位置，单击完成移动操作或者输入距离。按住【Ctrl】键操作，可以同时进行移动和复制。

如果配合箭头键操作，会有很多意想不到的效果。箭头键的作用是锁定移动的直线方向，【↑】表示沿着蓝色轴线方向，【←】表示沿着绿色轴线方向，【→】表示沿着红色轴线方向，【↓】表示沿着平行/垂直方向。

如果需要以一定的距离移动复制多个对象，首先选中对象，确定移动起点，同时按住【Ctrl】键，在右下角的“距离”文本框中输入移动距离，按【Enter】键，然后再次在右下角的“距离”文本框中输入“*复制数量”，按【Enter】键，就可以一次完成指定数量的多个对象的移动复制，如图 14-1 所示。

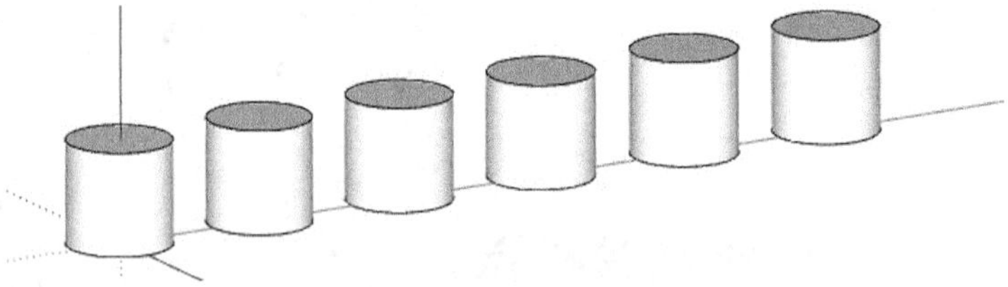

图 14-1　等距移动复制多个对象

新手训练营

参考图 14-2 所示的中式石桥模型，完成中式石桥三维建模绘制。

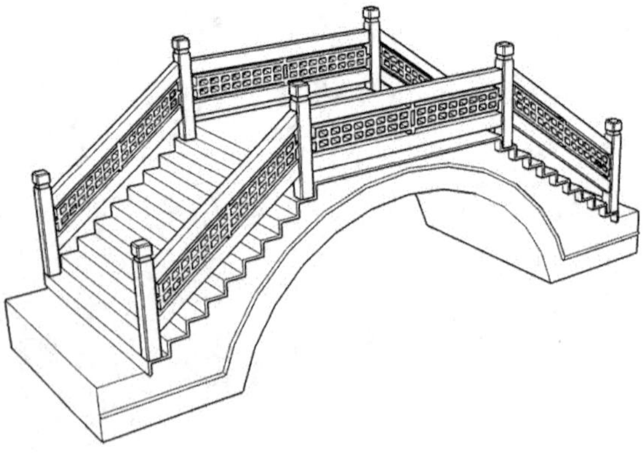

图 14-2　中式石桥的模型

步骤 1：启动 SketchUp Pro 2017 软件，在欢迎界面上单击“选择模板”按钮，在“模板”下拉列表中选择“建筑设计-毫米”选项，单击“开始使用 SketchUp”按钮，进入操作界面。

步骤 2：利用“直线”工具和“卷尺”工具，绘制图 14-3 所示中式石桥的桥梁截面形状。利用“圆弧”工具、“卷尺”工具和“擦除”工具，绘制图 14-4 所示的圆拱细节。

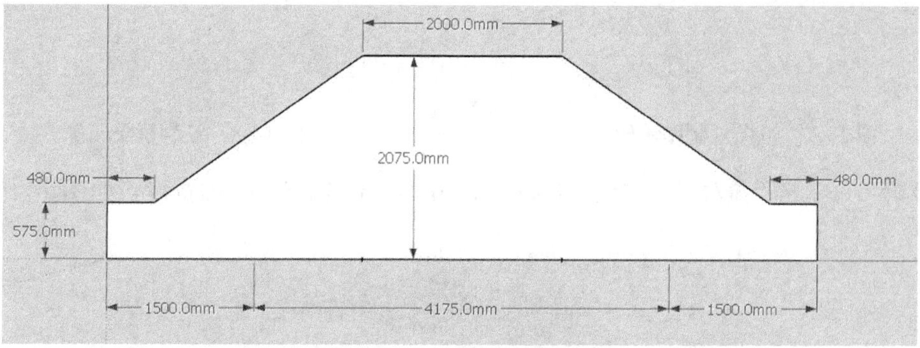

图 14-3　绘制桥梁截面

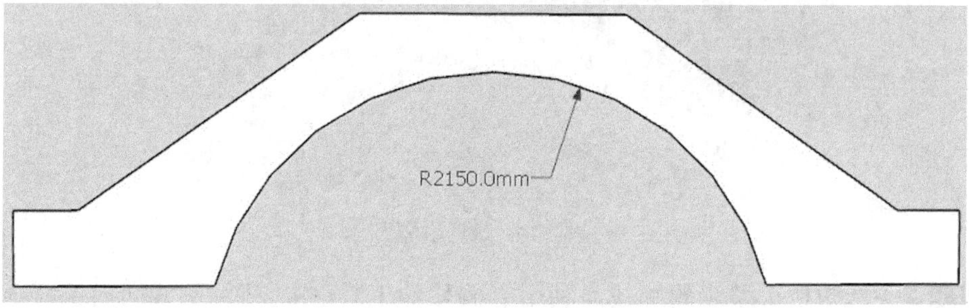

图 14-4　绘制圆拱细节

步骤 3：利用“直线”工具绘制图 14-5 所示的踏步轮廓。单击“移动”工具按钮，选中踏步轮廓，捕捉点进行移动复制，在右下角的“距离”文本框中输入“*9”，完成图 14-6 所示的踏步轮廓。

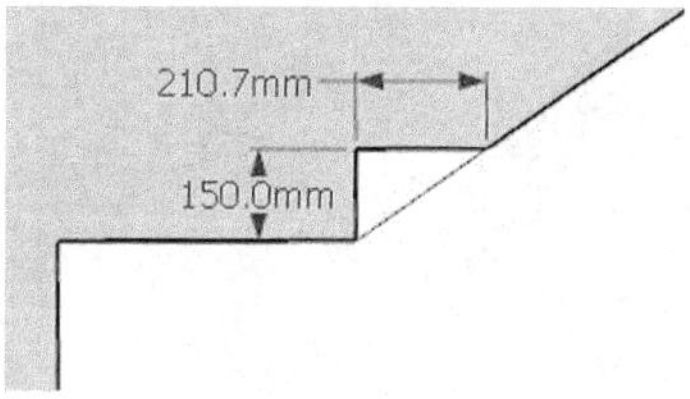

图 14-5　绘制踏步轮廓

图 14-6　移动复制踏步轮廓

步骤 4：利用“移动”工具，将踏步轮廓移动复制到另一侧，右击，在弹出的快捷菜单中选择“翻转方向”→“蓝轴方向”命令，完成图 14-7 所示的镜像复制。

步骤 5：利用“擦除”工具，擦除多余线，完成图 14-8 所示的桥梁轮廓。

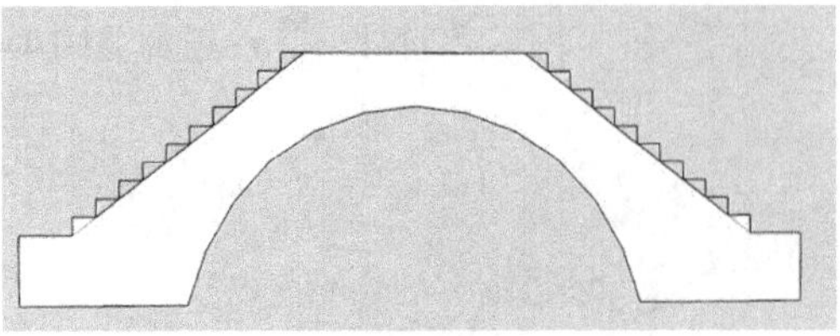

图 14-7　镜像复制踏步轮廓

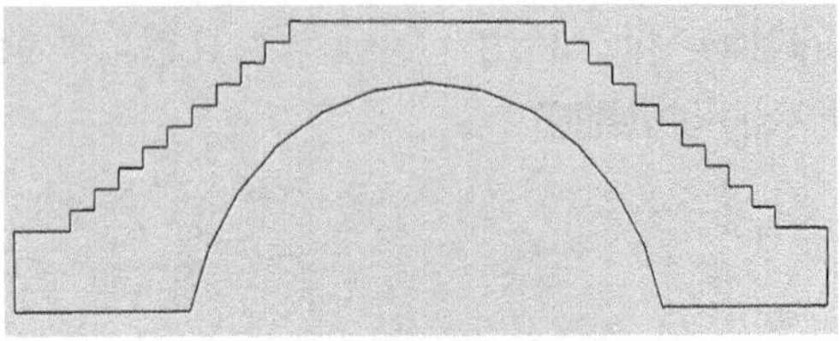

图 14-8　绘制桥梁轮廓

步骤 6：单击“推/拉”工具按钮，将桥梁推拉 2420mm 的宽度，如图 14-9 所示。

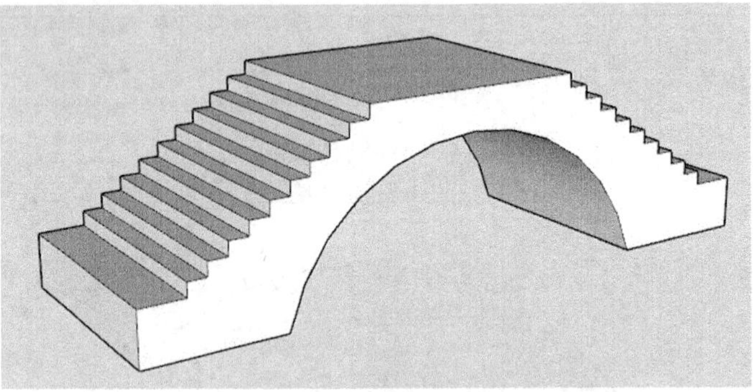

图 14-9　推拉桥梁

步骤 7：选中桥梁踏步轮廓线，利用“偏移”工具，将轮廓线向内偏移 30mm。利用“直线”工具，闭合截面，如图 14-10 所示。单击“推/拉”工具按钮，将截面向外拉 100mm 的宽度，如图 14-11 所示，另一侧的桥梁也重复如此操作，绘制完成踏步的细节。

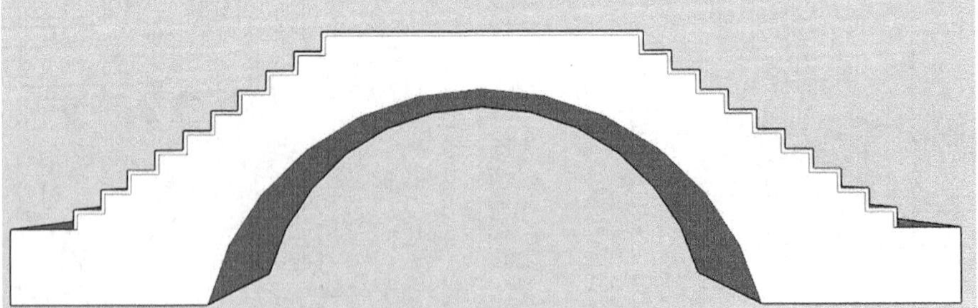

图 14-10　偏移复制踏步轮廓线

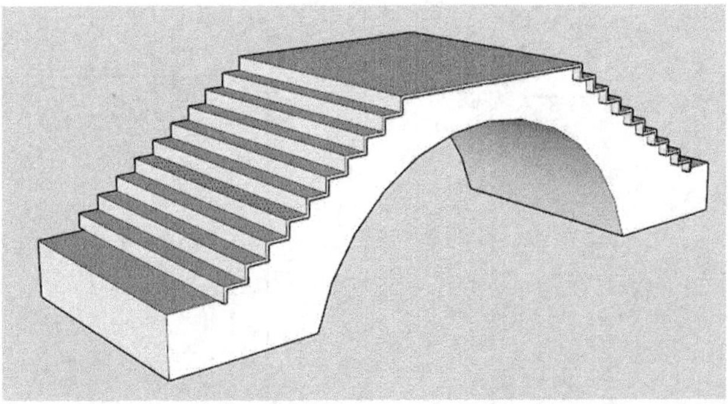

图 14-11 推拉绘制踏步细节

步骤 8：选中桥梁圆拱的轮廓线，利用“偏移”工具，将轮廓线向外偏移 275mm，如图 14-12 所示。

图 14-12 偏移复制圆拱轮廓线

步骤 9：单击“形状/圆”工具按钮，选择一个与圆拱轮廓线所在平面垂直的平面作为绘图平面，绘制图 14-13 所示直径为 40mm 的圆。

步骤 10：单击“路径跟随”工具按钮，选择步骤 9 绘制的圆作为要挤压的平面，然后将光标沿着步骤 8 偏移复制的圆拱轮廓线移动，同时按住【Alt】键，将该轮廓线作为路径，生成图 14-14 所示的装饰线。利用“移动”工具将装饰线移动复制到桥梁的另一侧。

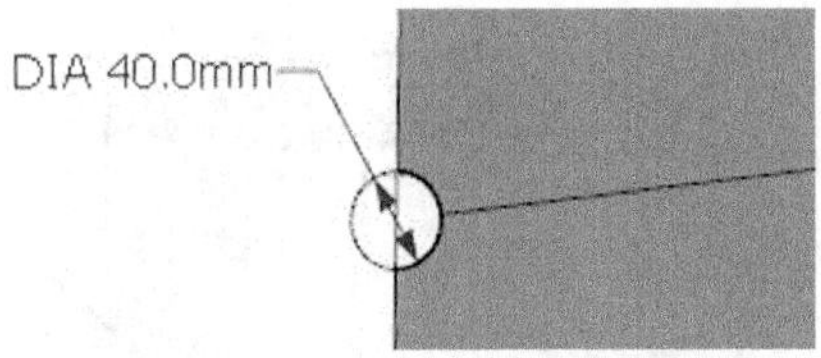

图 14-13 绘制圆

图 14-14 路径跟随生成装饰线

步骤 11：单击“形状/矩形”工具按钮，在桥梁旁边的空白区域绘制图 14-15 所示的矩形。利用“卷尺”工具和“直线”工具，绘制图 14-16 所示的边角斜线。

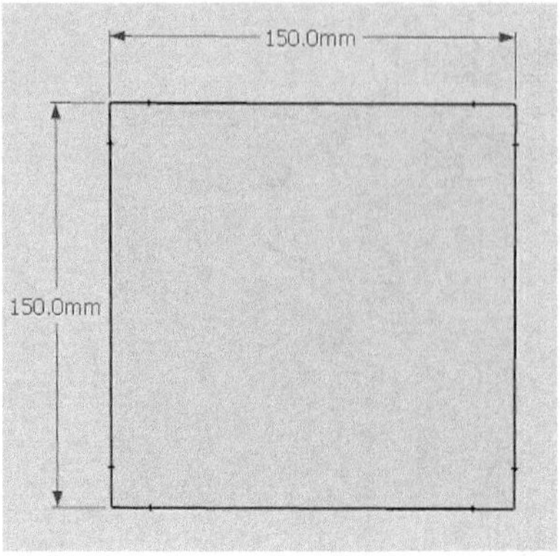

图 14-15　绘制矩形

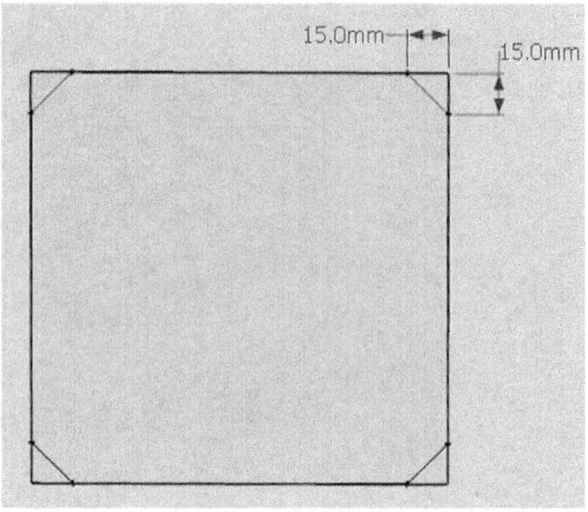

图 14-16　绘制边角斜线

步骤 12：利用“擦除”工具，擦除多余线，完成图 14-17 所示的桥梁栏杆底部轮廓绘制。单击“推/拉”工具按钮，将栏杆底部轮廓推拉 1000mm 的高度，如图 14-18 所示。

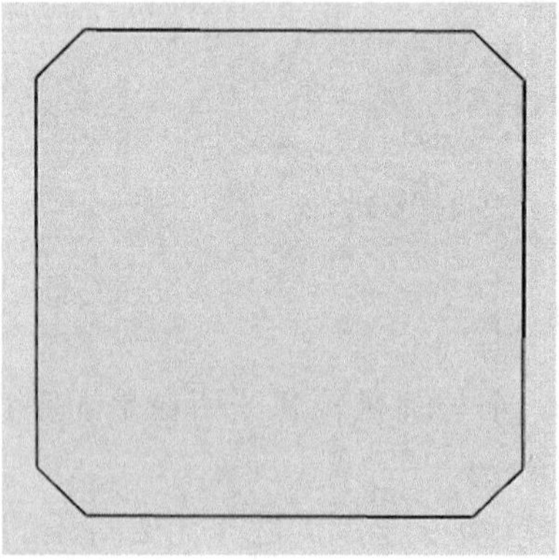

图 14-17　绘制桥梁栏杆底部轮廓

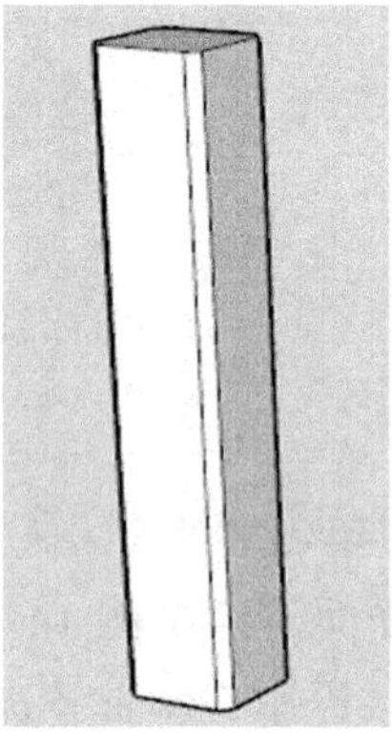

图 14-18　推拉栏杆底部轮廓

步骤 13：选中栏杆顶面的轮廓线，利用“偏移”工具，将轮廓线向内偏移复制 15mm，如图 14-19 所示。单击“推/拉”工具按钮，将偏移复制后的轮廓推拉 50mm 的高度，如图 14-20 所示。

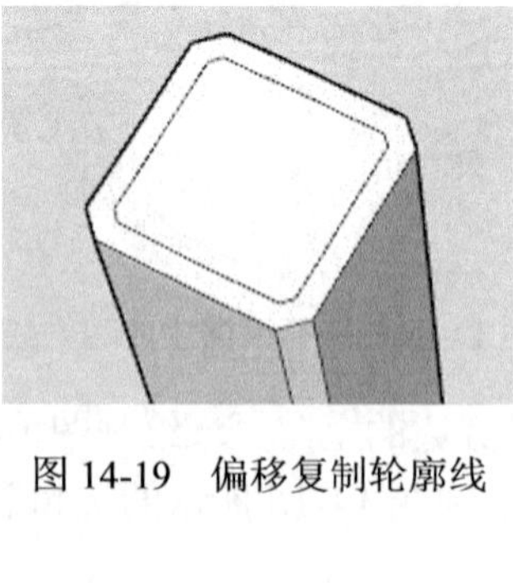

图 14-19　偏移复制轮廓线

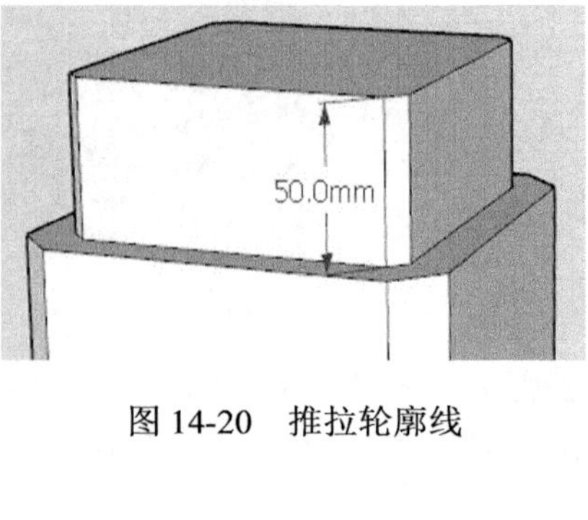

图 14-20　推拉轮廓线

步骤 14：选中栏杆顶面的轮廓线，利用“偏移”工具，将轮廓线向外偏移复制15mm。单击“推/拉”工具按钮，将偏移复制后的轮廓推拉100mm的高度，如图14-21所示。

步骤 15：利用“移动”工具，将顶面轮廓线向下移动复制 15mm，如图 14-22所示。

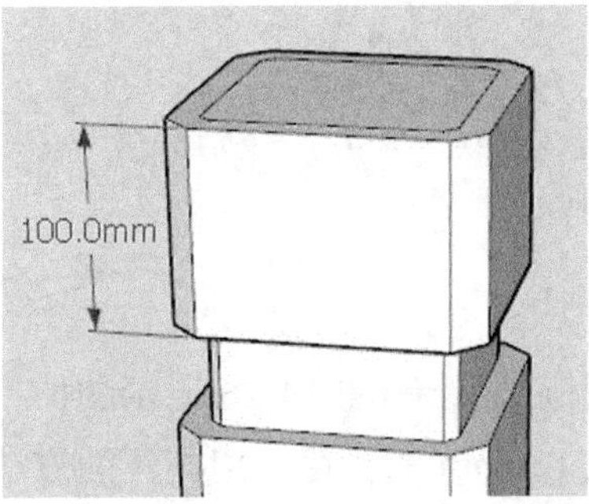

图 14-21　偏移复制并推拉轮廓线

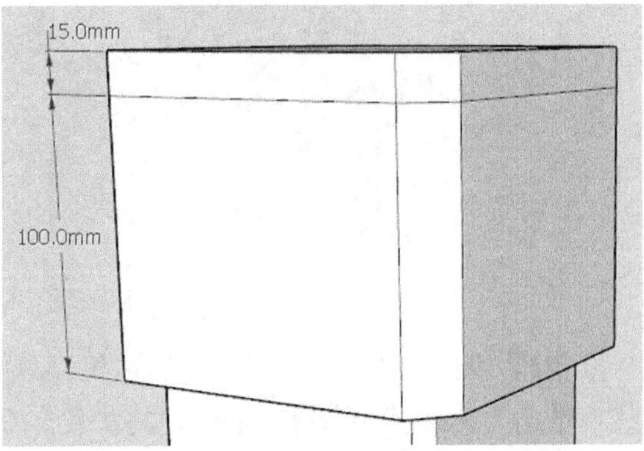

图 14-22　移动复制轮廓线

步骤 16：单击“缩放”工具按钮，选中图 14-23 所示的圆柱顶面，同时按住【Ctrl】键，向内拖动红色角点，直到右下角“数值”文本框中的数字变为“0.89”，松开左键，绘制倒角效果。

步骤 17：单击“选择”工具按钮，选择栏杆，选择菜单栏中的“编辑”→“创建群组”命令，将制作完成的栏杆模型创建为群组，如图 14-24 所示。

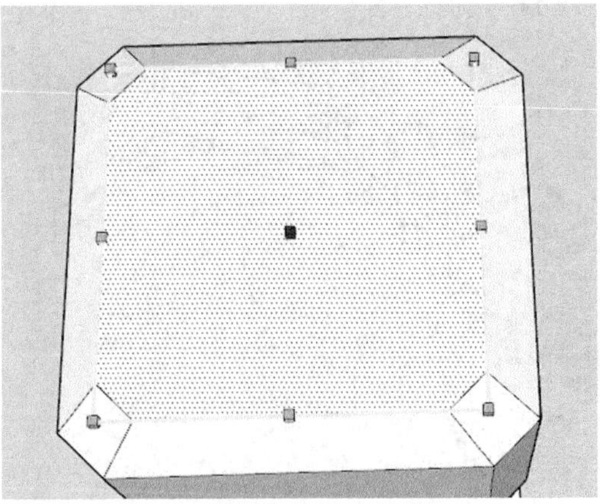

图 14-23　利用缩放制作倒角效果

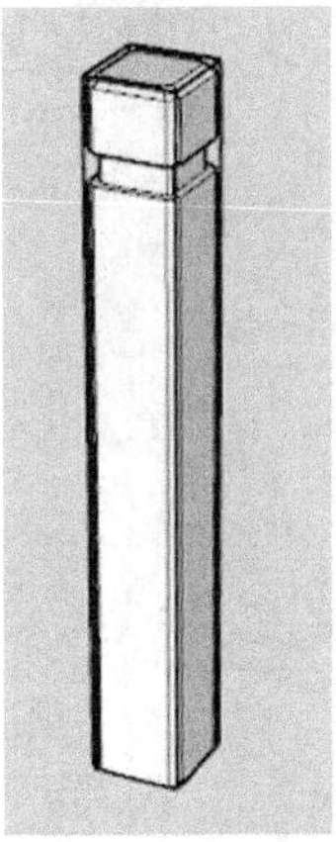

图 14-24　创建群组

步骤 18：利用“移动”工具，将栏杆移动复制到图 14-25 所示的桥梁位置。

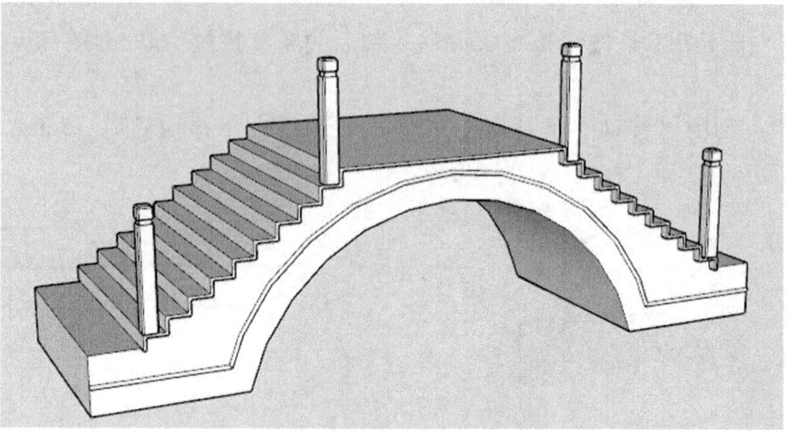

图 14-25　移动复制栏杆

步骤 19：利用“卷尺”工具和“直线”工具，绘制图 14-26 所示的护栏轮廓线。单击“推/拉”工具按钮，将护栏轮廓线推拉 120mm 的宽度。用同样的方法绘制完成其余护栏，如图 14-27 所示。

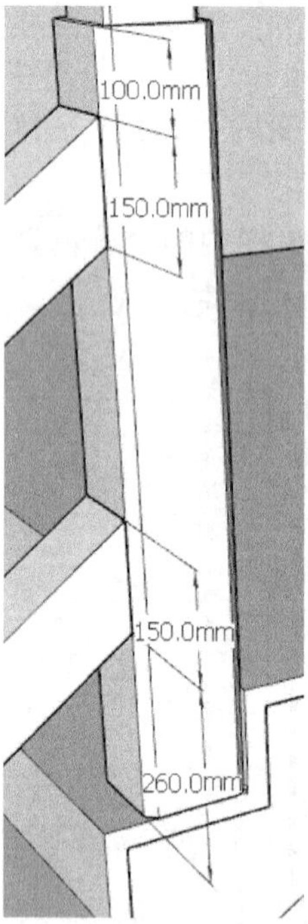

图 14-26　绘制护栏轮廓线

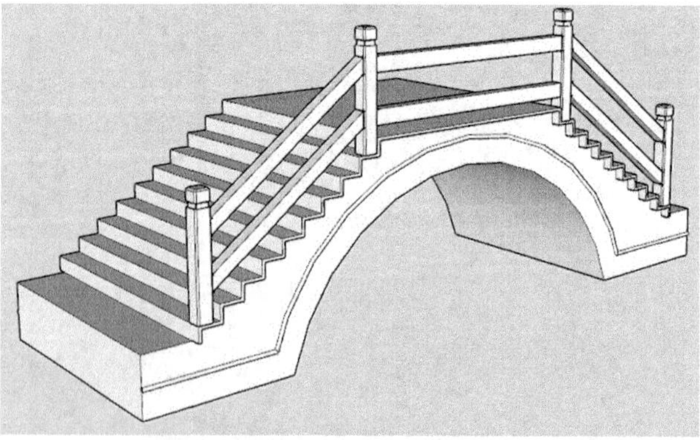

图 14-27　绘制完成一侧全部护栏

步骤 20：利用“卷尺”工具、“直线”工具和“形状/矩形”工具，结合“移动”工具，根据图 14-28～图 14-30 所示的栅格尺寸，绘制完成栅格。

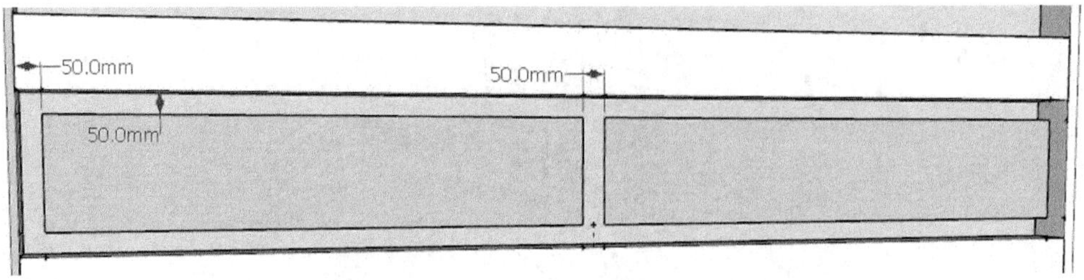

图 14-28　栅格细节一

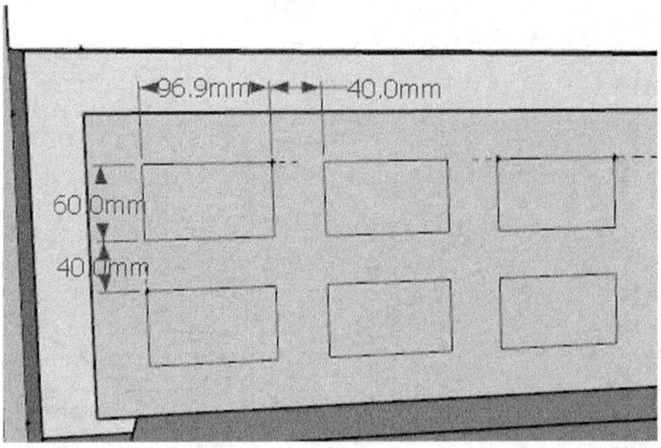

图 14-29　栅格细节二

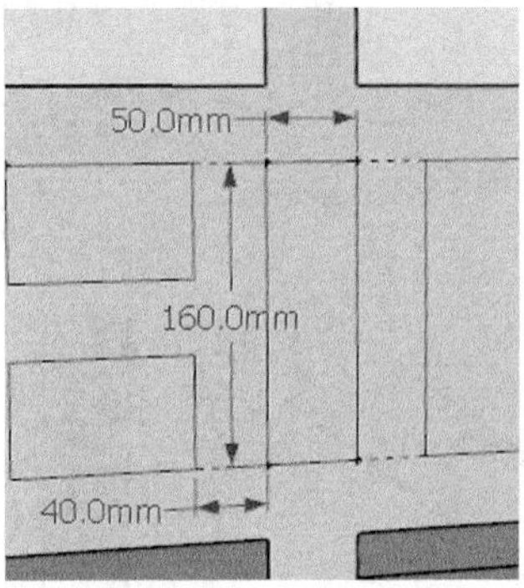

图 14-30　栅格细节三

步骤 21：单击“推/拉”工具按钮，将图 14-31 所示的栅格轮廓中间的矩形向内推 20mm，将其余矩形都向内推 120mm，形成如图 14-32 所示的镂空效果。

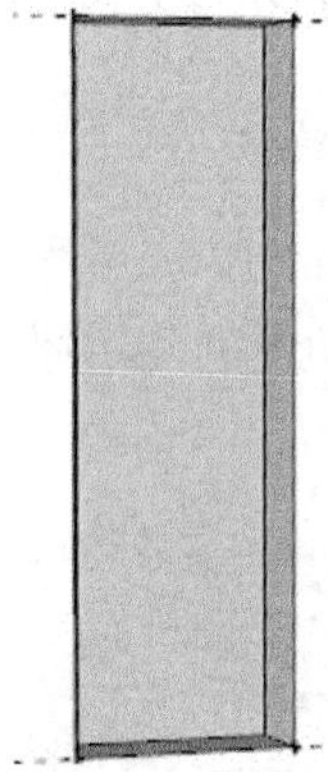

图 14-31　推拉中间矩形

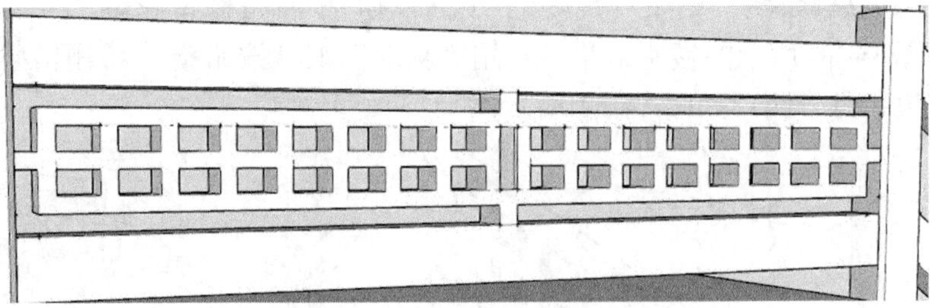

图 14-32　推拉形成镂空效果

步骤 22：利用“移动”工具，将中间的栅格整体移动复制到桥梁另一侧，如图 14-33 所示。

步骤 23：利用“卷尺”工具、“直线”工具和“形状/旋转矩形”工具，结合“移动”工具，根据图 14-34 所示的栅格尺寸，绘制完成图 14-35 所示的栅格轮廓。

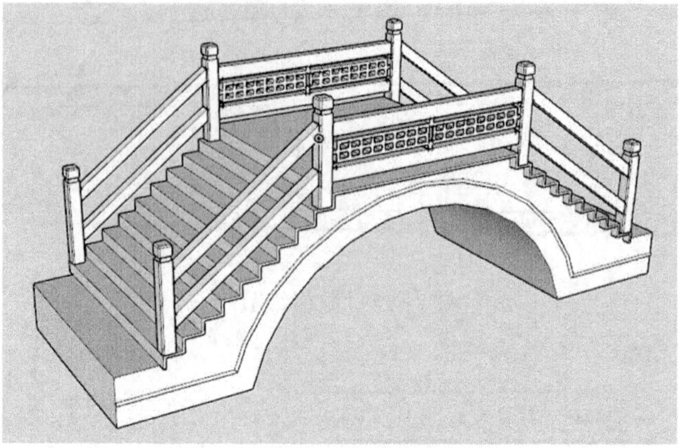

图 14-33 移动复制中间栅格

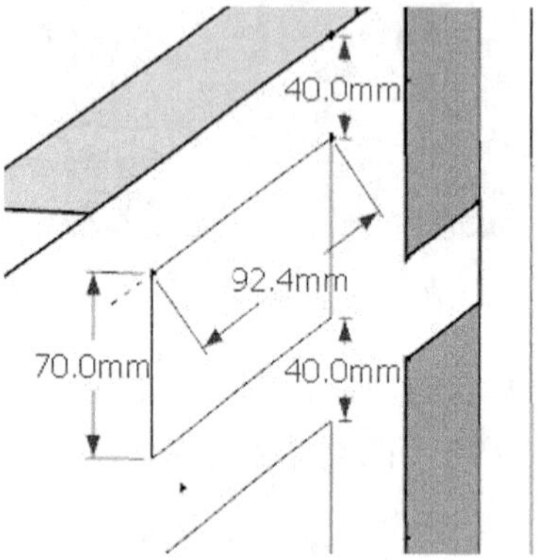

图 14-34 栅格尺寸

图 14-35 绘制栅格轮廓

步骤 24：单击“推/拉”工具按钮，将栅格轮廓的矩形向内推 120mm，形成图 14-36 所示的镂空效果。利用“移动”工具按钮，将栅格整体移动复制到桥梁的两边和另一侧，如图 14-37 所示。

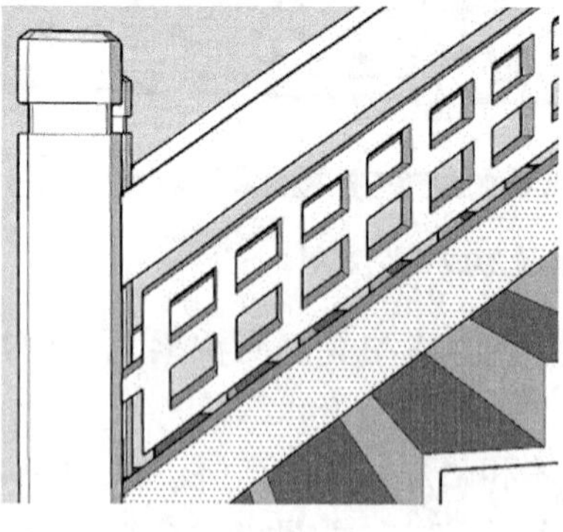

图 14-36 推拉形成镂空效果

图 14-37 移动复制栅格

步骤 25：单击“材质”工具按钮，在右侧打开的“材料”属性管理面板中，给台阶赋予“石头”→“正切灰色石块”材质，最终效果如图 14-38 所示。检查细节，确认无误后保存文件。

图 14-38 中式桥梁效果

习题演练场

根据图 14-39 所示的木桥模型，完成木桥绘制，尺寸自定。

图 14-39 木桥模型

第 15 课

绘制欧式凉亭

技能关键点

- 熟练运用 SketchUp Pro 2017 常用编辑工具
- 掌握 SketchUp Pro 2017 “绘图”工具栏中的“圆弧”工具

知识加油站

圆弧工具

SketchUp Pro 2017 提供 4 种绘制圆弧的方法，分别是圆弧、两点圆弧、3 点画弧和扇形。单击“圆弧”工具按钮，单击图标旁的黑三角，在图 15-1 所示的下拉菜单中可以选择适合的绘制圆弧的命令。

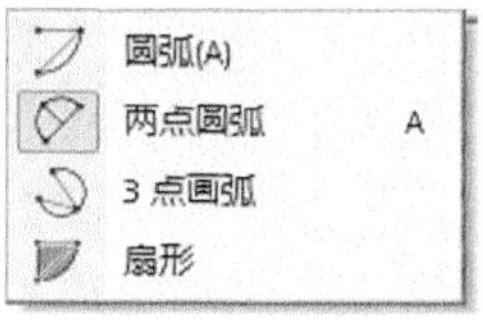

图 15-1 “圆弧”菜单

1. 圆弧

单击“圆弧”工具按钮，单击定义圆弧的圆心，并设置绘制平面。移动光标定义第 1 个圆弧点或输入半径，单击设置第一个圆弧点；移动量角器导引周围的光标或输入角度，单击设置第 2 个圆弧点，完成圆弧的绘制，如图 15-2 所示。

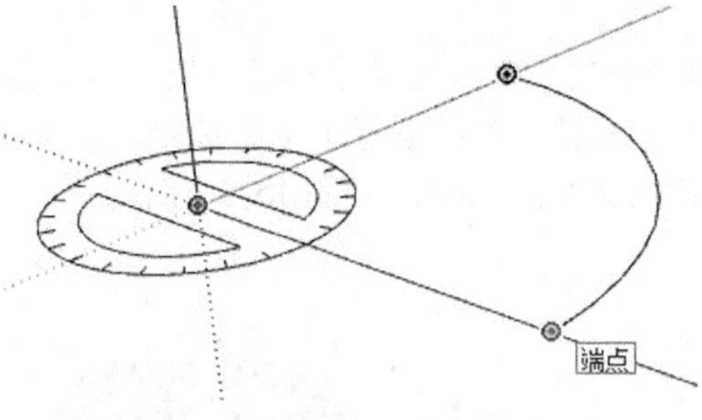

图 15-2 “圆弧”法绘制圆弧

2. 两点圆弧

单击“两点圆弧”工具按钮，单击设置圆弧的起点，移动光标，单击圆弧终点或者输入数值，移动垂直于行的光标，设置弧高或者输入数值，单击完成圆弧的绘制，如图 15-3 所示。

3. 3 点画弧

单击“3 点画弧”工具按钮，单击设置圆弧的起点，从起点移开光标；单击设置第 2 个点，圆弧将始终通过该点；将光标移至端点，右下角的“角度”栏可以输入角度，单击完成圆弧的绘制，如图 15-4 所示。

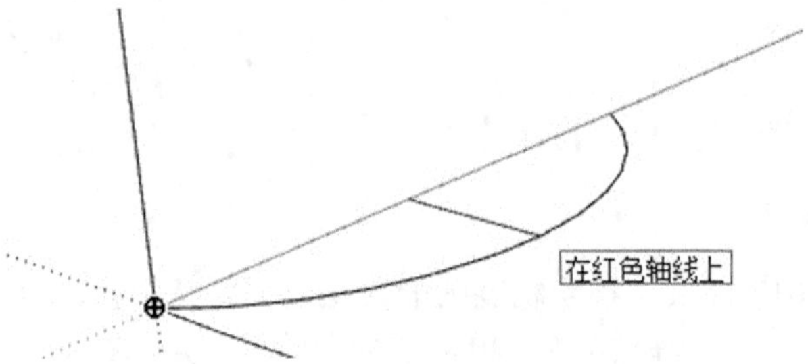

图 15-3 “两点圆弧”法绘制圆弧

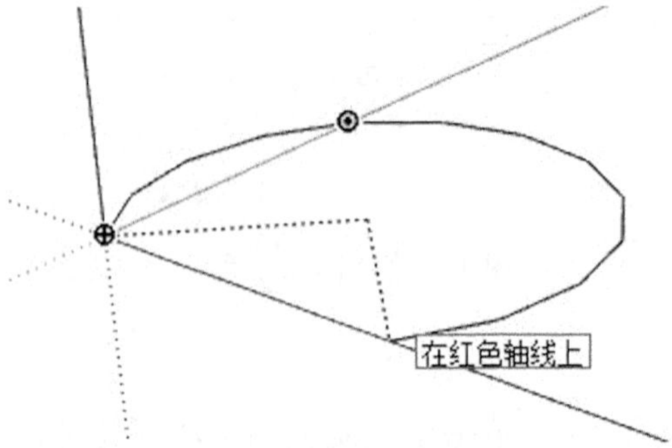

图 15-4 “3 点画弧”法绘制圆弧

4. 扇形

单击“扇形”工具按钮，单击定义扇形的圆心，并设置绘制平面。移动光标定义第 1 个圆弧点或者输入半径值，单击设置第 1 个圆弧点；移动量角器导引周围的光标或者输入角度，单击设置第 2 个圆弧点，如图 15-5 所示。

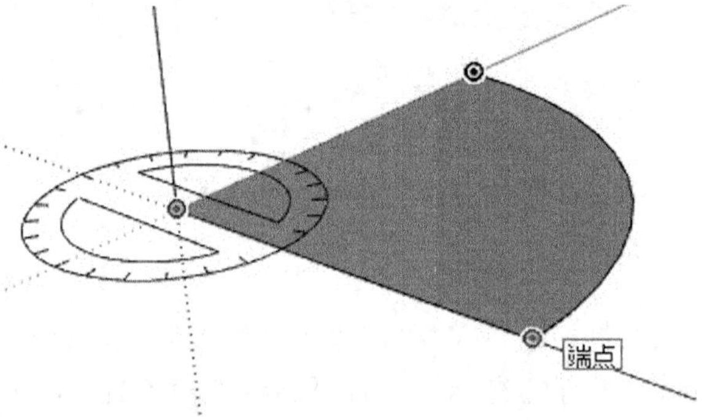

图 15-5 “扇形”法绘制扇形

新手训练营

参考图 15-6 所示的欧式凉亭模型，完成欧式凉亭三维建模绘制。

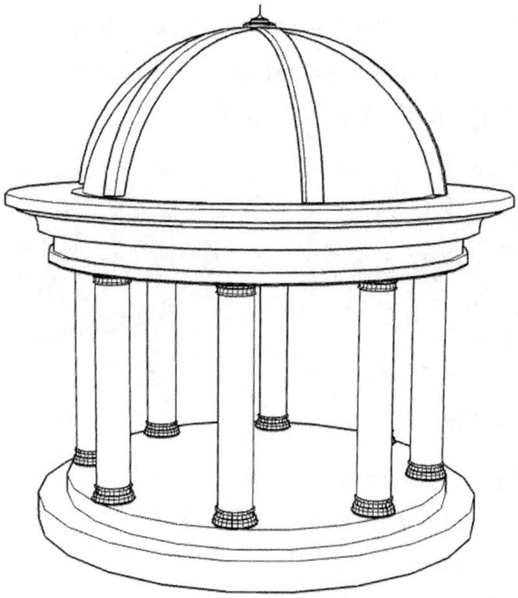

图 15-6　欧式凉亭模型

步骤 1：启动 SketchUp Pro 2017 软件，在欢迎界面上单击“选择模板”按钮，在“模板”下拉列表中选择“建筑设计-毫米”选项，单击“开始使用 SketchUp”按钮，进入操作界面。

步骤 2：单击“形状/圆”工具按钮，移动光标至红绿轴交汇处，按住鼠标左键，向右上方移动光标，在右下角的“距离”文本框中输入“2125”，按【Enter】键结束，同时松开左键，绘制完成图 15-7 所示半径为 2125mm 的圆形平面。

步骤 3：单击“推/拉”工具按钮，移动光标至圆形平面内，按住左键，向上移动光标，在右下角的“距离”文本框中输入“265”，然后按【Enter】键，同时松开左键，绘制完成图 15-8 所示的圆柱。

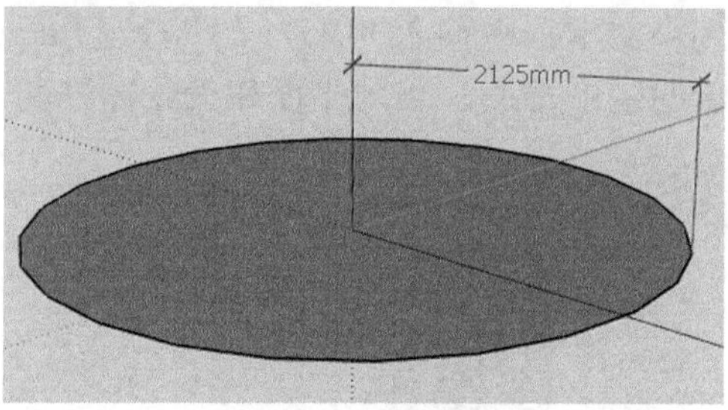

图 15-7　绘制圆形平面

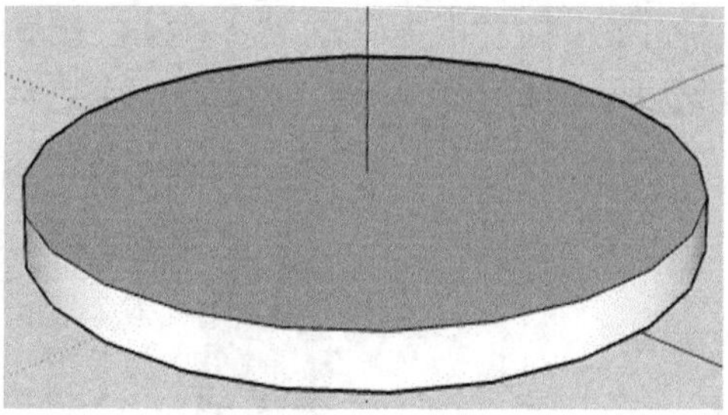

图 15-8　使用推拉工具

步骤 4：单击“选择”工具按钮，选择步骤 3 生成的圆柱顶面，单击“偏移”工具按钮，在右下角的“距离”文本框中输入“275”，将选中的圆向内偏移，如图 15-9 所示。

步骤 5：单击“推/拉”工具按钮，移动光标至步骤 3 生成的圆形平面内，按住左键不放，向上移动光标，在右下角的“距离”文本框中输入“175”，然后按【Enter】键，同时松开左键，绘制完成图 15-10 所示的台阶。

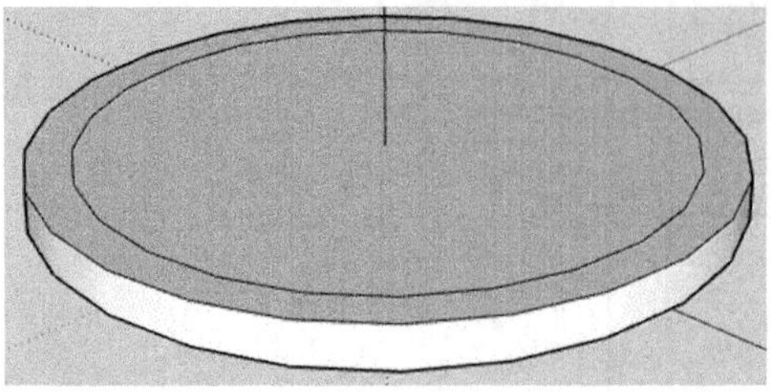

图 15-9　偏移圆

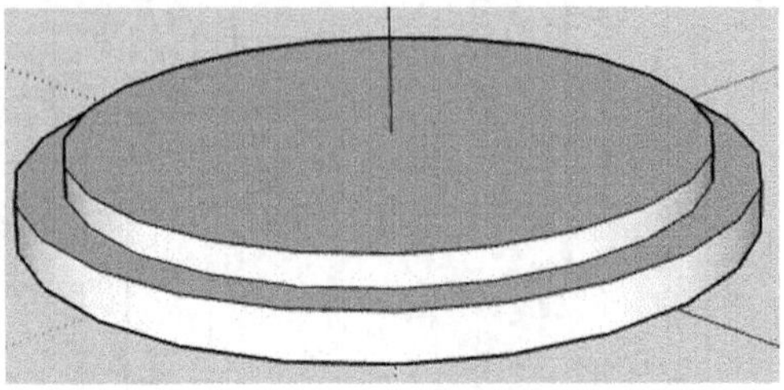

图 15-10　绘制台阶

步骤 6：单击“材质”工具按钮，在右侧打开的“材料”属性管理面板中，给台阶赋予“石头”→“卡其色拉绒石材”材质，如图 15-11 所示，最终效果如图 15-12 所示。

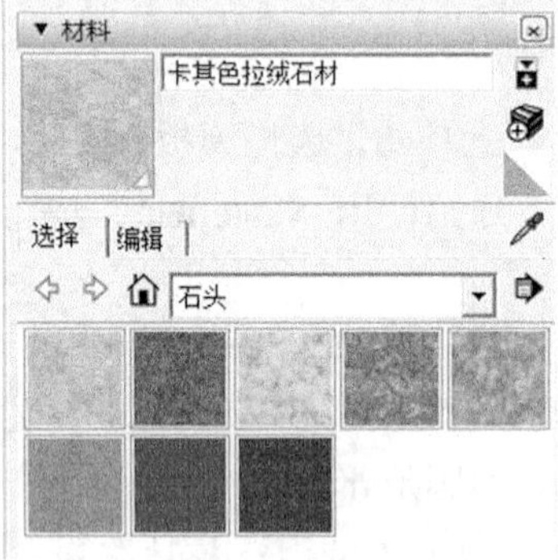

图 15-11　赋予台阶材质

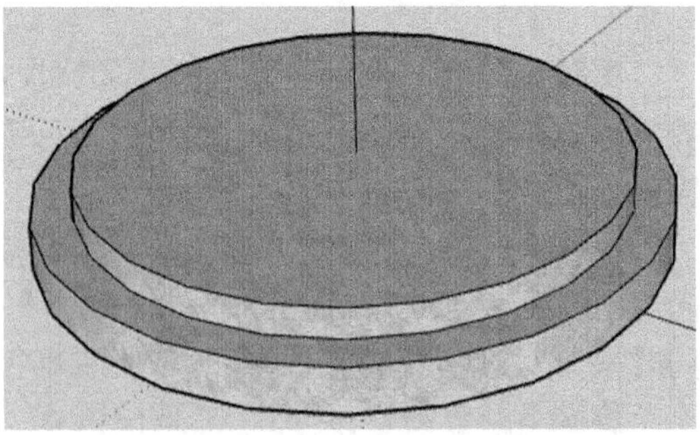

图 15-12　台阶效果图

步骤 7：单击“形状/矩形”工具按钮，移动光标至台阶顶面圆的端点处，按住鼠标左键，向右上方移动光标，在右下角的“尺寸”文本框中输入“195，133”，按【Enter】键结束，同时松开左键，绘制完成图 15-13 所示的矩形平面，将此平面作为绘图平面。

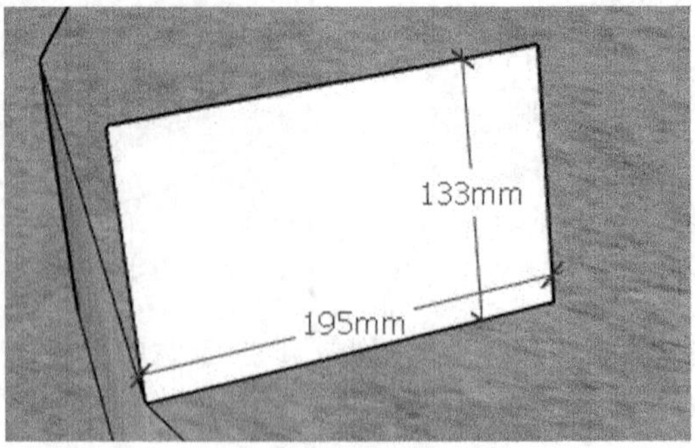

图 15-13　绘制矩形平面

步骤 8：使用“直线”工具和“圆弧”工具，绘制支柱底部的细节截面，如图 15-14 所示。

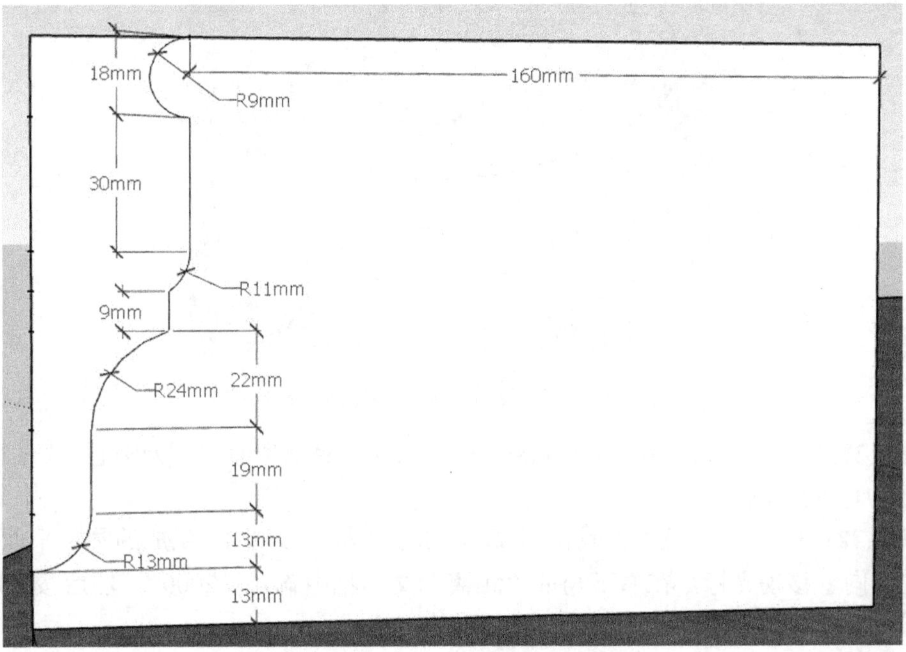

图 15-14　绘制支柱底部截面

步骤 9：单击“形状/圆”工具按钮，以支柱底部截面为参考，绘制圆形平面，如图 15-15 所示。

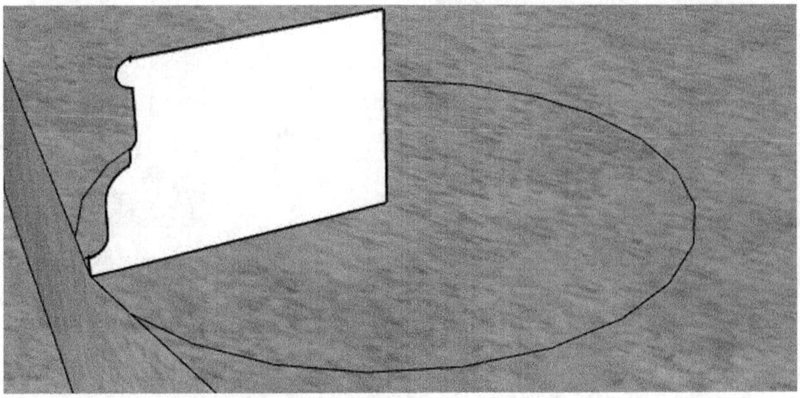

图 15-15　绘制圆形平面（一）

步骤 10：单击“编辑”→“路径跟随”工具按钮，选择支柱底部截面作为要挤压的平面，然后将光标沿着步骤 8 生成的圆形平面圆周移动，同时按住【Alt】键，将圆周作为路径，生成图 15-16 所示的支柱底部。

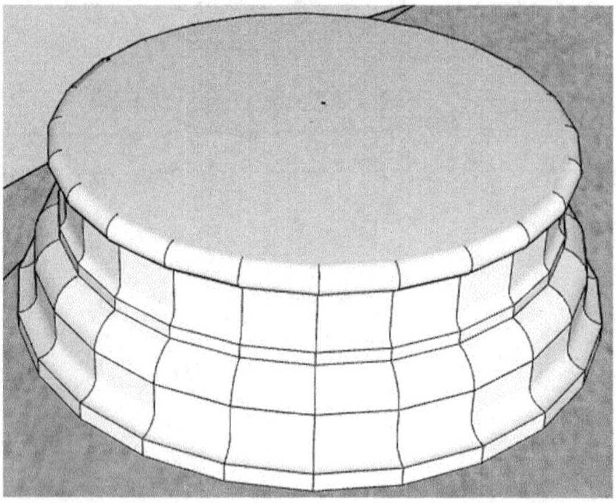

图 15-16　使用路径跟随工具生成支柱底部

步骤 11：单击“形状/圆”工具按钮，以支柱底部顶面中心为圆心，绘制圆形平面，如图 15-17 所示。

步骤 12：单击“推/拉”工具按钮，移动光标至步骤 10 生成的圆形平面内，按住左键，向上移动光标，在右下角的“距离”文本框中输入“2000”，然后按【Enter】键，同时松开左键，绘制完成图 15-18 所示的支柱。

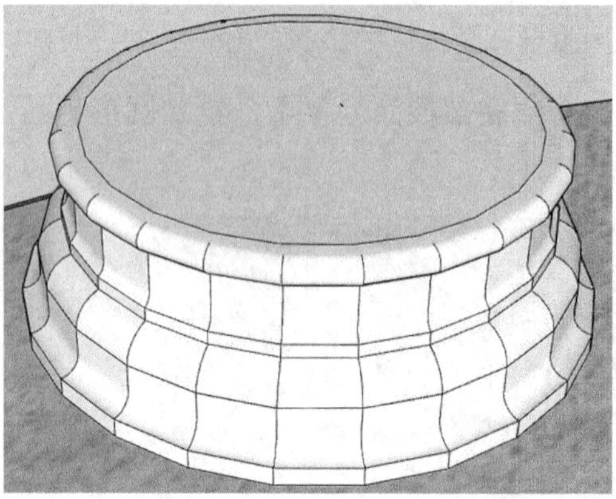

图 15-17　绘制圆形平面（二）

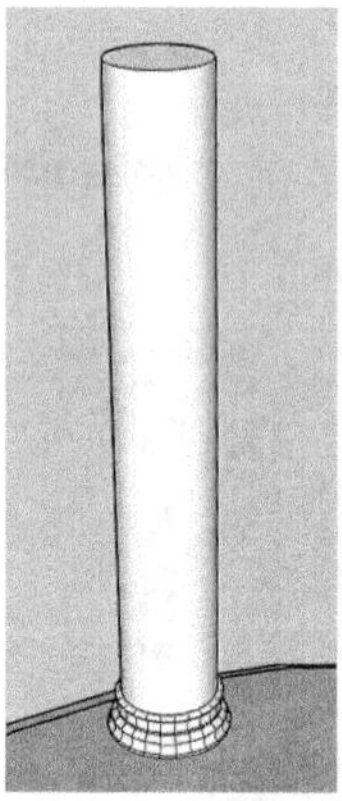

图 15-18　绘制支柱

步骤 13：单击“选择”工具按钮，选择支柱底部，然后单击“编辑”→“移动”工具按钮，同时按住【Ctrl】键，将支柱底部向上复制，如图 15-19 所示。

步骤 14：单击“选择”工具按钮，选择步骤 13 移动复制完成的支柱底部，右击，在弹出的快捷菜单中选择“镜像物体”命令，将支柱底部通过镜像调整方向，绘制完成图 15-20 所示的支柱。

步骤 15：单击“选择”工具按钮，选择支柱，选择菜单栏中的“编辑”→“创建群组”命令，将制作完成的支柱模型创建为群组，如图 15-21 所示。

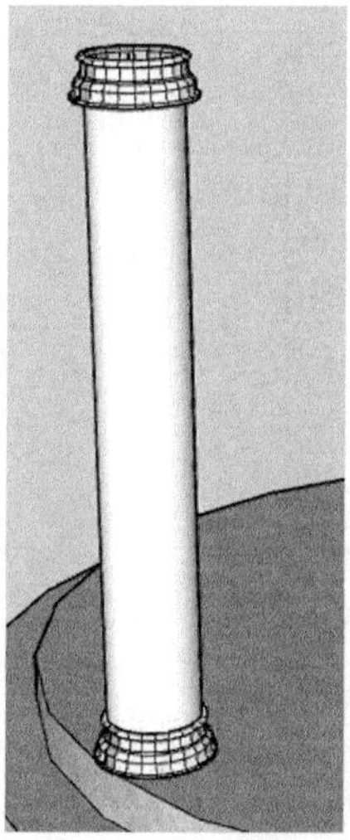

图 15-19 移动复制

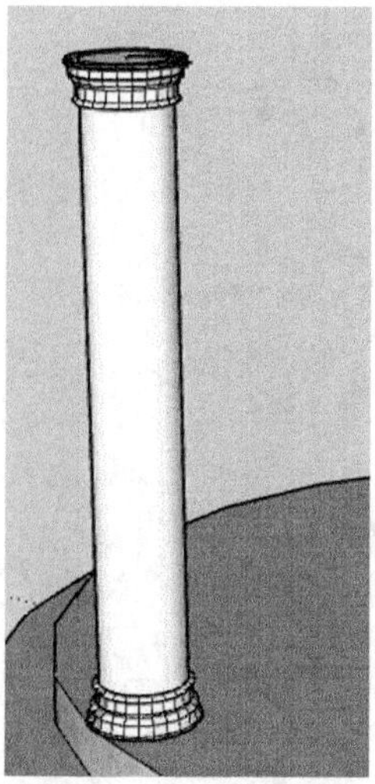

图 15-20 镜像调整方向

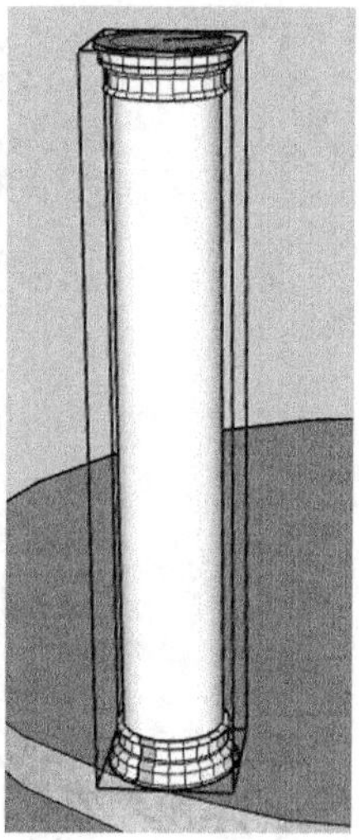

图 15-21 创建群组

步骤 16：单击“选择”工具按钮，选择支柱，单击“编辑”→“旋转”工具按钮，同时按住【Ctrl】键，选择台阶顶面中心为旋转中心，选择支柱底面的端点为旋转复制起点，在右下角的“角度”文本框中输入“45”，然后按【Enter】键，再次在右下角的“角度”文本框中输入“*7”，绘制完成图 15-22 所示的多重旋转复制。

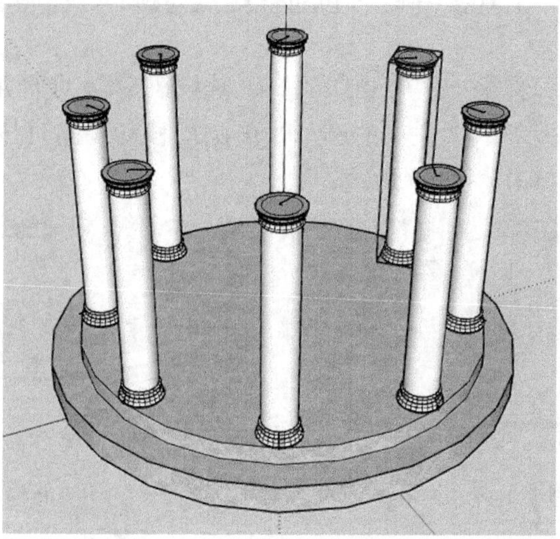

图 15-22 多重旋转复制支柱

步骤 17：单击“形状/矩形”工具按钮，移动光标至支柱顶面圆的端点处，按住鼠标左键，向左上方移动光标，在右下角的“尺寸”文本框中输入“620，650”，按【Enter】键结束，同时松开左键，将绘制完成的矩形平面作为绘图平面。使用“直线”工具和“圆弧”工具，绘制角线的细节截面，如图 15-23 所示。

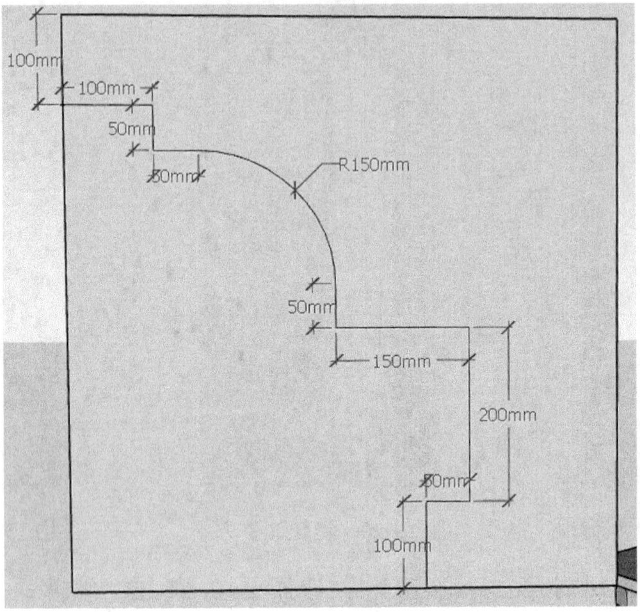

图 15-23　绘制角线截面

步骤 18：单击“直线”工具按钮，捕捉底座中心向上绘制一条长为 2034mm 的直线，单击“形状/圆”工具按钮，以直线端点为圆心，绘制圆形平面，如图 15-24 所示。

步骤 19：单击“编辑”→“路径跟随”工具按钮，选择角线截面作为要挤压的平面，然后将光标沿着步骤 17 生成的圆形平面圆周移动，同时按住【Alt】键，将圆周作为路径，生成角线，如图 15-25 所示。

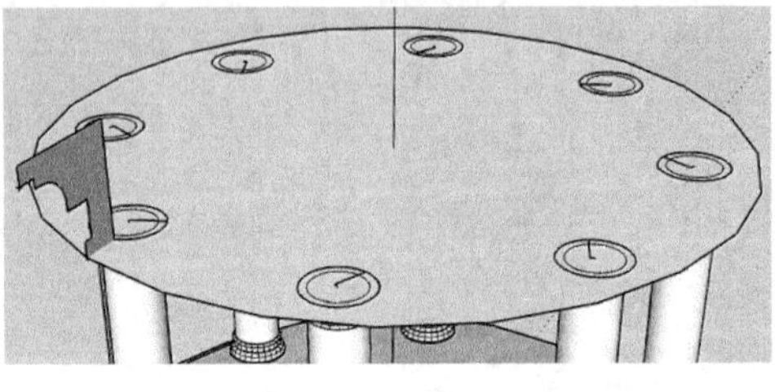

图 15-24　绘制圆形平面（三）

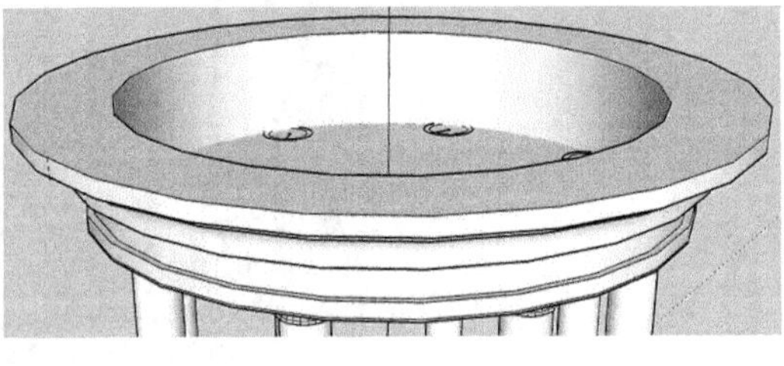

图 15-25　生成角线

步骤 20：单击“直线”工具按钮，在步骤 18 绘制的圆形平面中心向上绘制一条长为 650mm 的直线，然后单击“形状/圆”工具按钮，以直线端点为圆心，绘制圆形平面，如图 15-26 所示。

步骤 21：使用“直线”工具和“圆弧”工具，绘制凉亭顶部的截面，单击“形状/圆”工具按钮，以直线端点为圆心，捕捉圆弧端点，绘制凉亭顶部的截面，如图 15-27 所示。

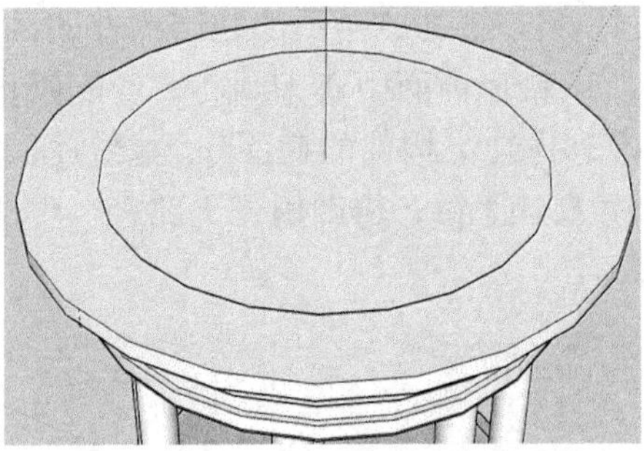

图 15-26　绘制圆形平面

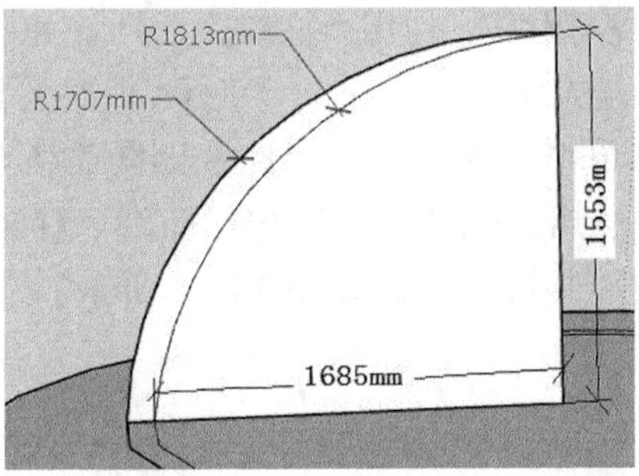

图 15-27　绘制顶部截面

步骤 22：单击“编辑”→“路径跟随”工具按钮，选择半径为 1813mm 的圆弧平面作为要挤压的平面，然后将光标沿着步骤 20 生成的圆形平面圆周移动，同时按住【Alt】键，将圆作为路径，生成弧形亭顶，如图 15-28 所示。

步骤 23：单击“推/拉”工具按钮，向两边推拉弧形平面，各输入距离值“75”，生成弧形装饰线条，完成效果如图 15-29 所示。

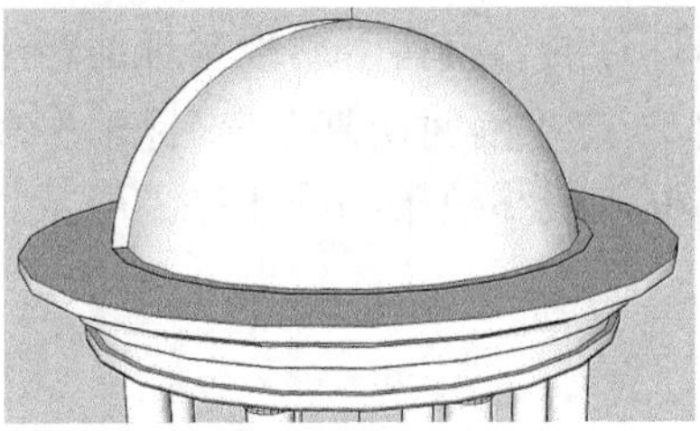

图 15-28　绘制弧形亭顶

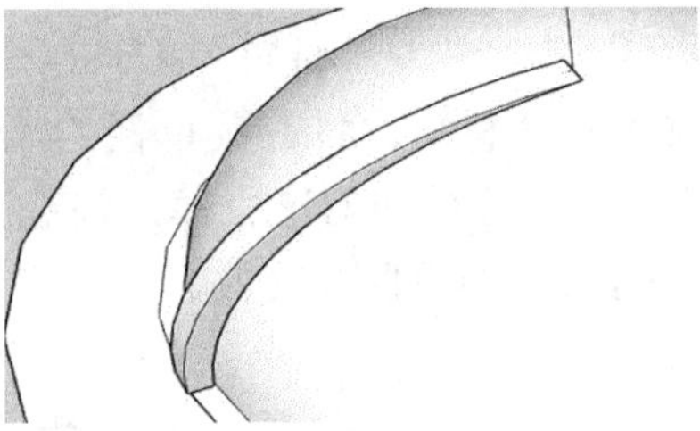

图 15-29　弧形装饰线条效果图

步骤 24：单击“选择”工具按钮，选择弧形装饰线条，单击“编辑”→“旋转”工具按钮，同时按住【Ctrl】键，选择弧形顶面中心为旋转中心，选择弧形装饰线条的端点为旋转复制起点，在右下角的“角度”文本框中输入“60”，然后按【Enter】键，再次在右下角的“角度”文本框中输入“*2”，绘制完成图 15-30 所示的多重旋转复制。

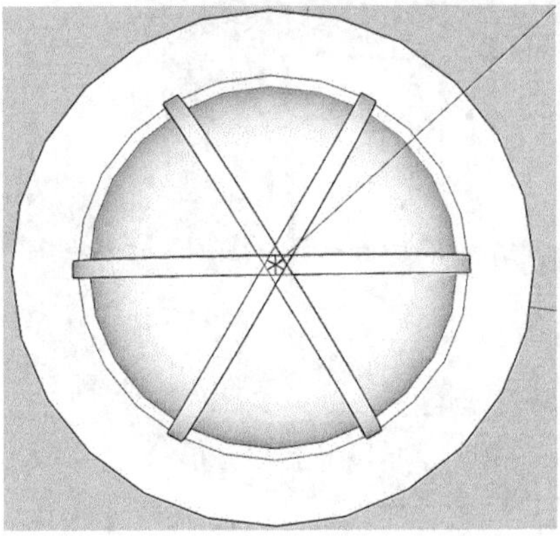

图 15-30　多重旋转复制弧形装饰线条

步骤 25：使用“直线”工具和“圆弧”工具，绘制凉亭顶部装饰构件的截面，如图 15-31 所示。单击“形状/圆”工具按钮，以弧形顶面中心为圆心，绘制圆形平面。单击“编辑”→“路径跟随”工具按钮，选择装饰构件的截面作为要挤压的平面，然后将光标沿着圆形平面圆周移动，同时按住【Alt】键，将圆周作为路径，生成凉亭顶部装饰构件，如图 15-32 所示。

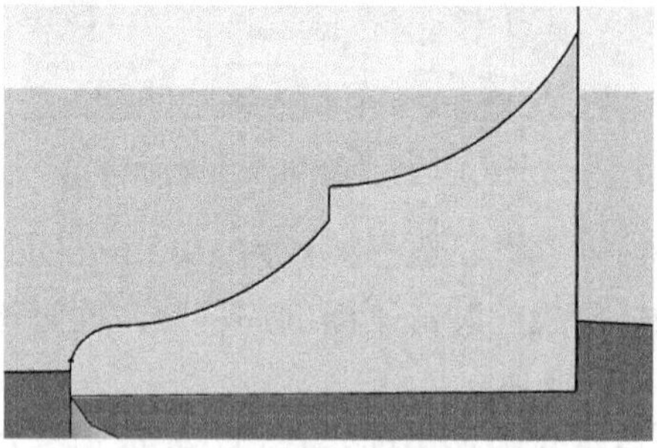

图 15-31 绘制装饰构件截面

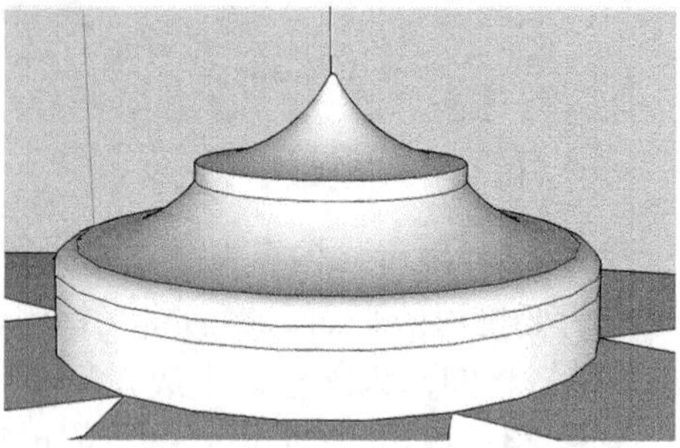

图 15-32 绘制顶部装饰构件

步骤 26：单击“材质”工具按钮，在右侧打开的“材料”属性管理面板中，给凉亭赋予一些材质。打开菜单栏的“视图”主菜单，把“剖面切割”“坐标轴”和“参考线”3 个复选框的勾选去掉，勾选“阴影”复选框，最终效果如图 15-33 所示。检查细节，确认无误后保存文件。

图 15-33 欧式凉亭完成效果图

习题演练场

根据图 15-34 所示的凉亭模型，完成凉亭绘制，尺寸自定。

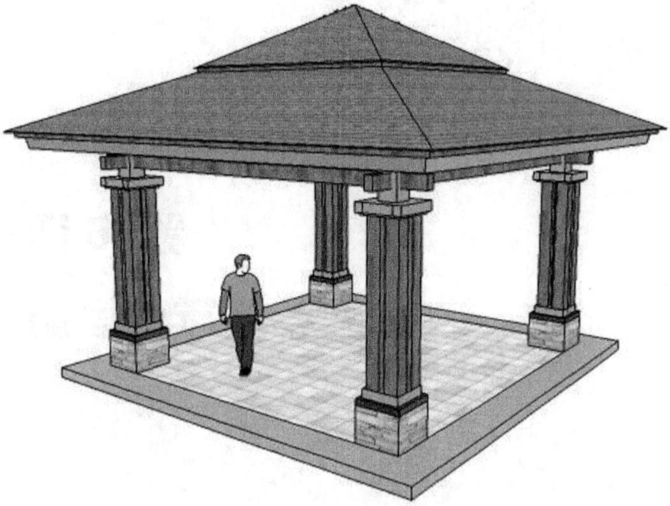

图 15-34　凉亭模型

第 16 课

绘制学校信箱

技能关键点

- 熟练运用 SketchUp Pro 2017 常用绘图工具
- 熟练运用 SketchUp Pro 2017 常用编辑工具
- 掌握 SketchUp Pro 2017“工具”菜单中的“三维文字”工具

知识加油站

三维文字工具

“三维文字”工具可以快速地使用任意字体创建三维或平面的文字效果。启用“三维文字”工具有两种方式：第一种是单击“建筑施工”工具栏中的“三维文字”工具按钮，如图 16-1 所示；第二种是选择菜单栏中的“工具”→“三维文字”命令，如图 16-2 所示。无论用哪种方式启用该功能，系统将打开“放置三维文本”对话框，在文字框内输入自定义文字内容，如图 16-3 所示。保持默认参数不变，单击“放置”按钮，在绘图区域适当位置单击，即可创建具有厚度的文字，如图 16-4 所示。“高度”后面的数值是指文字的高度，“高度”下面的框格中的数值是指文字的厚度。

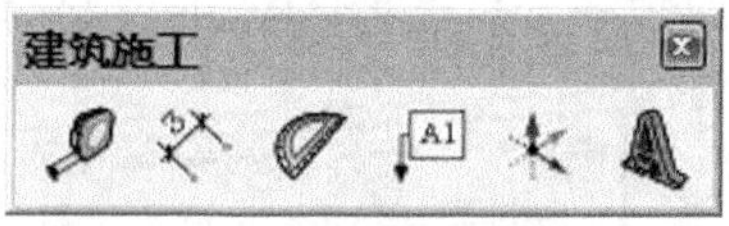

图 16-1 “建筑施工”工具栏

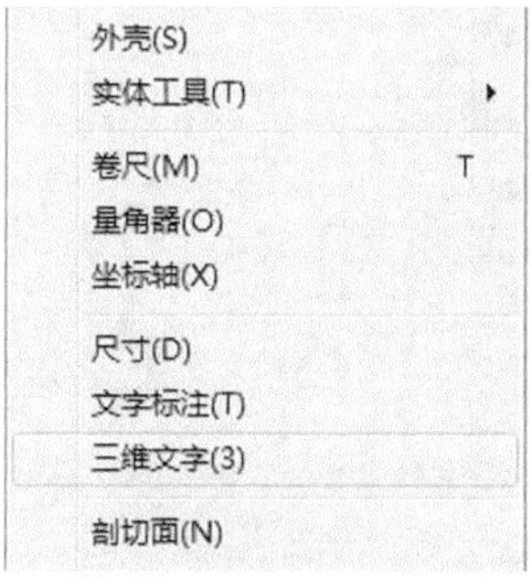

图 16-2 “工具”菜单

图 16-3 “放置三维文本”对话框

图 16-4 三维文字效果

在“放置三维文本”对话框中，如果不勾选“填充”复选框，所创建的文字为线形文字，如图 16-5 所示；如果仅勾选“填充”复选框，不勾选“已延伸”复选框，所创建的文字为平面文字，如图 16-6 所示。

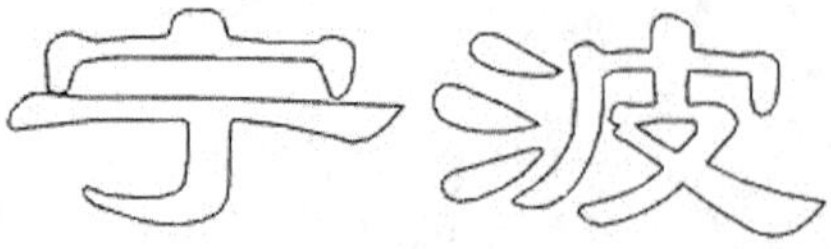

图 16-5　线形文字

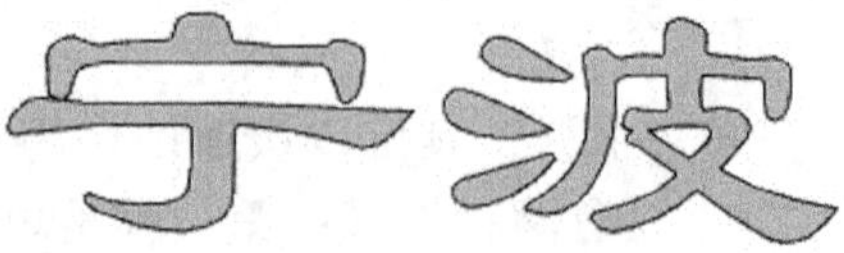

图 16-6　平面文字

新手训练营

参考图 16-7 所示的学校信箱模型，完成学校信箱的三维建模绘制。

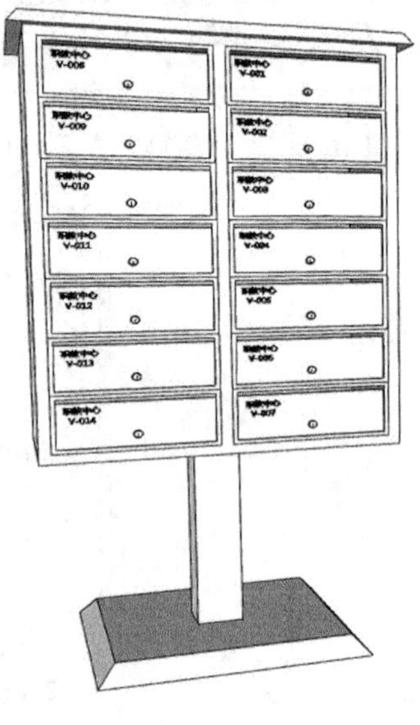

图 16-7　学校信箱模型

步骤 1：启动 SketchUp Pro 2017 软件，在欢迎界面上单击“选择模板”按钮，在“模板”下拉列表中选择“室内和产品设计-毫米”选项。单击“开始使用 SketchUp”按钮，进入操作界面。

步骤 2：单击“形状/矩形”工具按钮，移动光标至蓝红轴交汇处，按住鼠标左键，向右上方移动光标，在右下角的“尺寸”文本框中输入“760，1065”，按【Enter】键结束，同时松开左键，绘制完成图 16-8 所示的矩形。

步骤 3：单击“推/拉”工具按钮，移动光标至矩形内，按住鼠标左键不放，向右上方移动光标，在右下角的“距离”文本框中输入“400”，然后按【Enter】键，同时松开左键，绘制完成图 16-9 所示的长方体。

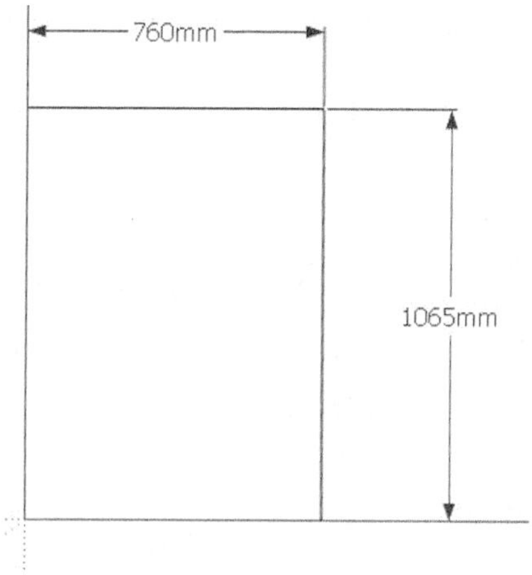

图 16-8　绘制矩形

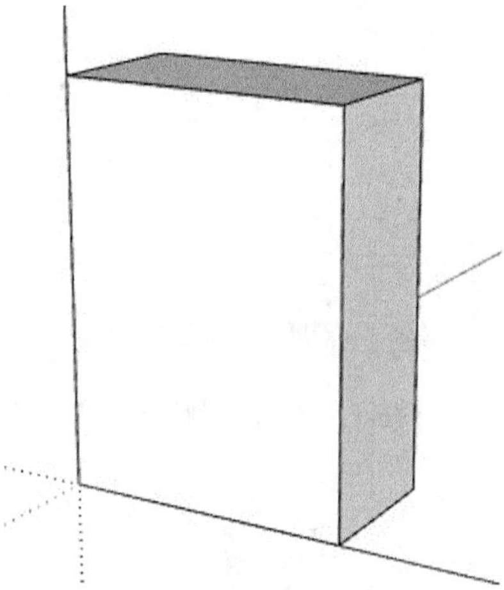

图 16-9　绘制长方体

步骤 4：单击“偏移”工具按钮，在右下角的“距离”文本框中输入“30”，将选中的长方体顶面向外偏移。同时单击“推/拉”工具按钮，将偏移复制的矩形向上拉 30mm。单击“擦除”工具按钮，擦除多余线条，绘制完成图 16-10 所示的信箱顶部。

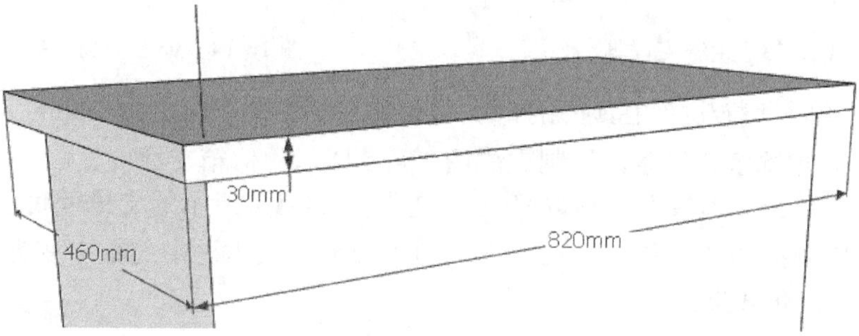

图 16-10　绘制信箱顶部

步骤 5：单击“缩放”工具按钮，选中图 16-11 所示的信箱顶面，同时按住【Ctrl】键，向内拖动红色角点，直到右下角“数值”文本框中的数字变为“0.95”，松开左键，制作倒角效果。

步骤 6：利用“卷尺”工具、“直线”工具和“形状/矩形”工具，根据图 16-12 所示的尺寸，在信箱底部平面绘制矩形。

步骤 7：单击“推/拉”工具按钮，将步骤 6 绘制的矩形向上拉 500mm，绘制图 16-13 所示的支撑脚。

步骤 8：单击“偏移”工具按钮，在右下角的“距离”文本框中输入“200”，将选中的支撑脚顶面向外偏移，如图 16-14 所示。

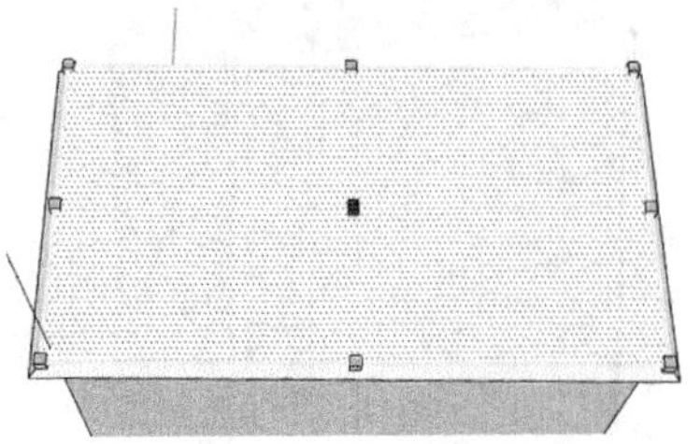

图 16-11 制作顶部倒角效果

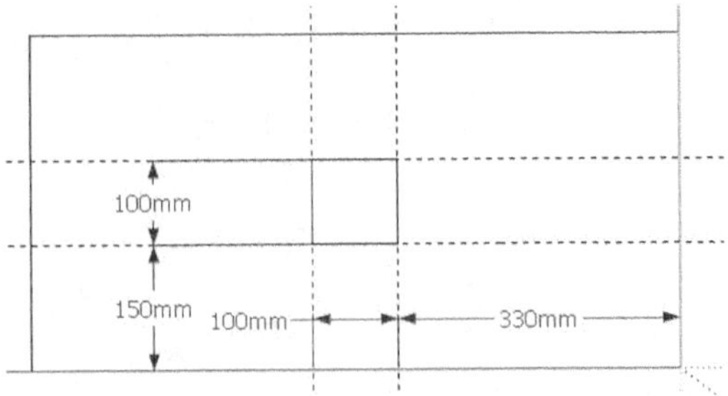

图 16-12 矩形尺寸

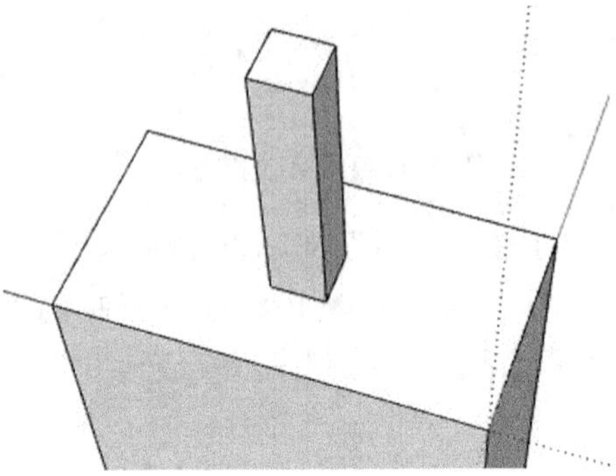

图 16-13 绘制支撑脚

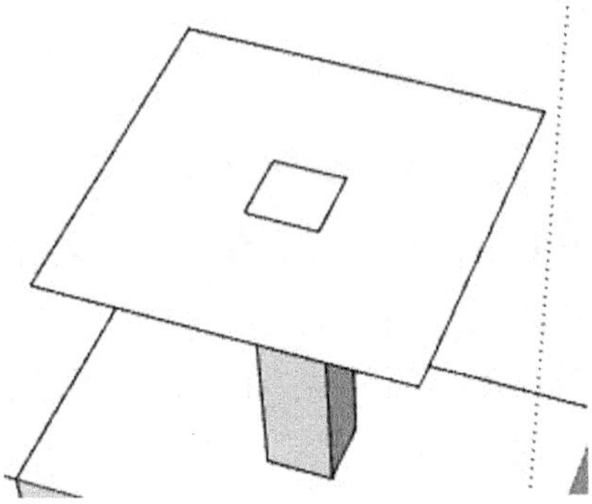

图 16-14 偏移复制支撑脚顶面

步骤 9：单击“推/拉”工具按钮，将偏移复制的矩形向上拉 50mm。单击“擦除”工具按钮，擦除多余线条，绘制完成图 16-15 所示的信箱支撑板。

步骤 10：单击“缩放”工具按钮，选中图 16-16 所示的支撑板底面，同时按住【Ctrl】键，向外拖动红色角点，直到右下角“数值”文本框中的数字变为“1.15”，松开左键，制作倒角效果。

图 16-15 绘制支撑板

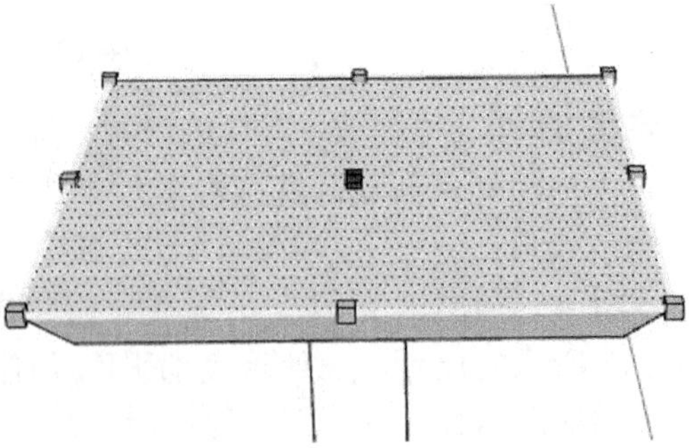

图 16-16 制作支撑板倒角效果

步骤 11：单击“偏移”工具按钮，在右下角的“距离”文本框中输入“25”，将选中的信箱正面向内偏移复制，如图 16-17 所示。

步骤 12：利用“卷尺”工具和“直线”工具，细分信箱正面，单击“擦除”工具按钮，擦除多余线条，如图 16-18 所示。

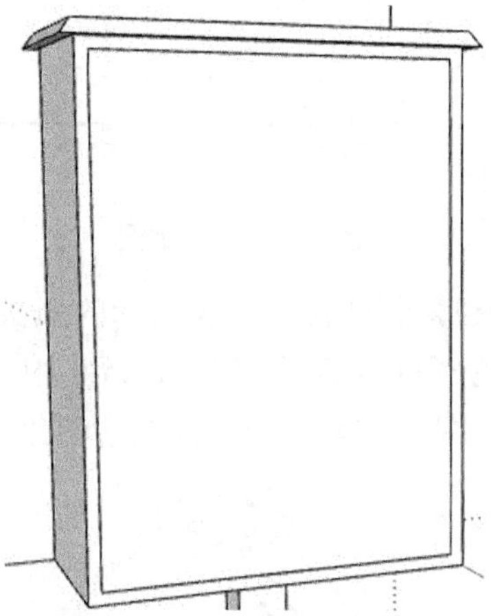

图 16-17　偏移复制信箱正面

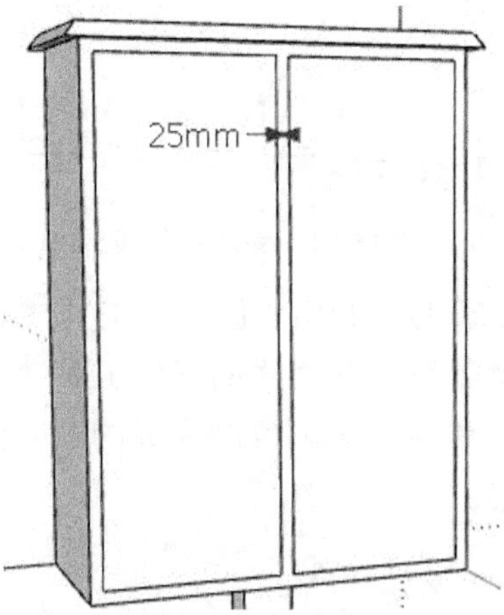

图 16-18　细分信箱正面

步骤 13：选中信箱正面矩形的竖直线，右击，在弹出的快捷菜单中选择“拆分”命令，在右下角的“段”文本框中输入“7”。然后再利用“直线”工具绘制信箱轮廓，单击“擦除”工具按钮，擦除多余线条，如图 16-19 所示。

步骤 14：利用“偏移”工具和“直线”工具绘制图 16-20 所示的信箱边沿和投递口轮廓。

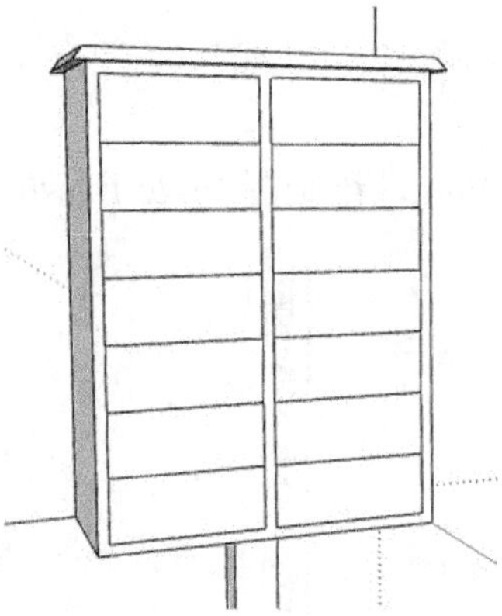

图 16-19　细分信箱轮廓

图 16-20　绘制信箱边沿和投递口轮廓

步骤 15：单击“推/拉”工具按钮，将下部的矩形向内推 6mm。选中投递口的矩形，右击，在弹出的快捷菜单中选择“删除”命令，完成图 16-21 所示的信箱设计。

步骤 16：利用“卷尺”工具和“形状/圆”工具，绘制图 16-22 所示的直径为 20mm 的圆。

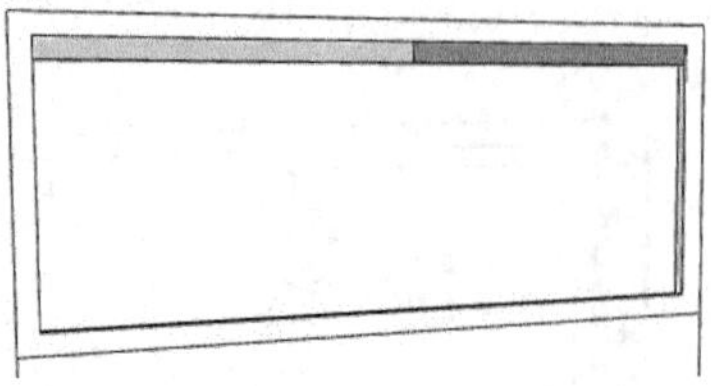

图 16-21　完成信箱设计

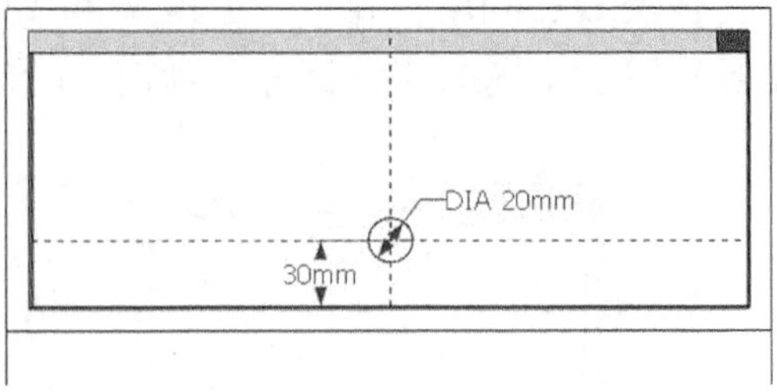

图 16-22　绘制圆

步骤 17：利用“偏移”工具和“推/拉”工具制作图 16-23 所示的锁头轮廓。

步骤 18：利用“偏移”工具将锁头前面的轮廓向内偏移复制 1mm，利用“推/拉”工具将偏移复制完成的圆向内推 1mm，绘制图 16-24 所示的锁头边沿细节。

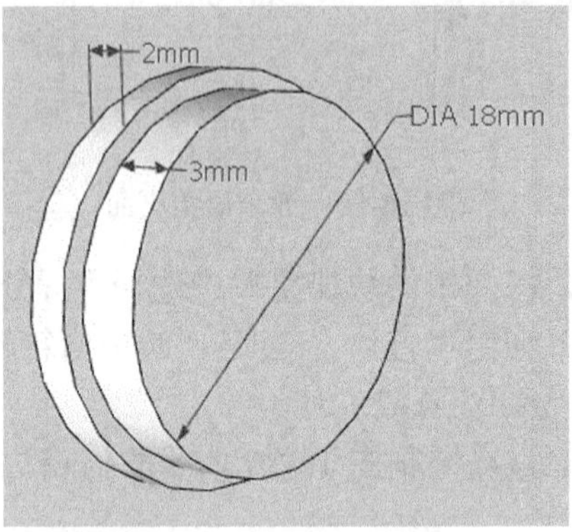

图 16-23　绘制锁头轮廓

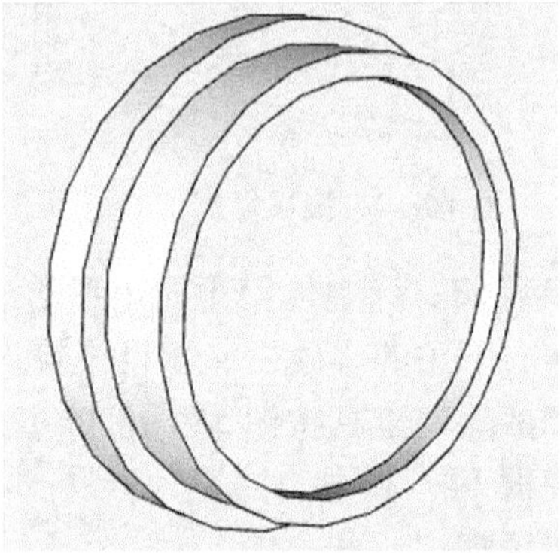

图 16-24　绘制锁头边沿细节

步骤 19：利用“卷尺”工具、“形状/圆”工具和“直线”工具，绘制图 16-25 所示的锁孔轮廓。

步骤 20：利用“推/拉”工具将锁孔轮廓向内推 2mm，绘制图 16-26 所示的锁孔。

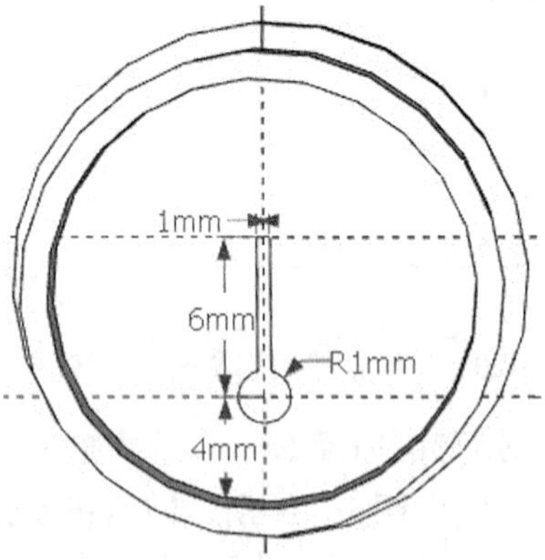

图 16-25　绘制锁孔轮廓

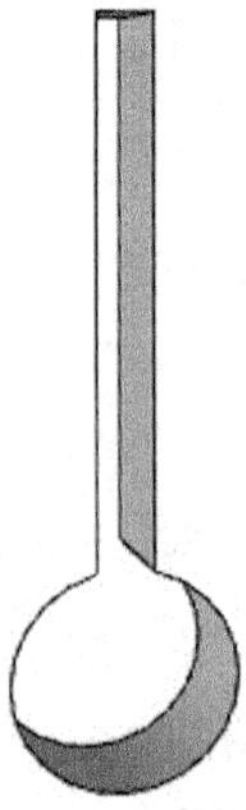

图 16-26　绘制锁孔

步骤 21：单击“选择”工具按钮，同时按住【Ctrl】键，选中单个信箱中的所有对象，选择菜单栏中的“编辑”→“创建群组”命令，将单个信箱创建为组，如图 16-27 所示。

步骤 22：选中其余信箱的表面，右击，在弹出的快捷菜单中选择“删除”命令，完成图 16-28 所示的绘制。

步骤 23：利用“移动”工具，完成图 16-29 所示的信箱的多重移动复制。

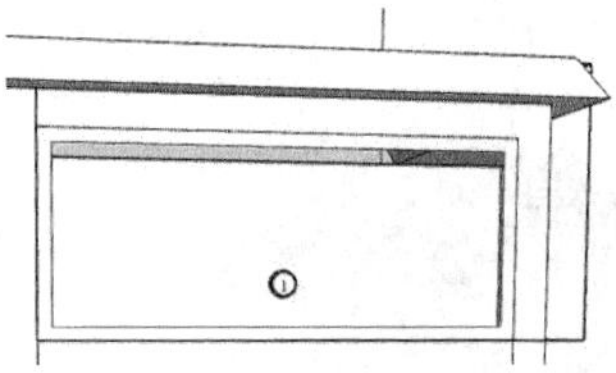

图 16-27　创建群组

图 16-28　删除面

图 16-29 多重移动复制

步骤 24：单击“三维文字”工具按钮，在打开的“放置三维文本”对话框中输入“职教中心 V-001”，并按照图 16-30 所示进行设置，单击“放置”按钮，将三维文字放置在信箱合适位置，如图 16-31 所示。用同样的方法完成信箱上所有三维文字的设置，如图 16-32 所示。

步骤 25：单击“材质”工具按钮，在右侧打开的“材料”属性管理面板中，给信箱添加一些漂亮的材质，最终效果如图 16-33 所示。检查细节，确认无误后保存文件。

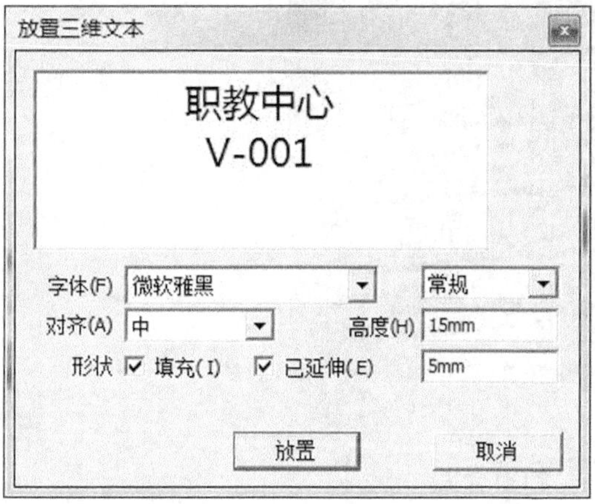

图 16-30　“放置三维文字”对话框

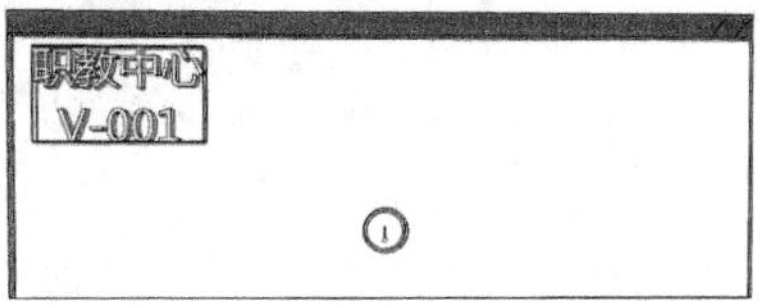

图 16-31　放置三维文字

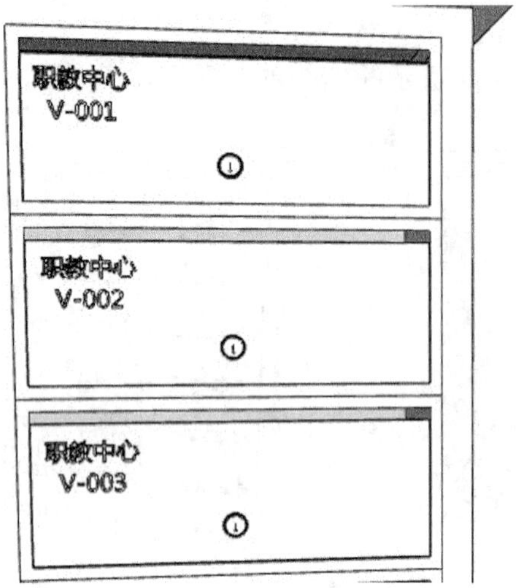

图 16-32　完成信箱三维文字设置

图 16-33　信箱效果图

习题演练场

根据图 16-34 所示的小区信箱模型，完成信箱绘制，尺寸自定。

图 16-34　小区信箱模型

第 17 课
绘制垃圾桶

技能关键点

- 掌握 SketchUp Pro 2017 “编辑” 工具栏中的 “路径跟随” 工具
- 掌握 SketchUp Pro 2017 “编辑” 工具栏中的 “旋转” 工具
- 掌握 SketchUp Pro 2017 “模型交错” 的使用技巧

知识加油站

模型交错

“模型交错”工具可以使模型相交面产生交线，从而创建一些复杂模型。启用“模型交错”，要先选中模型，右击，在弹出的如图 17-1 所示的快捷菜单中选择“交错平面”→“模型交错”命令。当交错模型存在多个相交几何体时，如果只需要其中某一部分交错，可以先选择目标模型，然后在快捷菜单中选择“交错平面”→“只对选择对象交错”命令，则只有选择的模型之间会产生交错。

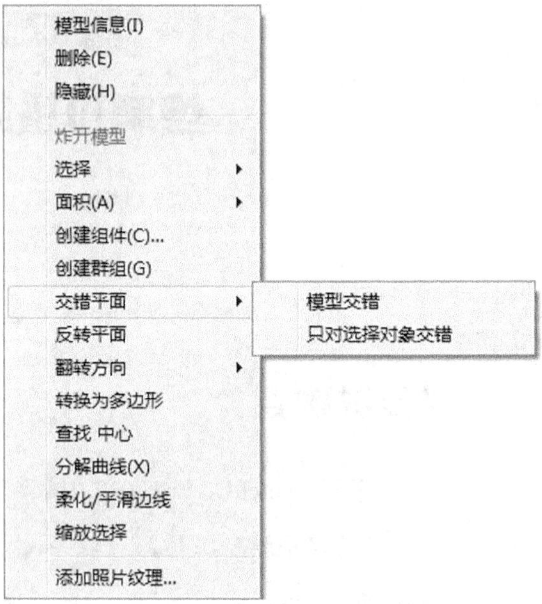

图 17-1　“交错平面”命令

例如，对图 17-2 所示的两个已经分别创建为群组的圆柱进行“模型交错”操作，然后将圆柱删除，就会得到两个圆柱交错生成的边线，如图 17-3 所示。

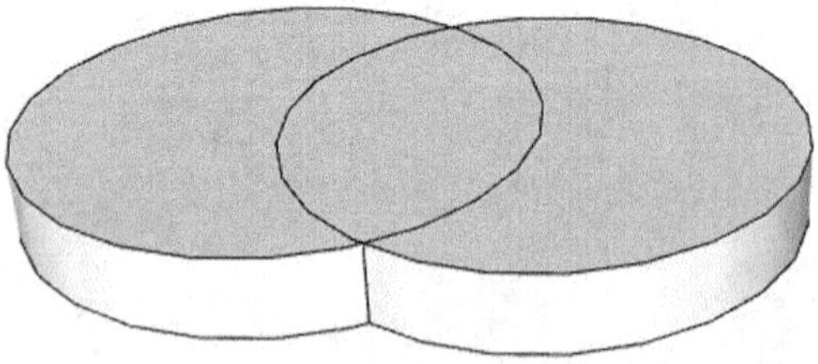

图 17-2　进行“模型交错”操作

图 17-3　生成交错边线

新手训练营

参考图 17-4 所示的垃圾桶模型，完成垃圾桶的三维建模绘制。

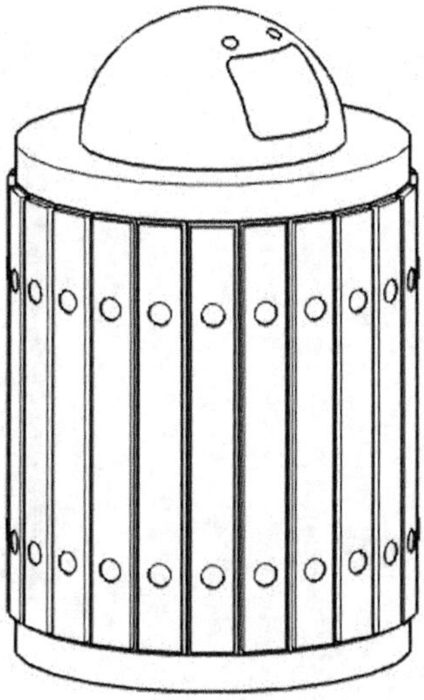

图 17-4 垃圾桶模型

步骤 1：启动 SketchUp Pro 2017 软件，在欢迎界面上单击“选择模板”按钮，在“模板”下拉列表中选择“室内和产品设计-毫米”选项，单击“开始使用 SketchUp”按钮，进入操作界面。

步骤 2：单击“形状/圆”工具按钮，移动光标至红绿轴交汇处，按住鼠标左键，向右上方移动光标，在右下角的“半径”文本框中输入“260”，然后同时按住【Ctrl】键和【+】或【-】键，更改右下角的“半径”文本框中显示的段数，直到显示为“24”，松开两键，并按【Enter】键结束操作，绘制图 17-5 所示的圆。

步骤 3：单击“推/拉”工具按钮，移动光标至圆内，按住鼠标左键不放，向上移动光标，在右下角的“距离”文本框中输入“50”，然后按【Enter】键，同时松开左键，绘制完成图 17-6 所示的圆柱。

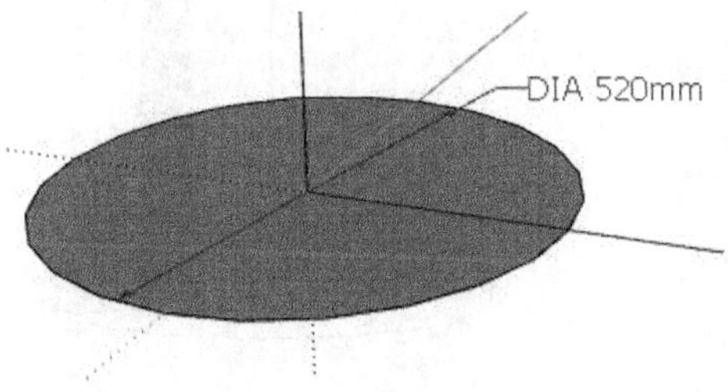

图 17-5 绘制圆

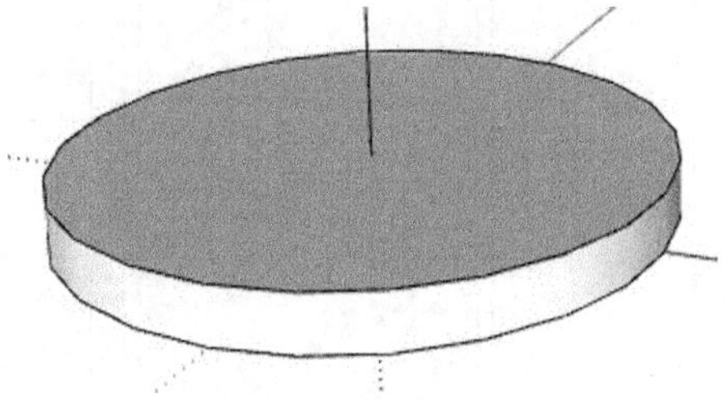

图 17-6 绘制圆柱

步骤4：单击“推/拉”工具按钮，根据图17-7所示的尺寸多次推拉绘制垃圾桶整体轮廓。

步骤5：选择图17-8所示的被分解曲线，右击，在弹出的快捷菜单中选择“分解曲线”命令。利用“直线”工具，捕捉分解形成的端点，进行面的分割。

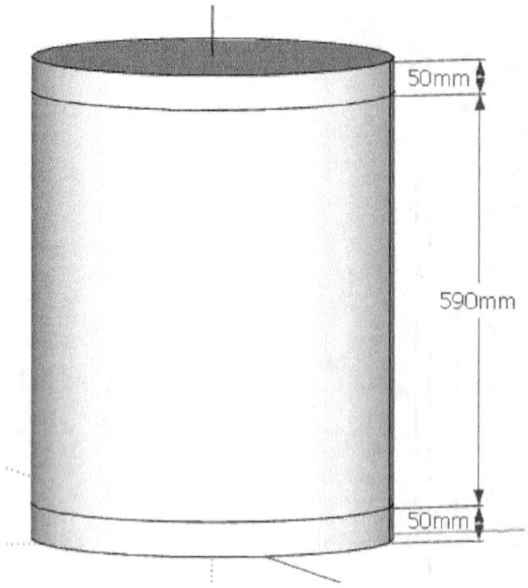

图17-7　绘制垃圾桶整体轮廓

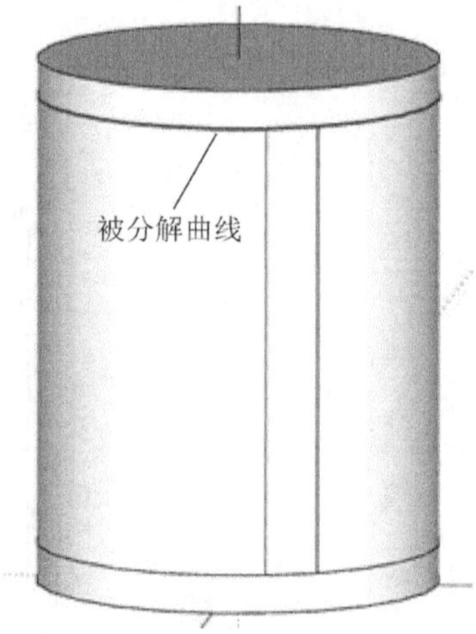

图17-8　创建分割面

步骤6：单击“偏移”工具按钮，在右下角的“距离”文本框中输入“5”，将选中的矩形向内偏移，如图17-9所示。利用“推/拉”工具，将偏移复制的矩形向外拉10mm，如图17-10所示。

步骤7：选中垃圾桶的其余表面，右击，在弹出的快捷菜单中选择“删除”命令。单击“材质”工具按钮，在右侧打开的“材料”属性管理面板中，给木板添加“饰面木板”材质，效果如图17-11所示。

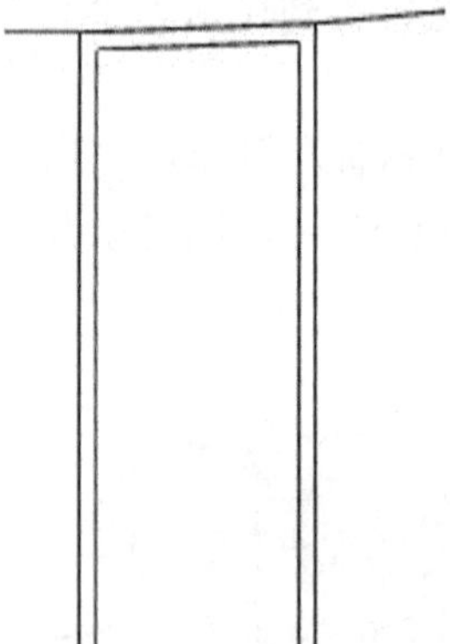

图17-9　偏移矩形

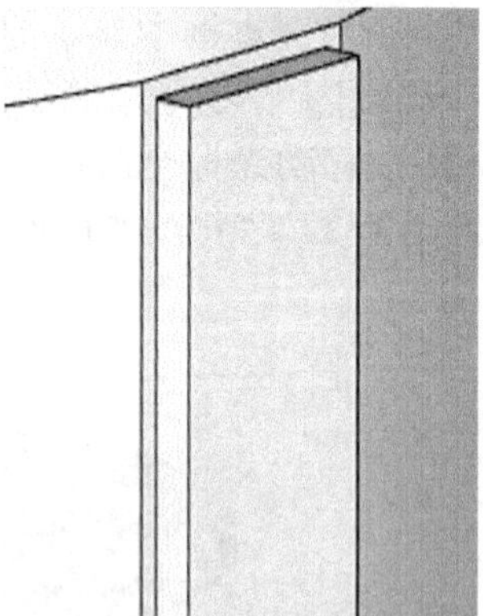

图17-10　拉矩形

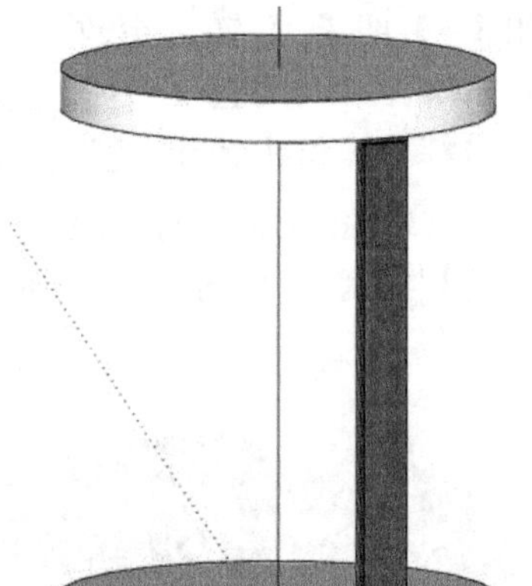

图17-11　删除其余面并赋予木板材质

步骤 8：利用“卷尺”工具和“形状/圆”工具绘制图 17-12 所示的圆。

步骤 9：利用“推/拉”工具，将步骤 8 绘制的两个圆向外拉 1mm。单击“材质”工具按钮，在右侧打开的“材料”属性管理面板中，给圆钉添加“带阳极铝的金属”材质，效果如图 17-13 所示。

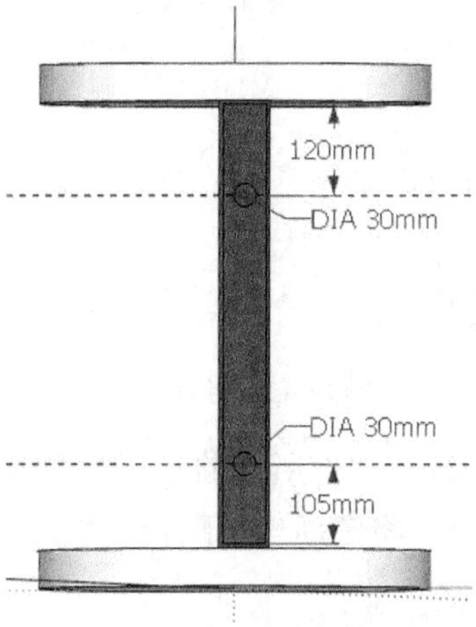

图 17-12 绘制圆

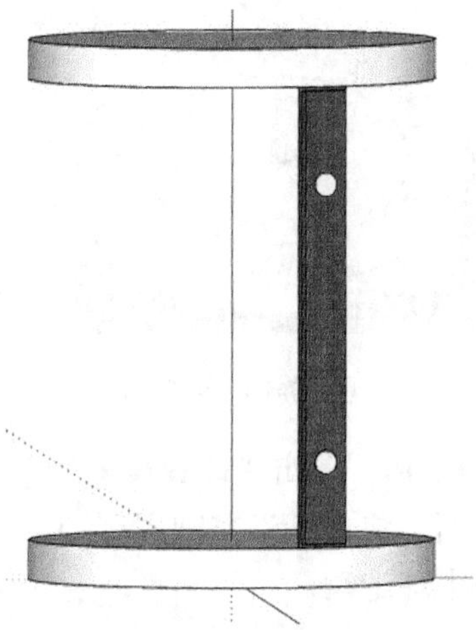

图 17-13 赋予圆钉材质

步骤 10：单击“选择”工具按钮，同时按住【Ctrl】键，选中木板和圆钉，选择菜单栏中的“编辑”→“创建群组”命令，将其创建为组，如图 17-14 所示。

步骤 11：单击“旋转”工具按钮，选中木板群组，将顶面的圆心作为旋转中心，设置顶面为旋转平面，选择木板的上边中点为旋转起始点，在右下角的“角度”文本框中输入旋转角度“15”（360÷24=15），按【Enter】键，然后再次在右下角的“角度”文本框中输入“*23”，按【Enter】键，完成图 17-15 所示的木板多重旋转复制。

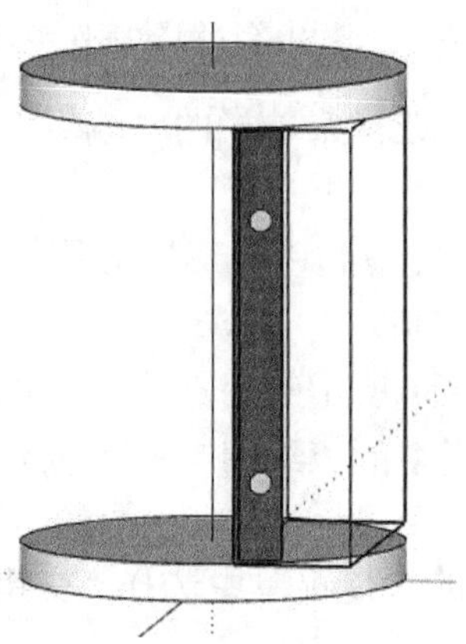

图 17-14 创建群组

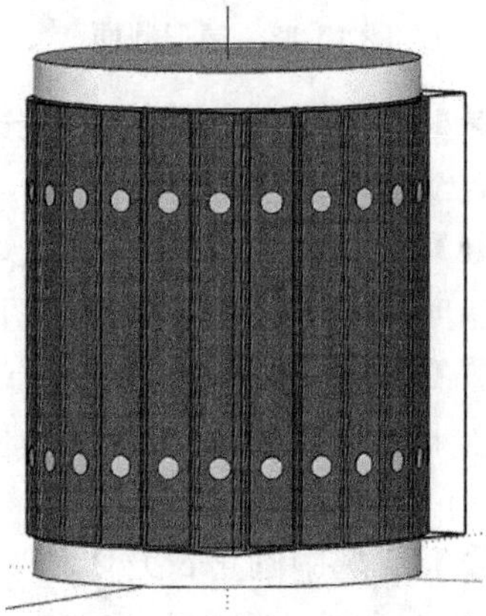

图 17-15 木板多重旋转复制

步骤 12：利用“形状/圆”工具，在垃圾桶顶面绘制直径为 350mm 的圆，如图 17-16 所示。

步骤 13：单击"扇形"工具按钮，以顶面中心为扇形的圆心，按【→】键，将绘图方向锁定为红色，捕捉圆周上的点为第一个圆弧点，然后在绘图平面内逆时针移动光标，捕捉蓝轴上的点，到出现"四分之一圆"时单击，绘制完成图 17-17 所示的扇形。

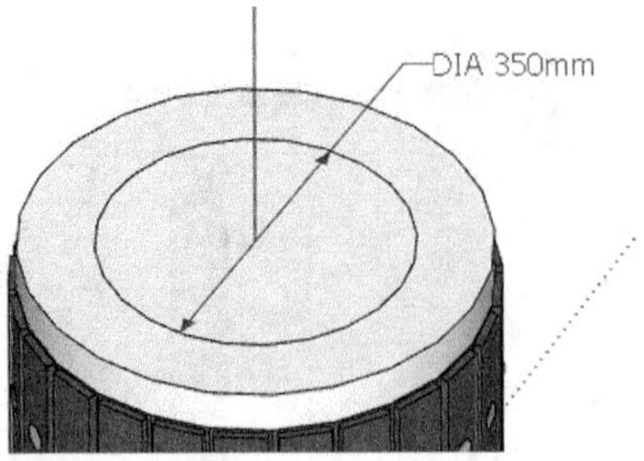

图 17-16　绘制圆

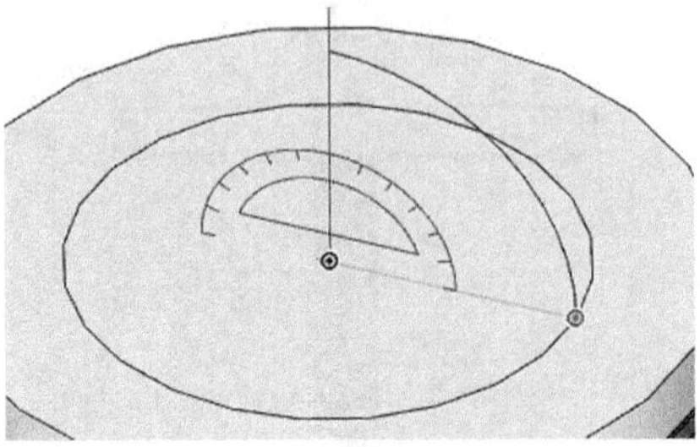

图 17-17　绘制扇形

步骤 14：单击"路径跟随"工具按钮，选择图 17-18 所示的扇形截面作为要挤压的平面，将光标沿着圆周移动，同时按住【Alt】键，将圆周作为路径，生成图 17-19 所示的半球造型。

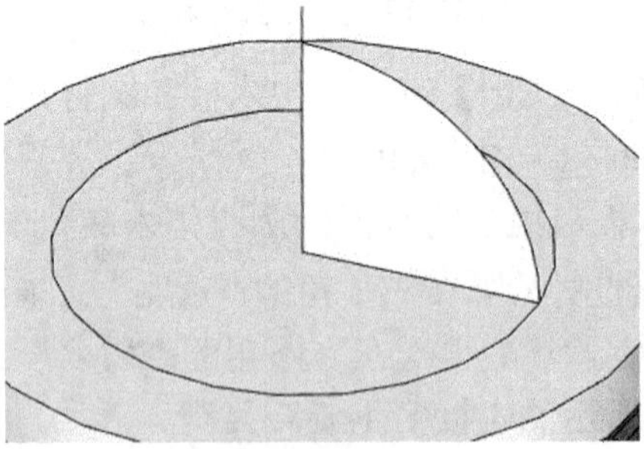

图 17-18　扇形截面

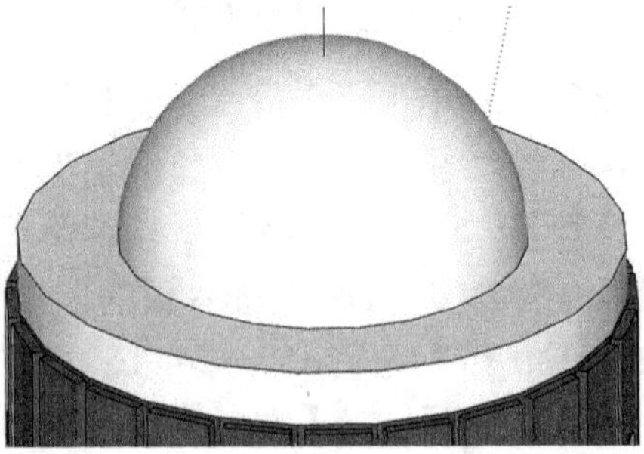

图 17-19　使用路径跟随制作半球造型

步骤 15：单击"选择"工具按钮，选中半球，选择菜单栏的"编辑"→"创建群组"命令，将其创建为组。

步骤 16：利用"卷尺"工具、"形状/矩形"工具和"扇形"工具，在垂直于垃圾桶顶面的绘图平面上绘制图 17-20 所示的圆角矩形。

步骤 17：将圆角矩形向半球方向推拉，形成图 17-21 所示的相贯关系。单击"选择"工具按钮，选中推拉后的圆角长方体，选择菜单栏中的"编辑"→"创建群组"命令，将其创建为组。

步骤 18：选中圆角长方体和半球，右击，在弹出的快捷菜单中选择"交错平面"→"模型交错"命令，生成图 17-22 所示的交线。

步骤 19：单击圆角长方体，在弹出的快捷菜单中选择"删除"命令，生成图 17-23 所示的效果。

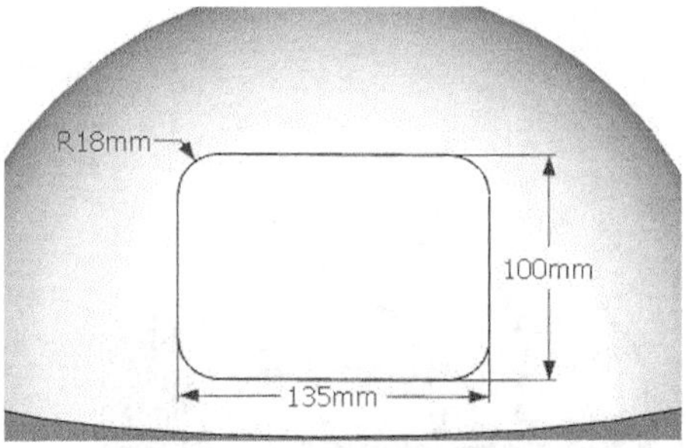

图 17-20　绘制圆角矩形

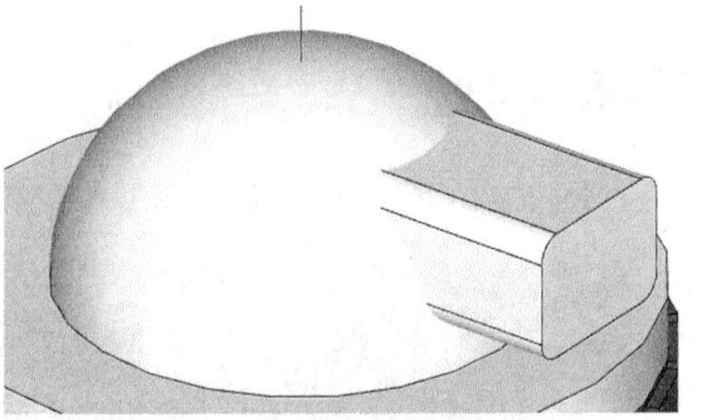

图 17-21　推拉圆角矩形

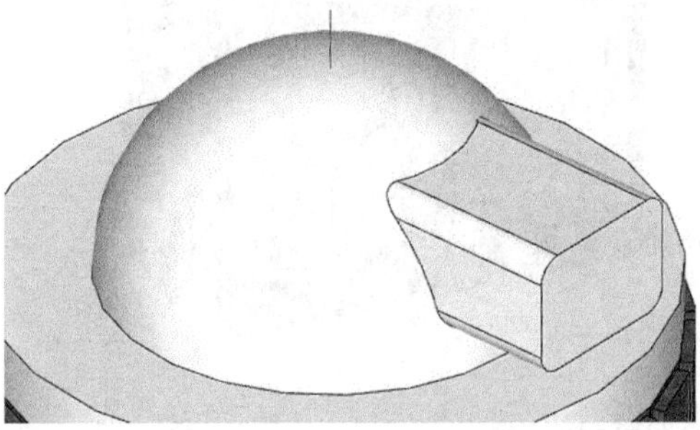

图 17-22　模型交错

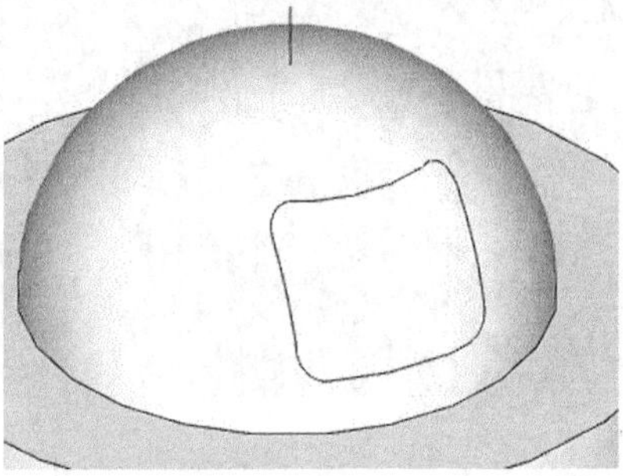

图 17-23　删除圆角长方体

步骤 20： 利用“形状/圆”工具，在垃圾桶顶面绘制直径为 20mm 的圆。利用“推/拉”工具，将两个圆向外拉 1mm。单击“材质”工具按钮，在右侧打开的“材料”属性管理面板中，给圆钉添加“带阳极铝的金属”材质，效果如图 17-24 所示。

步骤 21： 垃圾桶的最终效果如图 17-25 所示。检查细节，确认无误后保存文件。

17

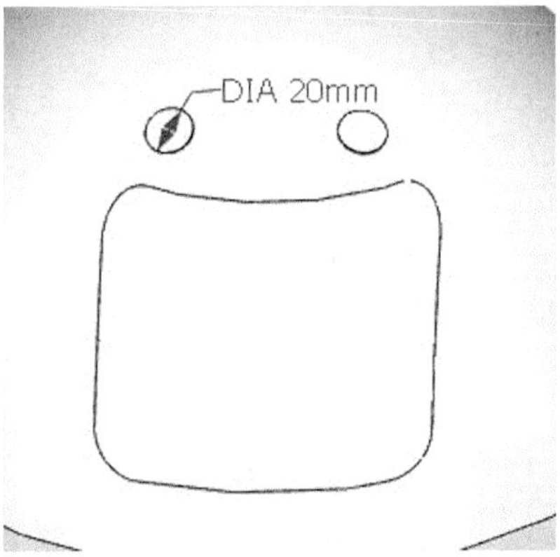

图 17-24　赋予圆钉材质

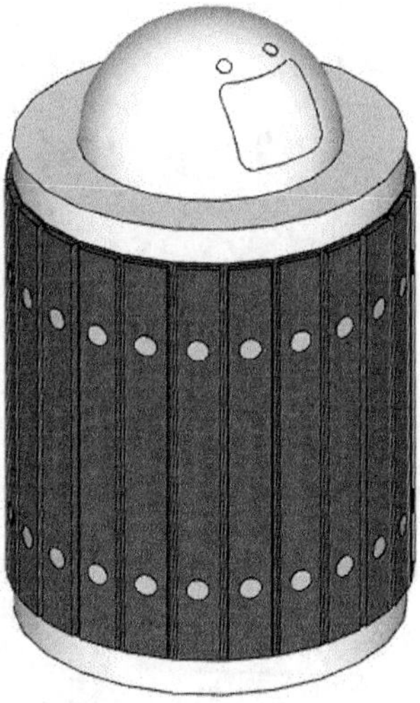

图 17-25　垃圾桶效果图

习题演练场

在图 17-26 所示的垃圾桶模型中的任选其一进行绘制，尺寸自定。

图 17-26　垃圾桶模型

第 18 课

绘制木制酒架

技能关键点

- 能综合应用 SketchUp Pro 2017“绘图”工具绘制图形
- 熟悉 SketchUp Pro 2017“实体工具”运算工具的使用

知识加油站

实体工具

SketchUp Pro 2017 可以利用“实体工具”对实体进行快速编辑，常用的是“相交”“联合”和“减去”3 个布尔运算。在工具栏的空白区域右击，在弹出的快捷菜单中勾选“实体工具”复选按钮，即可打开图 18-1 所示的“实体工具”工具栏。

图 18-1 “实体工具”工具栏

1. “相交”运算

“相交”运算可以快速地获取实体间相交部分的模型。如图 18-2 所示，创建两个相交的圆柱几何模型，并各自创建为群组。单击“实体工具”→“相交”工具按钮，单击两个圆柱体，即可获得两个圆柱体相交部分的模型，同时实体的其余部分将被删除，如图 18-3 所示。

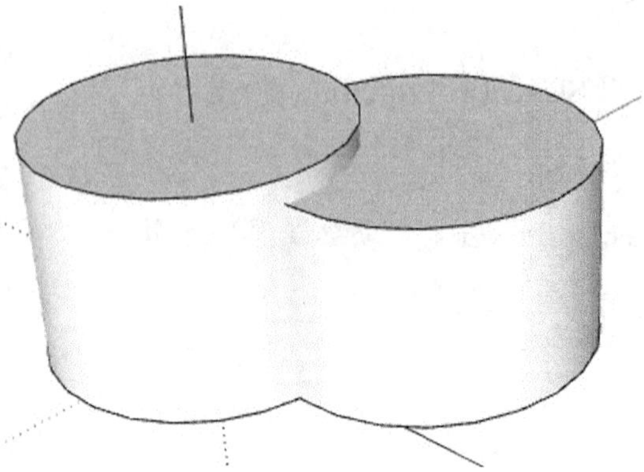

图 18-2 创建两个相交实体

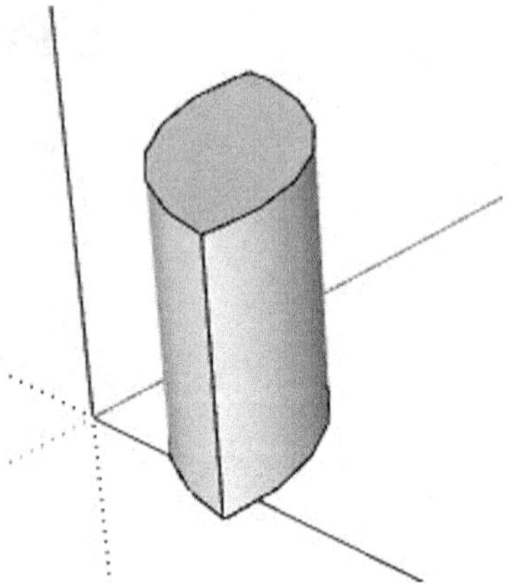

图 18-3 进行“相交”运算

2. “联合”运算

“联合”运算可以将多个单独的实体合并成一个实体，并保留内部空隙。如图 18-4 所示，创建两个圆柱的几何模型，并各自创建为群组。单击“实体工具”→“联合”工具按钮，单击两个圆柱，即可将两个圆柱合并成一个实体，如图 18-5 所示。

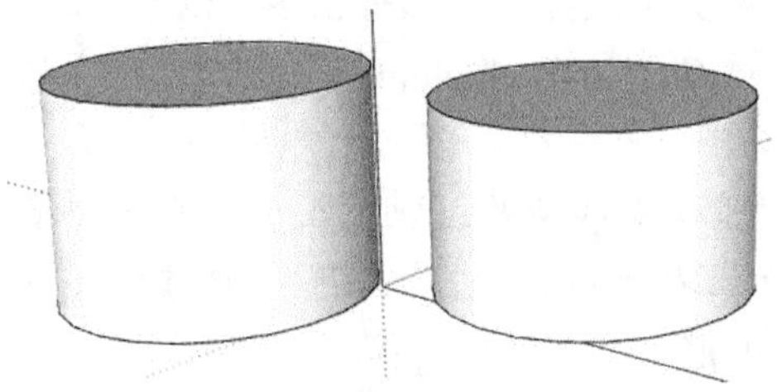

图 18-4　创建两个圆柱

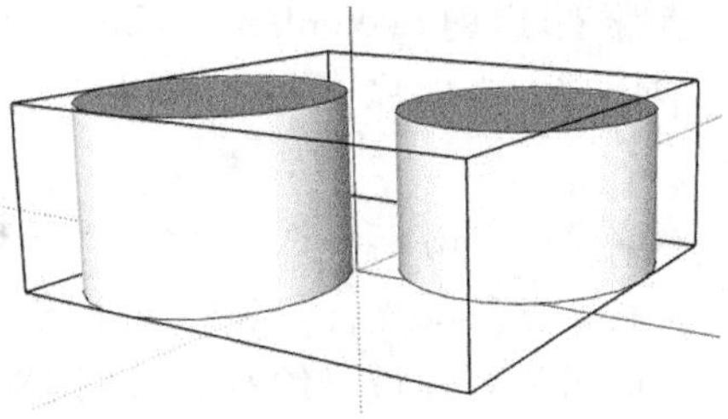

图 18-5　进行“联合”运算

3. “减去”运算

“减去”运算用于将第 2 个实体减去第 1 个实体，并仅将结果保留在模型中。如图 18-2 所示，创建两个相交的圆柱几何模型，并各自创建为群组。单击“实体工具”→“减去”工具按钮，先单击右边的圆柱，再单击左边的圆柱，得到图 18-6 所示的模型。如果先单击左边的圆柱体，再单击右边的圆柱，将得到图 18-7 所示的模型。

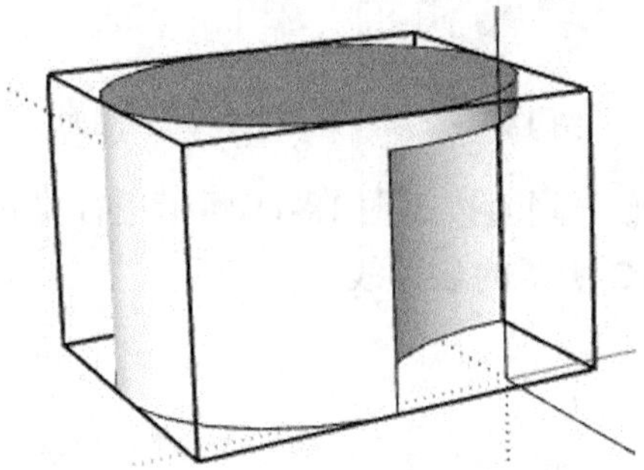

图 18-6　进行“减去”运算结果一

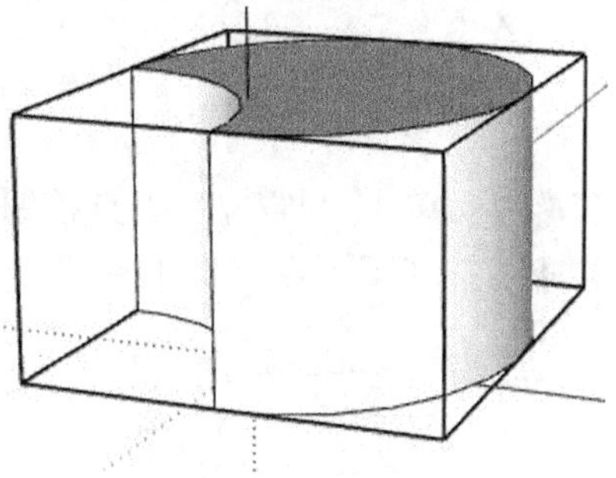

图 18-7　进行“减去”运算结果二

新手训练营

参考图 18-8 所示的木制酒架模型，完成木制酒架的三维建模绘制。

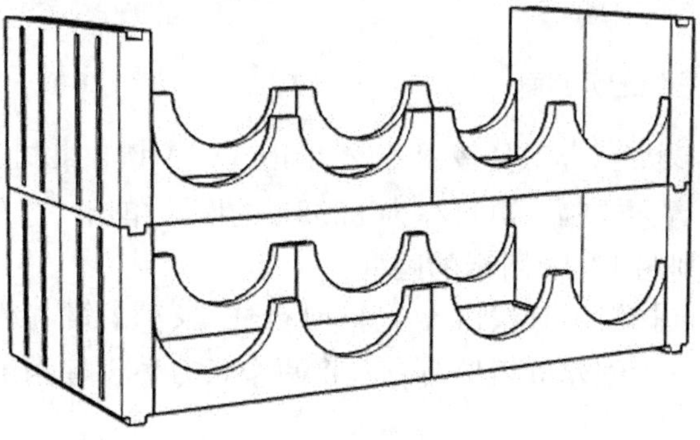

图 18-8　木制酒架模型

步骤 1：启动 SketchUp Pro 2017 软件，在欢迎界面上单击“选择模板”按钮，在“模板”下拉列表中选择“木工-毫米”选项，单击“开始使用 SketchUp”按钮，进入操作界面。

步骤 2：单击“形状/矩形”工具按钮，移动光标至蓝红轴交汇处，按住鼠标左键，向右上方移动光标，在右下角的“尺寸”文本框中输入“210，65”，按【Enter】键结束，同时松开左键，绘制完成图 18-9 所示的矩形。

步骤 3：单击“推/拉”工具按钮，将矩形向后推 10mm。利用“卷尺”工具和“直线”工具，绘制图 18-10 所示的矩形分割面。

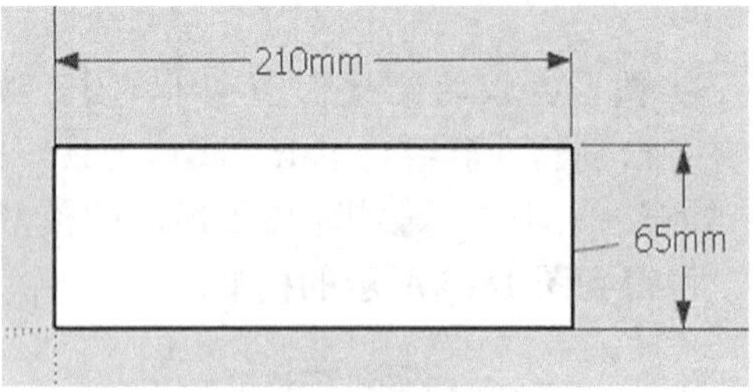

图 18-9　绘制矩形

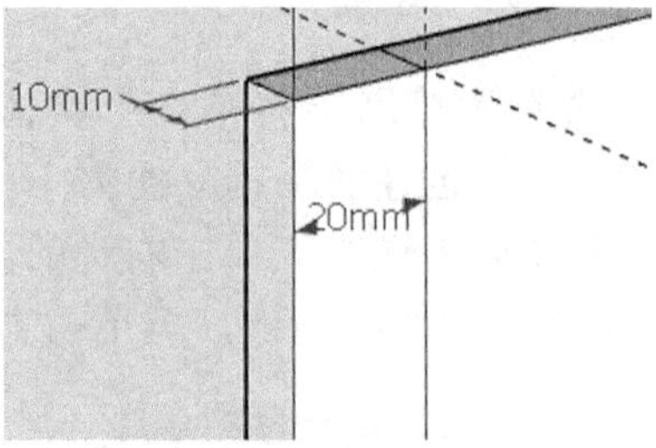

图 18-10　推拉矩形并绘制分割面

步骤 4：单击“推/拉”工具按钮，将矩形分割面按照图 18-11 所示进行推拉。

步骤 5：利用“卷尺”工具，创建图 18-12 所示的参考线。

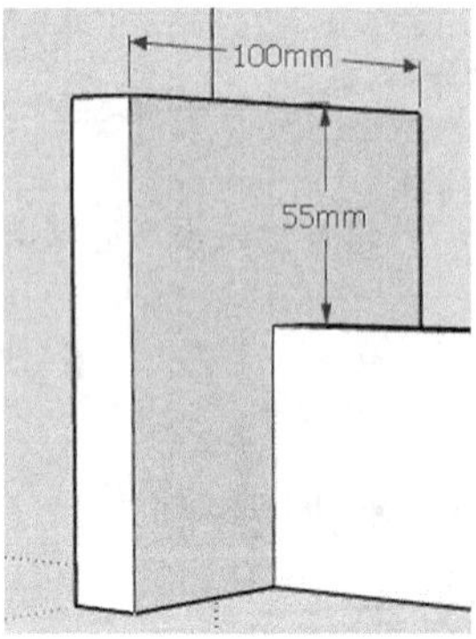

图 18-11　推拉矩形分割面

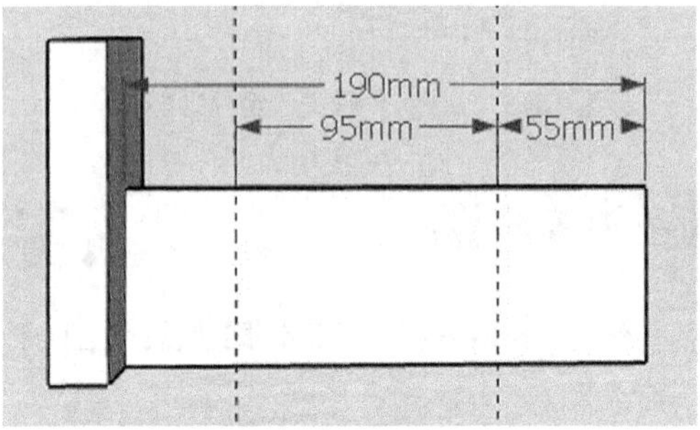

图 18-12　创建参考线

步骤 6：单击“形状/圆”工具按钮，单击【←】键，此时光标的圆周变成绿色，在绘图区域的空白位置，绘制一个直径为 80mm 的圆。单击“推/拉”工具按钮，将圆向后推 50mm，绘制图 18-13 所示的圆柱。

步骤 7：单击“选择”工具按钮，同时按住【Ctrl】键，选中长方体对象，选择菜单栏中的“编辑”→“创建群组”命令，将两个长方体创建为组。用同样的方法，将圆柱创建为组。

步骤 8：利用“移动”工具，将圆柱移动复制到图 18-14 所示的位置。

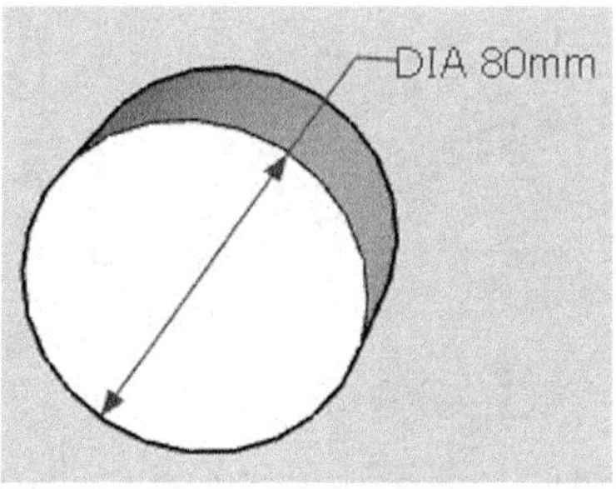

图 18-13 绘制圆柱

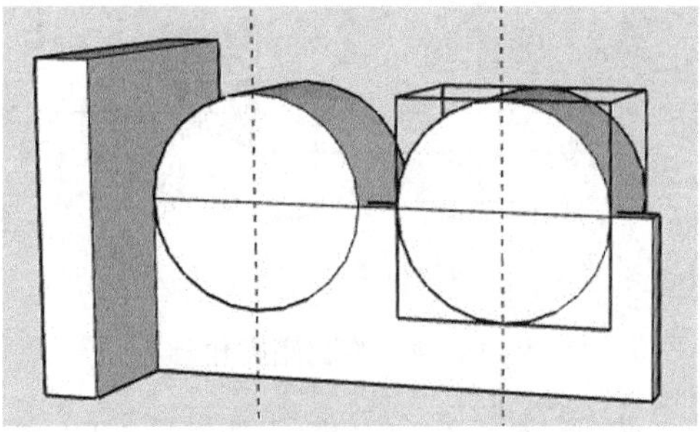

图 18-14 移动复制圆柱

步骤 9：单击“实体工具”→“减去”工具按钮，先单击圆柱，再单击长方体群组，得到图 18-15 所示的模型。再次单击另一个圆柱，再单击长方体群组，得到图 18-16 所示的模型。

步骤 10：单击“选择”工具按钮，选中步骤 9 生成的模型，右击，在弹出的快捷菜单中选择“炸开模型”命令。

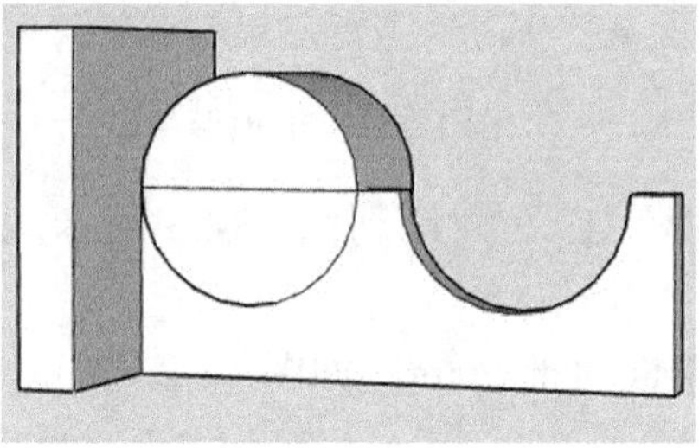

图 18-15 进行“减去”运算

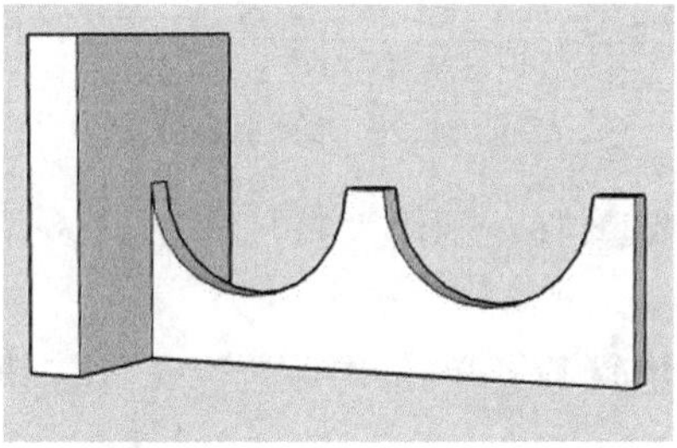

图 18-16 “减去”运算效果

步骤 11：利用“卷尺”工具和“直线”工具绘制图 18-17 所示的凹槽轮廓。

步骤 12：单击“推/拉”工具按钮，将凹槽按照图 18-18 所示推到后面，形成贯穿效果。

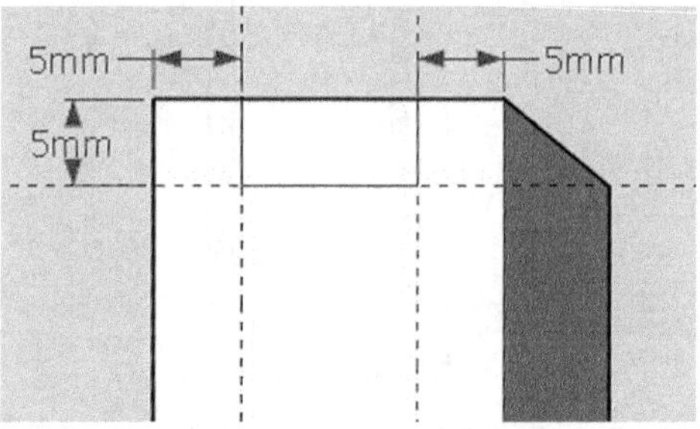

图 18-17 绘制凹槽轮廓

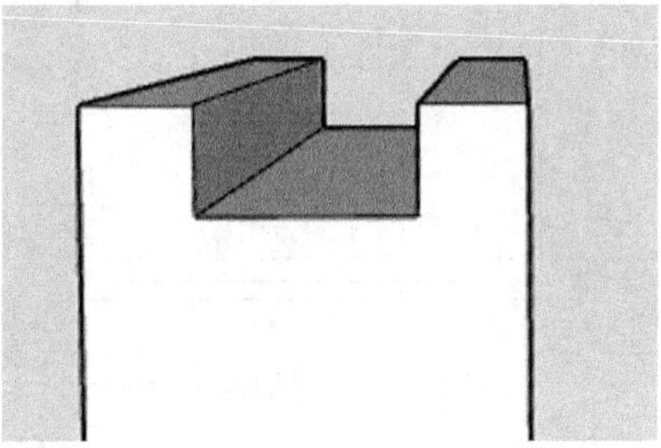

图 18-18 推凹槽

步骤 13：利用“卷尺”工具和“直线”工具绘制图 18-19 所示的底脚轮廓。

步骤 14：单击“推/拉”工具按钮，将绘制的轮廓按照图 18-20 所示推到后面，形成贯穿效果。

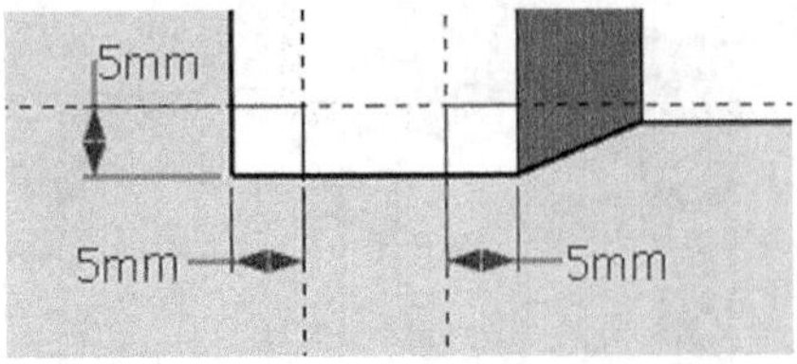

图 18-19 绘制底脚轮廓

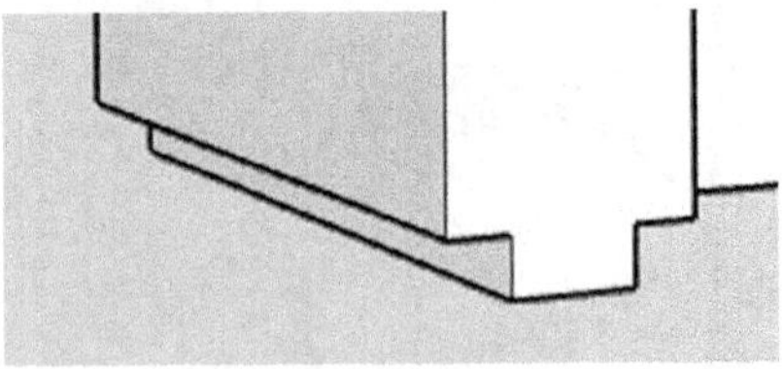

图 18-20 推轮廓

步骤 15：单击“直线”工具按钮，捕捉点绘制图 18-21 所示的直线。单击“推/拉”工具按钮，将底部矩形按照图 18-22 所示推到后面，形成贯穿效果。

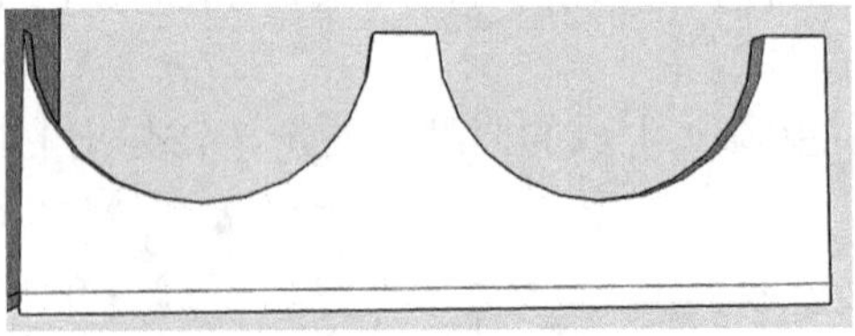

图 18-21 绘制直线

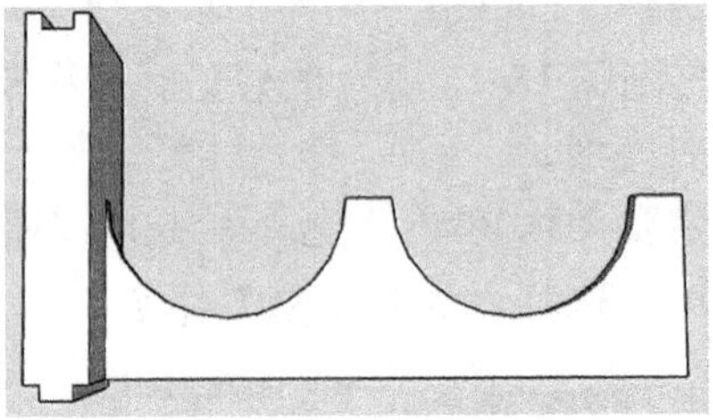

图 18-22 推矩形

步骤 16：利用“卷尺”工具和“形状/矩形”工具绘制图 18-23 所示的侧面轮廓。

步骤 17：单击“推/拉”工具按钮，将矩形向内推 5mm，如图 18-24 所示。

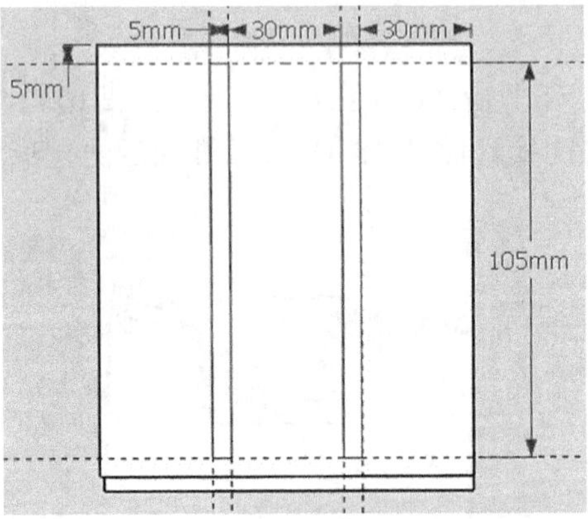

图 18-23 绘制侧面轮廓

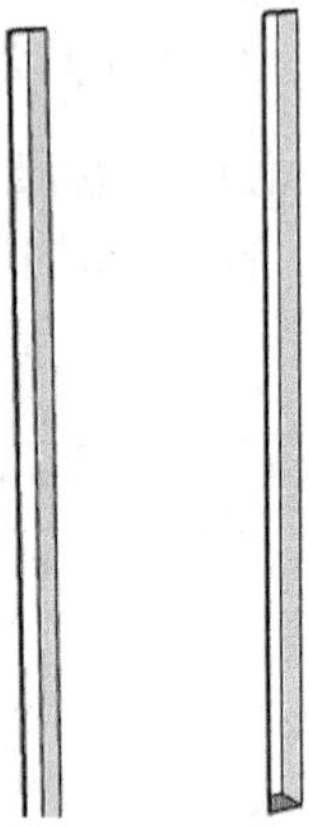

图 18-24 推矩形

步骤 18：选中有两个半圆缺口的木板，将其创建为群组。利用“移动”工具，将木板群组移动到图 18-25 所示的位置。再次利用“移动”工具，将整个模型移动复制到图 18-26 所示的位置。

步骤 19：利用“移动”工具，将木板群组移动到图 18-27 所示的位置。再次利用“移动”工具，将整个模型移动复制到图 18-28 所示的位置。

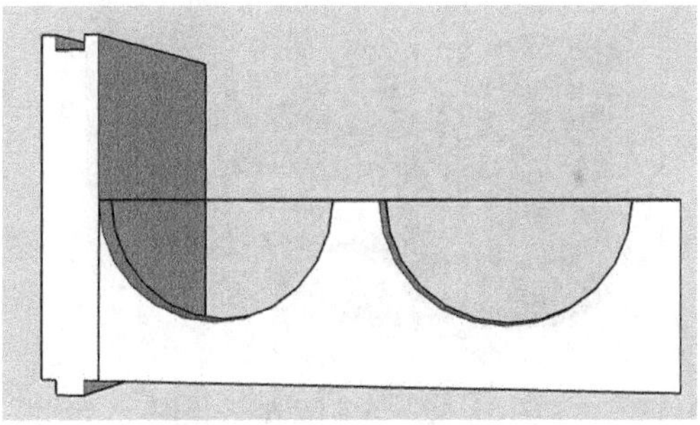

图 18-25　移动对象（一）

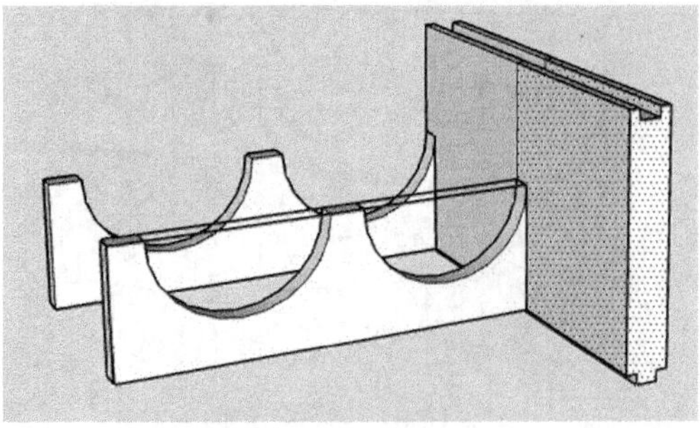

图 18-26　移动复制（一）

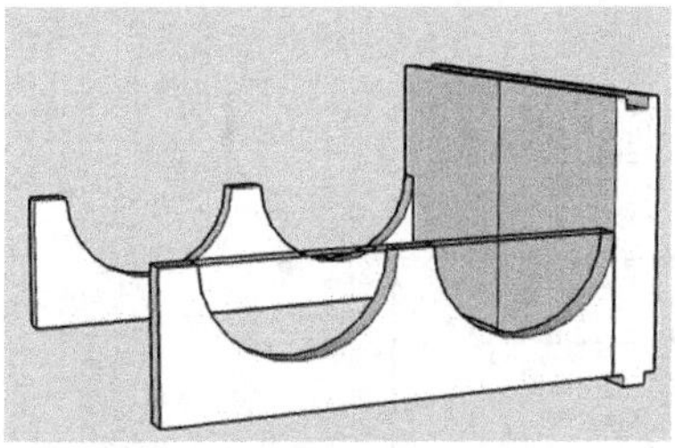

图 18-27　移动对象（二）

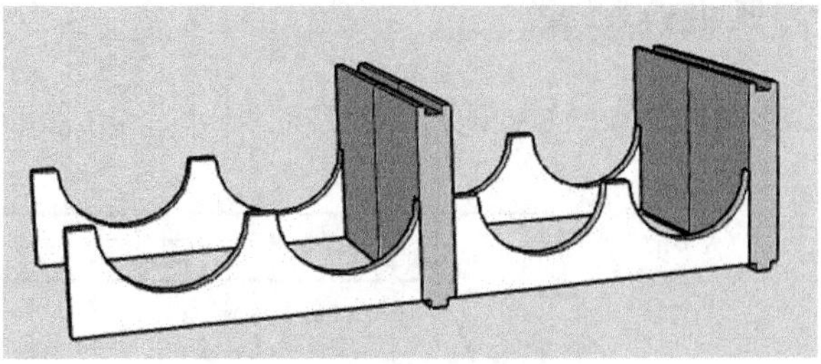

图 18-28　移动复制（二）

步骤 20：选中移动复制后的模型，右击，在弹出的图 18-29 所示的快捷菜单中，选择“翻转方向”→“组的红轴”命令，将模型沿着指定轴翻转方向，效果如图 18-30 所示。

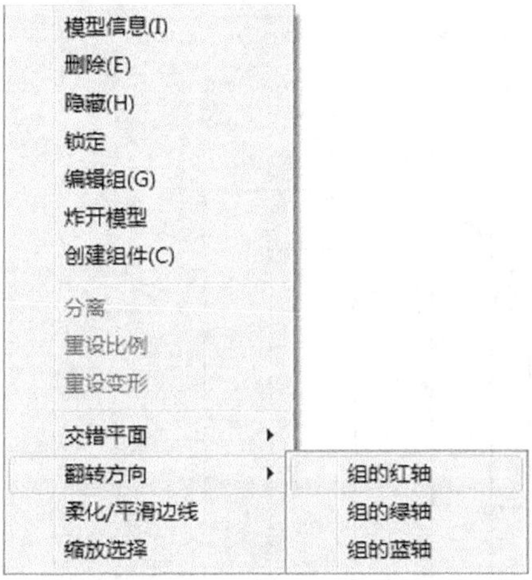

图 18-29　“翻转方向”命令

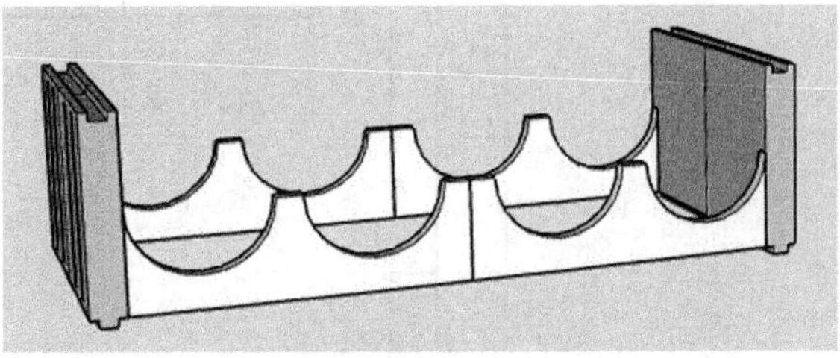

图 18-30　执行“翻转方向”命令后的效果

步骤 21：利用“移动”工具，将整个模型移动复制到图 18-31 所示的位置（注意底脚要放进凹槽里面）。

步骤 22：单击“材质”工具按钮，在右侧打开的“材料”属性管理面板中，给酒架添加“木质纹”→“原色樱桃木”材质，效果如图 18-32 所示。检查细节，确认无误后保存文件。

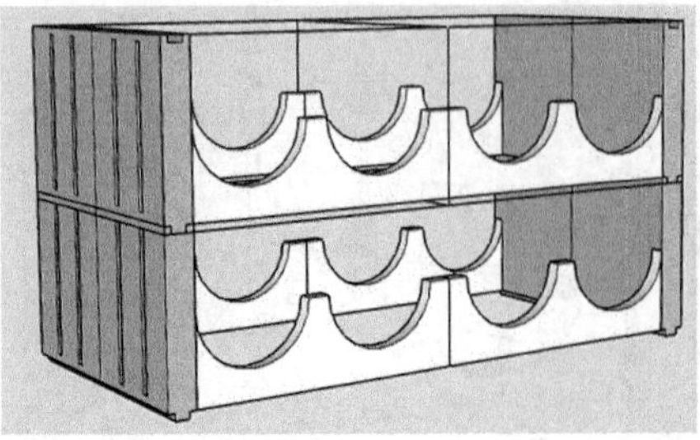

图 18-31　移动复制

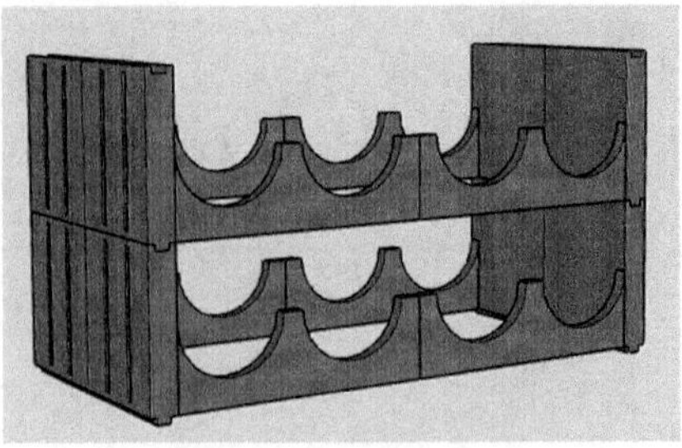

图 18-32　木制酒架效果图

习题演练场

根据图 18-33 所示的烟灰缸尺寸，完成烟灰缸模型的绘制。

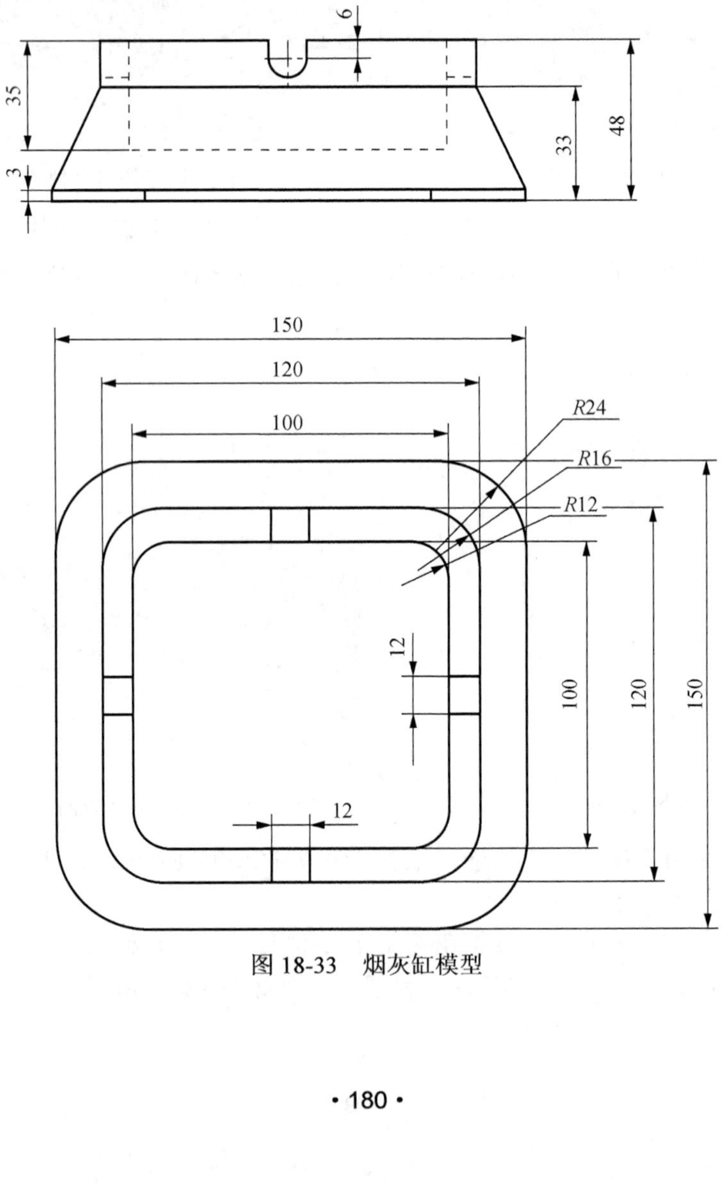

图 18-33　烟灰缸模型

第 19 课

绘制户外遮阳伞

技能关键点

- 熟练运用 SketchUp Pro 2017 常用绘图工具
- 熟练运用 SketchUp Pro 2017 常用编辑工具
- 掌握 SketchUp Pro 2017“建筑施工”工具栏的“坐标轴”工具

知识加油站

坐标轴工具

SketchUp Pro 2017 通过“坐标轴”工具进行位置的参照，自定义坐标轴以方便绘图。调用“轴”工具有两种方法：第一种是选择菜单栏中的“工具”→“坐标轴”命令，如图 19-1 所示；第二种是单击“建筑施工”工具栏的“坐标轴”工具按钮，如图 19-2 所示。

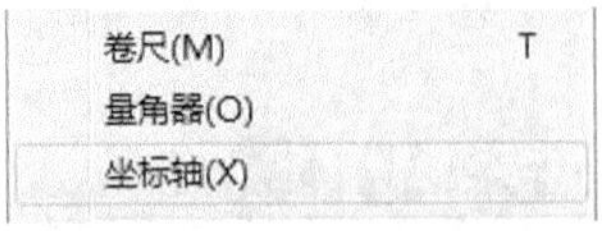

图 19-1 “工具”下拉菜单

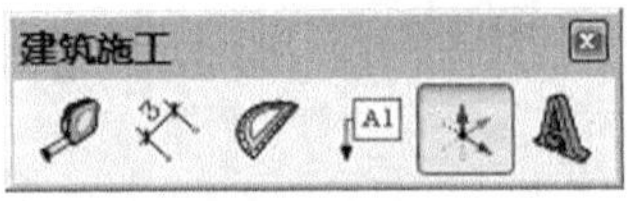

图 19-2 “建筑施工”工具栏

启用“坐标轴”工具，光标会变成，移动鼠标将其放置于目标位置，单击确定新的坐标原点位置，然后选择红色轴线方向，再选择绿色轴线方向，系统自动确定蓝色轴线方向。如图 19-3 所示的长方体，重新设置坐标轴后，如图 19-4 所示。

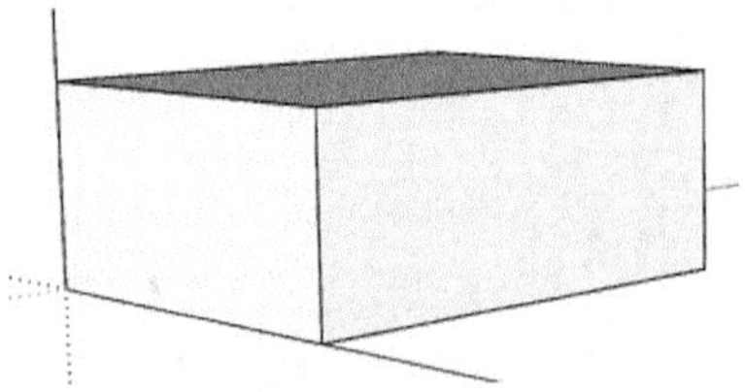

图 19-3 原坐标轴

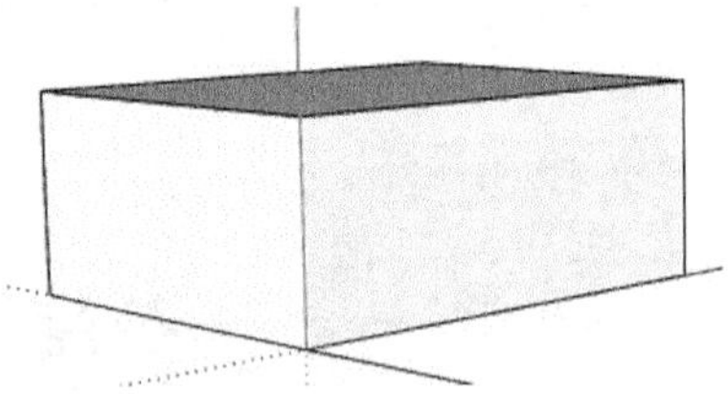

图 19-4 新坐标轴

新手训练营

参考图 19-5 所示的户外遮阳伞模型，完成户外遮阳伞的三维建模绘制。

图 19-5 户外遮阳伞模型

步骤1：启动 SketchUp Pro 2017 软件，在欢迎界面上单击“选择模板”按钮，在“模板”下拉列表中选择“室内和产品设计-毫米”选项，单击“开始使用 SketchUp”按钮，进入操作界面。

步骤2：单击“形状/矩形”工具按钮，移动光标至红绿轴交汇处，按住鼠标左键，向右上方移动光标，在右下角的“尺寸”文本框中输入“450，450”，按【Enter】键结束，同时松开左键，绘制完成图19-6所示的矩形。

步骤3：利用“卷尺”工具和“扇形”工具，绘制图19-7所示矩形的圆角。单击“擦除”工具按钮，擦除多余线条。

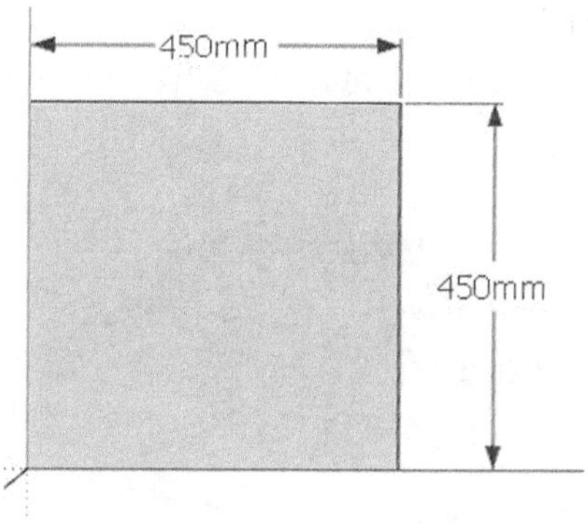

图19-6　绘制矩形

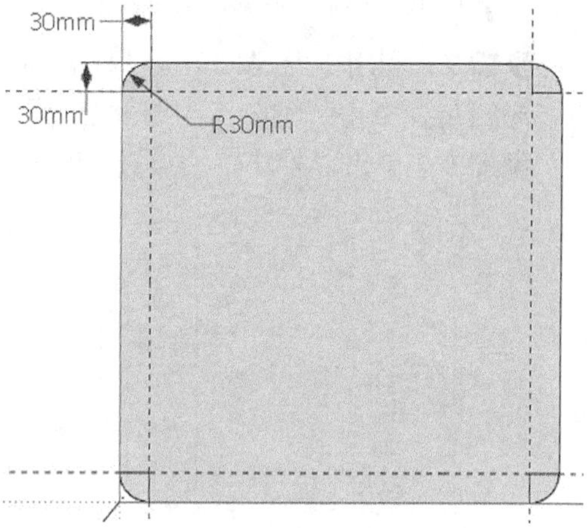

图19-7　绘制矩形圆角

步骤4：单击“推/拉”工具按钮，将圆角矩形向上拉100mm，如图19-8所示。再次单击“推/拉”工具按钮，同时按住【Ctrl】键，将圆角矩形再向上拉50mm，如图19-9所示。

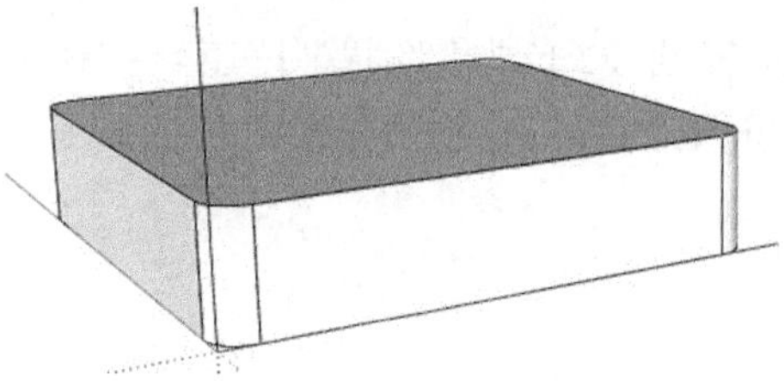

图19-8　第一次拉圆角矩形

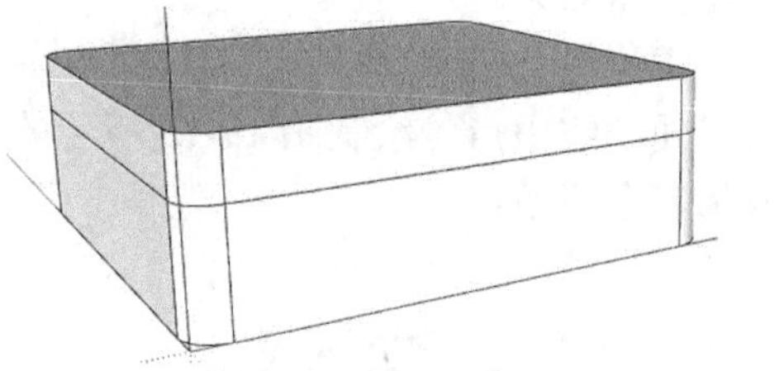

图19-9　第二次拉圆角矩形

步骤5：单击“缩放”工具按钮，选中图19-10所示长方体顶面，同时按住【Ctrl】键，向内拖动红色角点，直到右下角“数值”文本框中的数字变为“0.60”，松开左键，制作倒角效果。

步骤6：单击“偏移”工具按钮，在右下角的“距离”文本框中输入“20”，将选中的圆角矩形向内偏移，如图19-11所示。

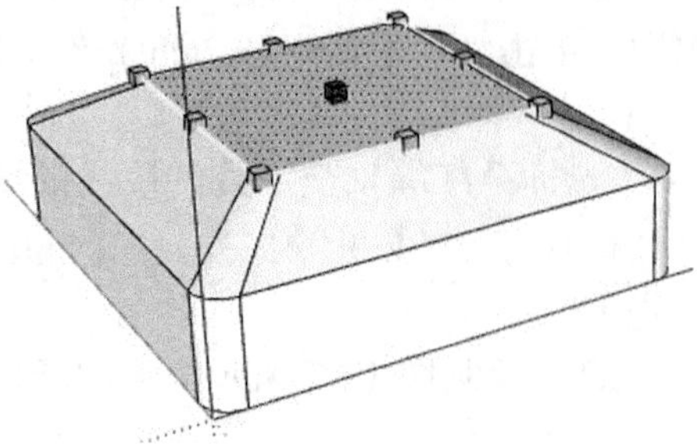

图 19-10　利用缩放制作倒角效果

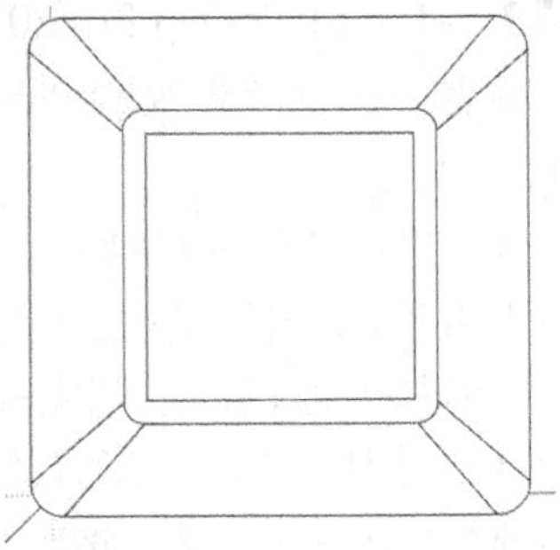

图 19-11　移动复制圆角矩形

步骤 7：利用“卷尺”工具和“扇形”工具，绘制图 19-12 所示半径为 10mm 的矩形圆角。单击“擦除”工具按钮，擦除多余线条。

步骤 8：单击“推/拉”工具按钮，将圆角矩形向上拉 50mm，如图 19-13 所示。

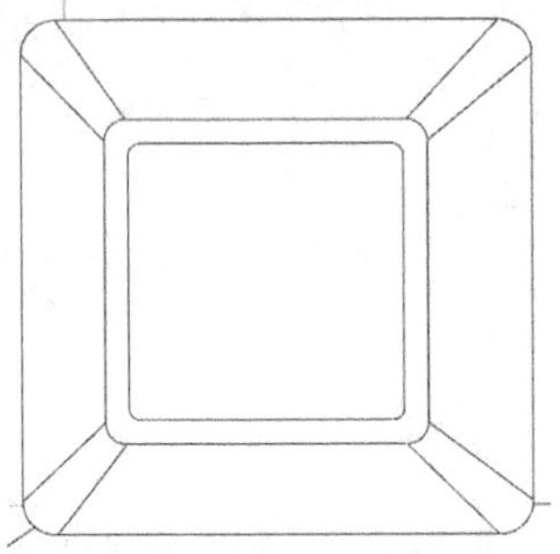

图 19-12　绘制矩形圆角

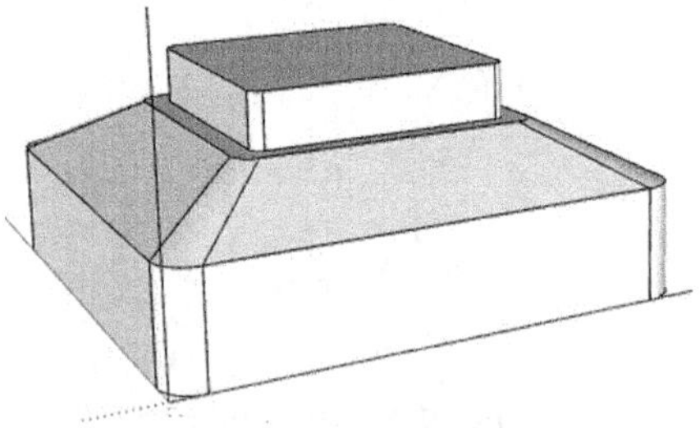

图 19-13　拉圆角矩形

步骤 9：单击“缩放”工具按钮，选中图 19-14 所示长方体顶面，同时按住【Ctrl】键，向内拖动红色角点，直到右下角“数值”文本框中的数字变为“0.60”，松开左键，制作倒角效果。

19

步骤 10：利用“直线”工具捕捉中点，绘制辅助线。单击“形状/圆”工具按钮，捕捉辅助线中点，绘制图 19-15 所示的直径为 60mm 的圆。单击“擦除”工具按钮，擦除多余线条。

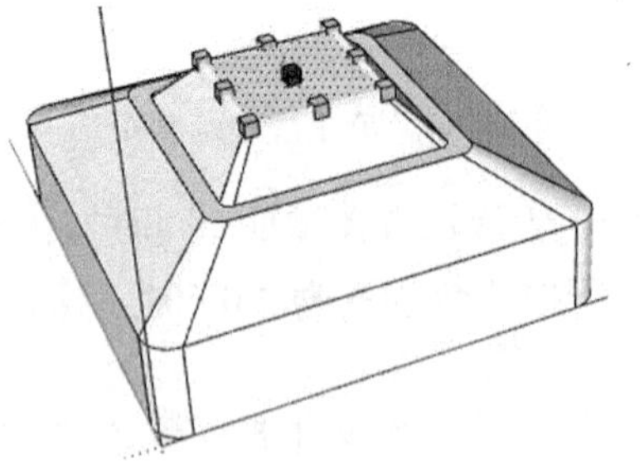

图 19-14　利用缩放制作倒角效果

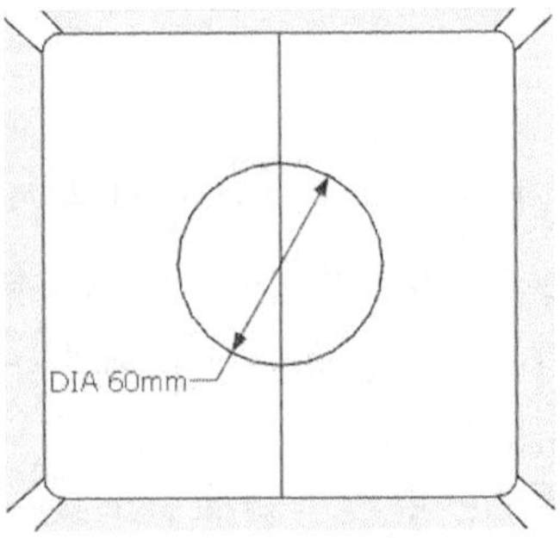

图 19-15　绘制圆

步骤 11：单击“推/拉”工具按钮，将圆向上拉 30，如图 19-16 所示。

步骤 12：单击“偏移”工具按钮，在右下角的“距离”文本框中输入“5”，将选中的圆柱顶面轮廓向内偏移。单击“推/拉”工具按钮，将偏移复制后的圆向上拉 1200mm，如图 19-17 所示。

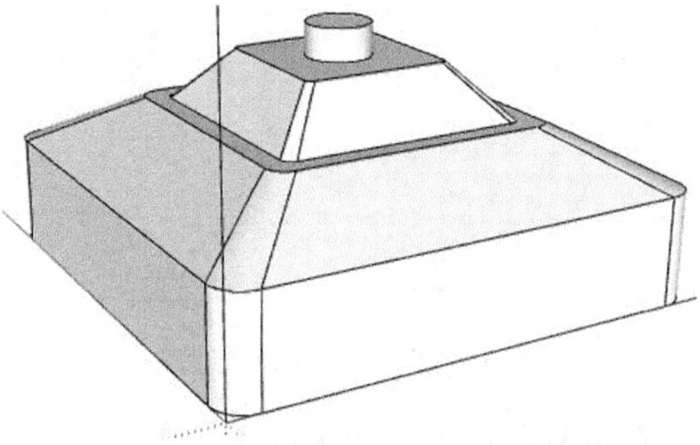

图 19-16 拉圆

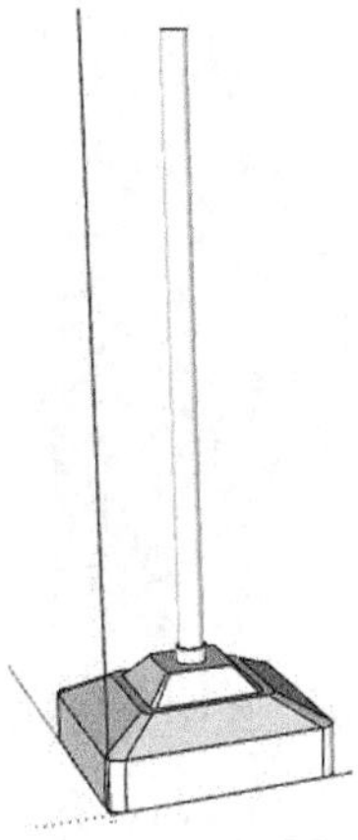

图 19-17 拉偏移复制圆

步骤 13：单击“形状/多边形”工具按钮，在右下角的“边数”文本框中输入“8”，捕捉圆心作为多边形的中心，捕捉圆周上的点确定半径，为了后面制作图形方便，半径方向与红轴保持平行，如图 19-18 所示。

步骤 14：单击“推/拉”工具按钮，将八边形向上拉 100mm，将八边形内部的圆向上拉 500mm，如图 19-19 所示。

步骤 15：利用“移动”工具将推拉后的八边形移动复制到圆柱顶面的中心，如图 19-20 所示。

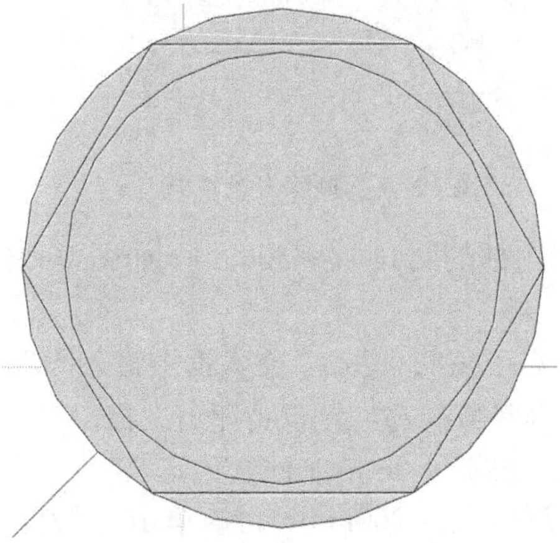

图 19-18 绘制八边形

图 19-19 拉八边形和圆

图 19-20 移动八边形

步骤 16：单击“形状/圆”工具按钮，在顶部重新绘制圆的封闭轮廓，如图 19-21 所示。

步骤 17：单击“偏移”工具按钮，在右下角的“距离”文本框中输入“10”，将八边形轮廓向外偏移，如图 19-22 所示。

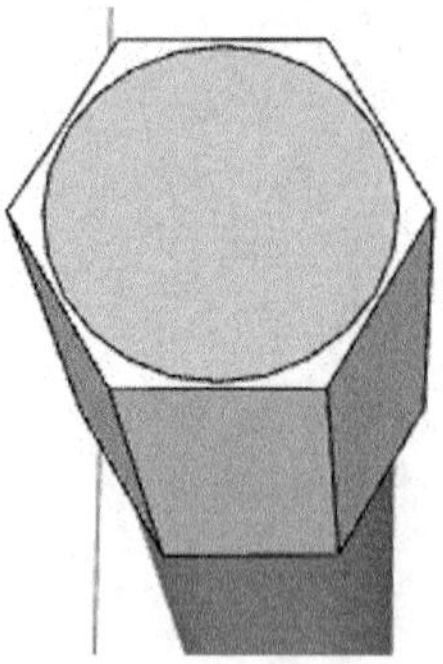

图 19-21　绘制圆的封闭轮廓

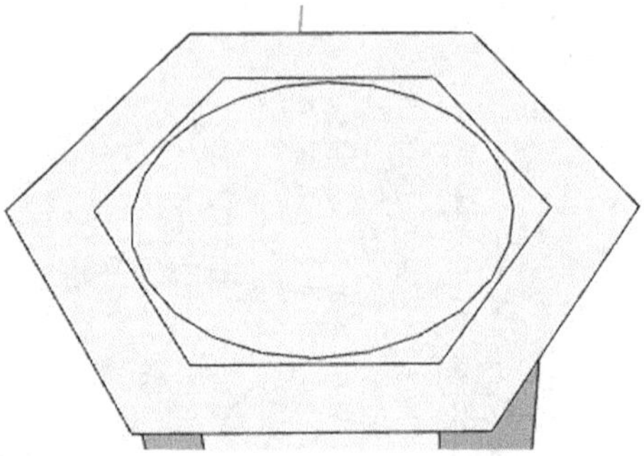

图 19-22　偏移复制八边形

步骤 18：单击“推/拉”工具按钮，将偏移复制后的八边形向下拉 10mm，如图 19-23 所示。

步骤 19：单击“擦除”工具按钮，擦除多余线条，如图 19-24 所示。

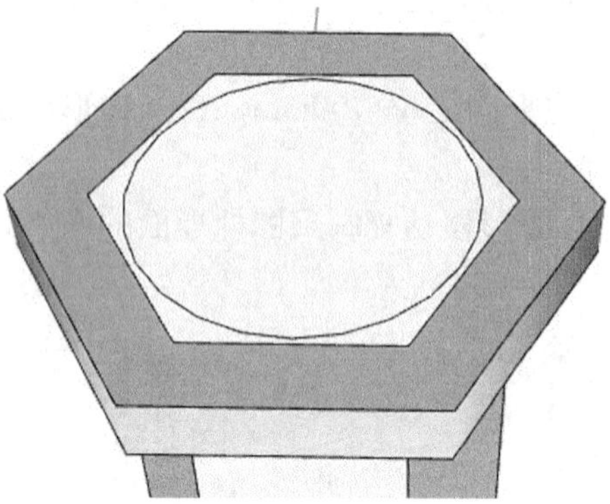

图 19-23　拉八边形

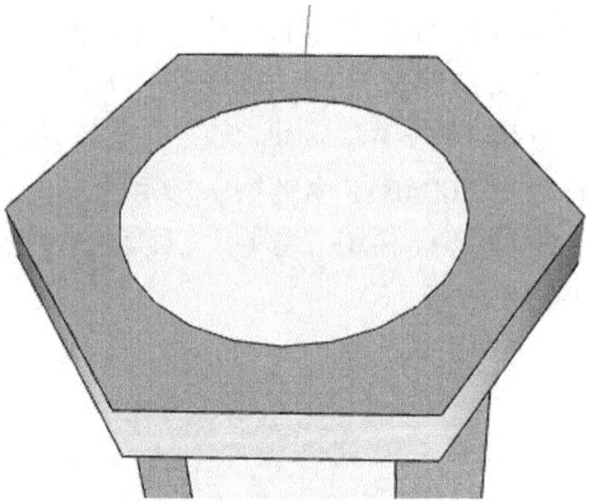

图 19-24　擦除多余线条

步骤 20：单击“推/拉”工具按钮，将八边形内部的圆向上拉 500mm，如图 19-25 所示。

步骤 21：单击“形状/多边形”工具按钮，在右下角的“边数”文本框中输入“8”，在绘图区域的空白处任选一点作为多边形的中心，半径方向与红轴保持平行，在右下角的“内切圆半径”文本框中输入“1200”，绘制完成如图 19-26 所示的八边形。

步骤 22：单击“推/拉”工具按钮，将八边形向上拉 200mm，再次单击“推/拉”工具按钮，同时按住【Ctrl】键，将八边形再向上拉 500mm，如图 19-27 所示。

图 19-25 拉圆

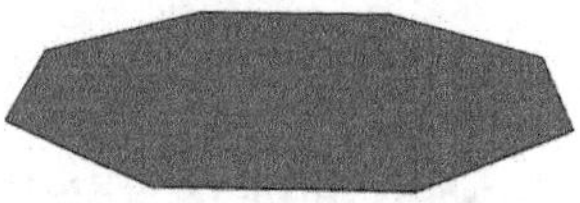

图 19-26 绘制八边形

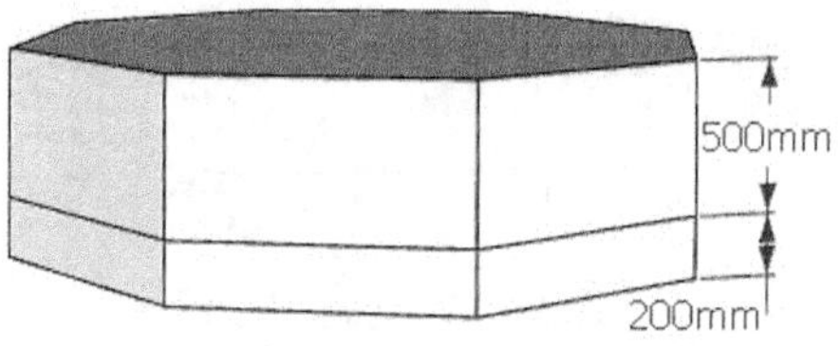

图 19-27 拉八边形

步骤 23：单击“建筑施工”工具栏的“坐标轴”工具按钮，将坐标原点移到图 19-28 所示的八边形上的端点，捕捉八边形的棱边作为红轴和绿轴，重新设置坐标轴。

步骤 24：单击“形状/矩形”工具按钮，捕捉中点和八边形的中心点，绘制图 19-29 所示的矩形。

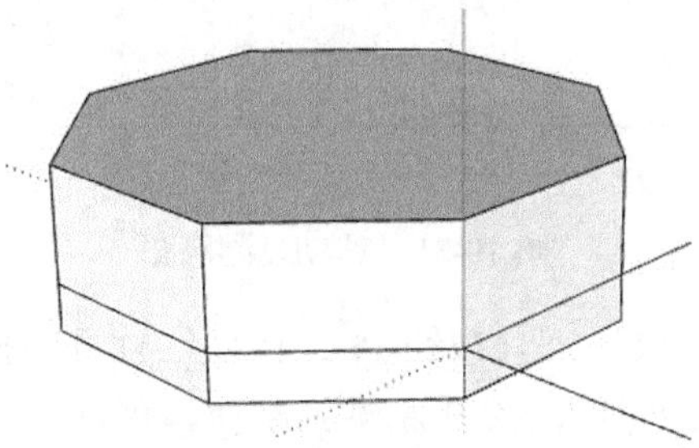

图 19-28 重新设置坐标轴

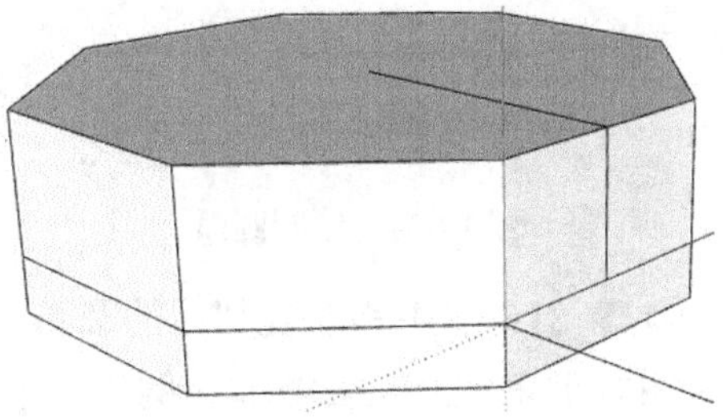

图 19-29 绘制矩形

步骤 25：单击“擦除”工具按钮，擦除多余线条，如图 19-30 所示。

步骤 26：单击“圆弧”工具按钮，捕捉矩形的两个对角线点作为圆弧的起点和终点，在右下角的“弧高”文本框中输入“120”，绘制完成图 19-31 所示的圆弧。

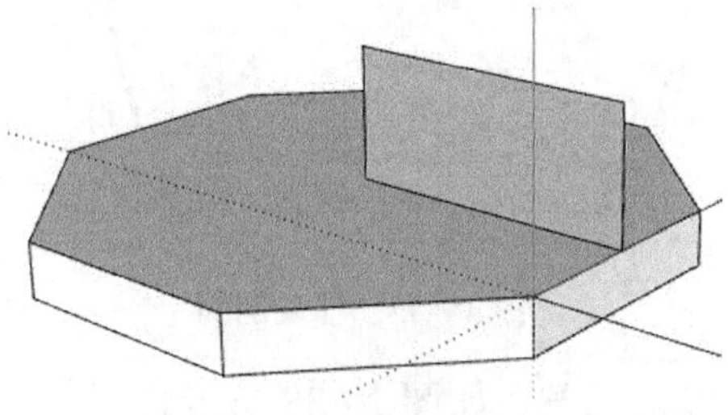

图 19-30 擦除多余线条

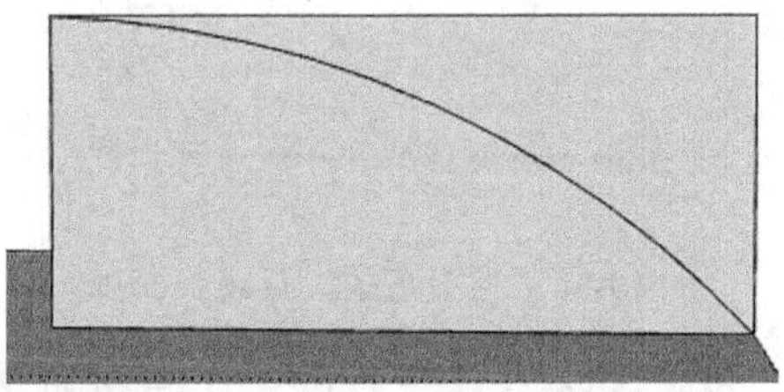

图 19-31 绘制圆弧

步骤 27：单击“擦除”工具按钮，擦除多余线条，如图 19-32 所示。

步骤 28：单击“路径跟随”工具按钮，选择圆弧面作为“要挤压的平面”，然后按住【Alt】键，将八边形周长作为路径，生成图 19-33 所示的伞面轮廓。

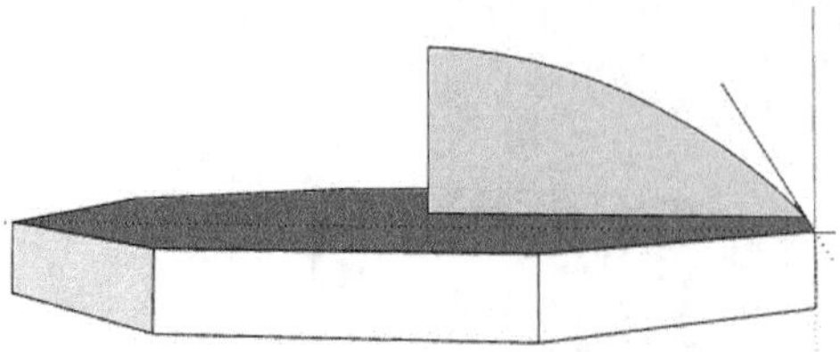

图 19-32　擦除多余线条

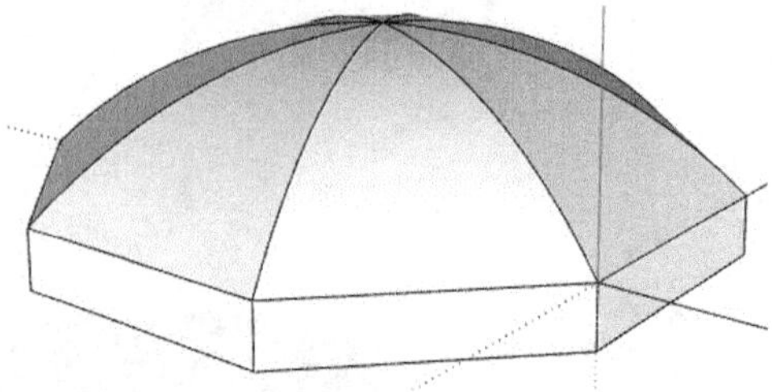

图 19-33　路径跟随生成伞面轮廓

步骤 29：利用“卷尺”工具和“圆弧”工具，绘制完成图 19-34 所示的圆弧。

步骤 30：利用“移动”工具，将圆弧移动复制到中点位置，如图 19-35 所示。

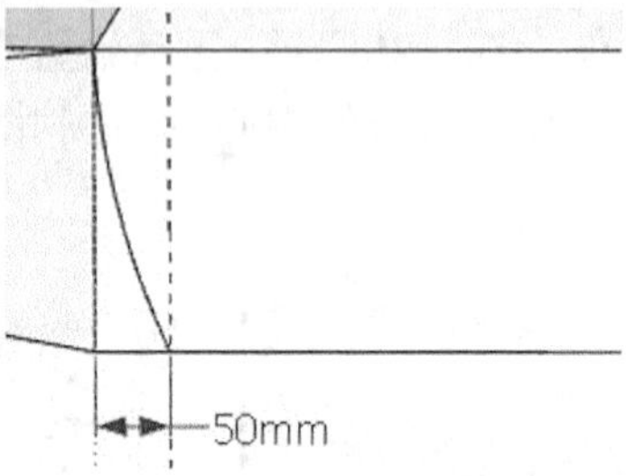

图 19-34　绘制圆弧

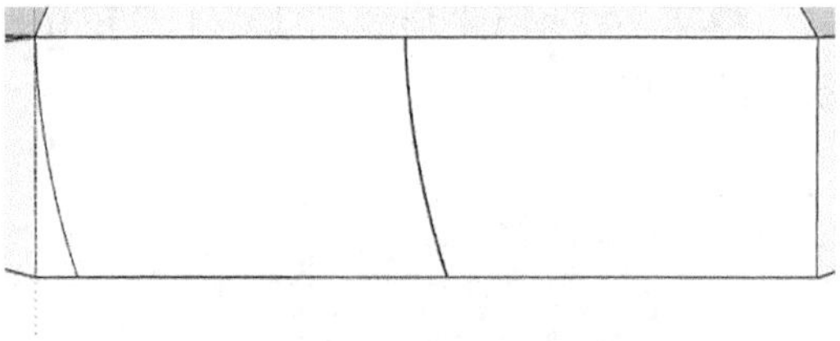

图 19-35　移动复制圆弧

步骤 31：选中移动复制后的圆弧，单击“缩放”工具按钮，按住红轴方向控制点，在右下角“沿红轴缩放比例”文本框中输入“-1”，松开左键，制作镜像效果，如图 19-36 所示。

步骤 32：利用“移动”工具将镜像后的圆弧移动到图 19-37 所示位置。

19

图 19-36　利用缩放工具镜像圆弧

图 19-37　移动圆弧

步骤 33：单击“擦除”工具按钮，擦除多余线条，如图 19-38 所示。

步骤 34：右击坐标轴，在弹出的图 19-39 所示的快捷菜单中，选择“重设”命令，将坐标轴恢复到最初设置。

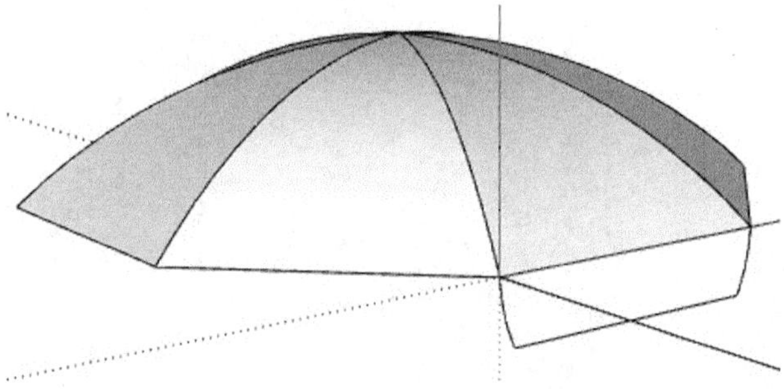

图 19-38　擦除多余线条

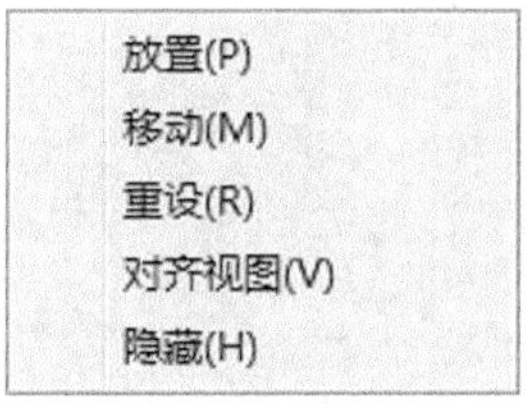

图 19-39　重设坐标轴

步骤 35：选中装饰面，单击“旋转”工具按钮，将顶面的圆心作为旋转中心，设置顶面为旋转平面，选择装饰面的上边中点为旋转起始点，在右下角的“角度”文本框中输入旋转角度“45”（360÷8=45），按【Enter】键，然后再次在右下角的“角度”文本框中输入“*7”，按【Enter】键，完成图 19-40 所示装饰面的多重旋转复制。

步骤 36：选择菜单栏的“视图”→“表面类型>X 光透视模式”命令，利用“移动”工具将制作完成的伞面移动到伞柄圆柱顶面的中心，如图 19-41 所示。

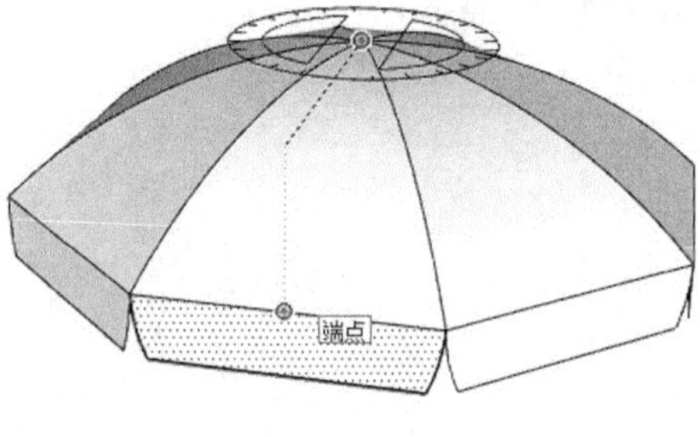

图 19-40　多重旋转复制装饰面

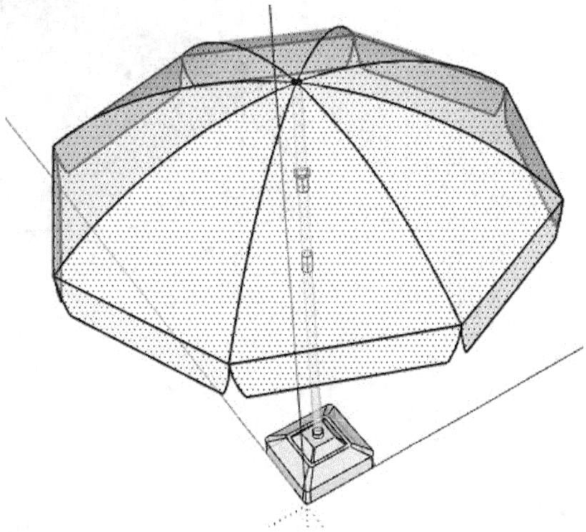

图 19-41　移动伞面

步骤 37：选择菜单栏的“相机”→“标准视图>前视图”命令，利用“直线”工具绘制图 19-42 所示的支撑杆。

步骤 38：选中支撑杆，单击“旋转”工具按钮，将顶面的圆心作为旋转中心，设置顶面为旋转平面，选择装饰面的上边中点为旋转起始点，在右下角的“角度”文本框中输入旋转角度“45”（360÷8=45），按【Enter】键，然后再次在右下角的“角度”文本框中输入“*7”，按【Enter】键，完成图 19-43 所示支撑杆的多重旋转复制。

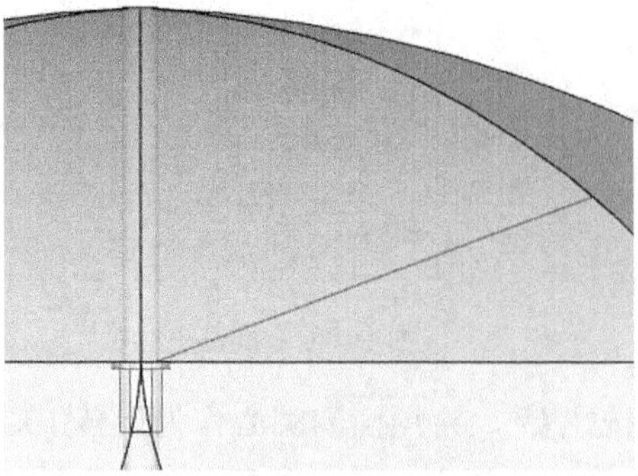

图 19-42　绘制支撑杆

图 19-43　多重旋转复制支撑杆

步骤 39：单击“材质”工具按钮，在右侧打开的“材料”属性管理面板中，选择“颜色”选项，给遮阳伞添加丰富多彩的颜色效果，最终效果如图 19-44 所示。检查细节，确认无误后保存文件。

图 19-44　户外遮阳伞最终效果

习题演练场

根据图 19-45 所示户外遮阳伞图片，完成户外遮阳伞模型的绘制，尺寸自定。

图 19-45 户外遮阳伞模型

第 20 课

绘制中式牌坊

技能关键点

- 利用 SketchUp Pro 2017“缩放”工具进行镜像操作
- 利用 SketchUp Pro 2017“翻转方向”工具进行镜像操作

知识加油站

镜像操作

SketchUp Pro 2017 没有提供专门的“镜像”命令，但是可以通过以下两种途径实现这种效果。

1. 缩放工具

“缩放”工具除了可以根据模型中的其他图元对几何图形进行大小调整和拉伸外，还可以进行镜像操作。如图 20-1 所示，在三角块上创建三维文字，并将三角块和三维文字都创建为群组。利用“移动”工具，将群组如图 20-2 所示移动复制。选中右边的群组，单击“缩放”工具按钮，按住【Ctrl】键，然后按住图 20-3 所示角点，在右下角的“沿红、绿轴缩放比例”文本框中输入“-1”，就会生成图 20-4 所示的效果，正反面都是一样的文字。

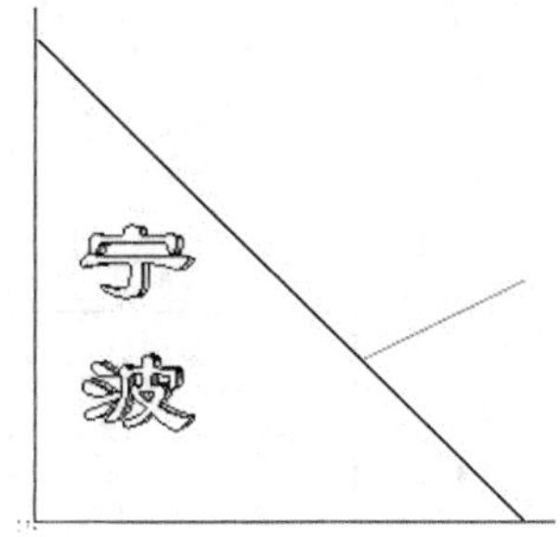

图 20-1 创建群组

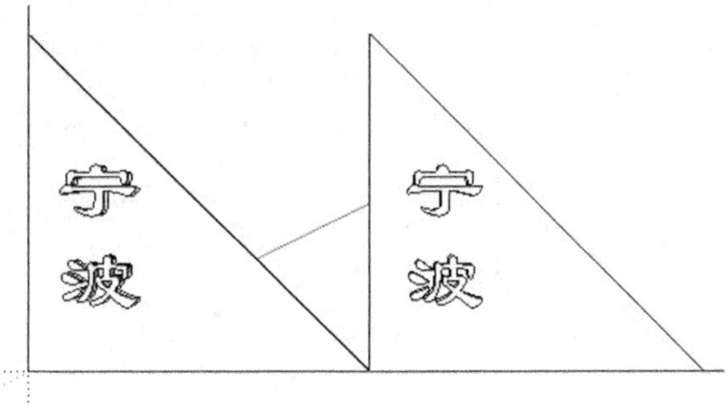

图 20-2 移动复制

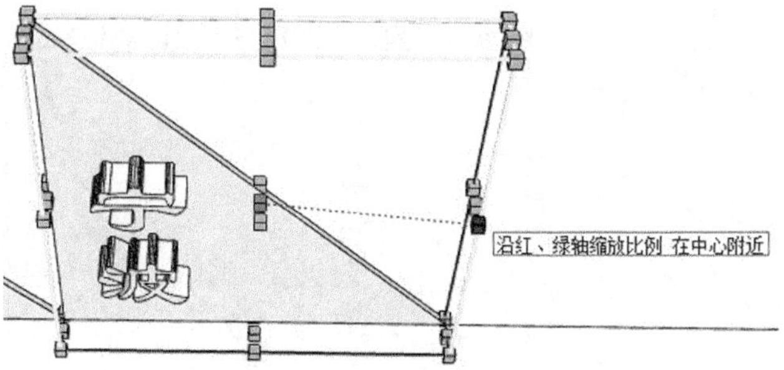

图 20-3 启用“缩放”工具

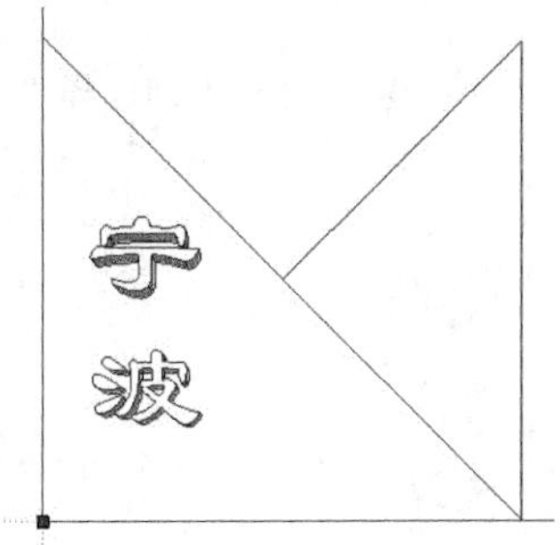

图 20-4 镜像效果

2. 翻转方向工具

选中右边的群组，右击，在打开的图 20-5 所示的快捷菜单中，选择“翻转方向”

命令，在子菜单中再选择翻转的轴。选择不同的翻转轴会出现不同的效果。例如，选择“组的红轴”，出现图 20-6 所示的效果；选择“组的蓝轴”，出现图 20-7 所示的效果；选择“组的绿轴”，出现图 20-8、图 20-9 所示的效果，反面的文字方向与原先的文字也是左右互反的。

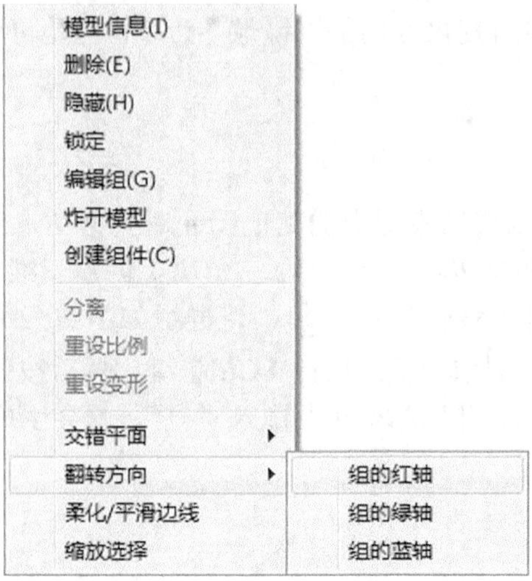

图 20-5　“翻转方向”命令

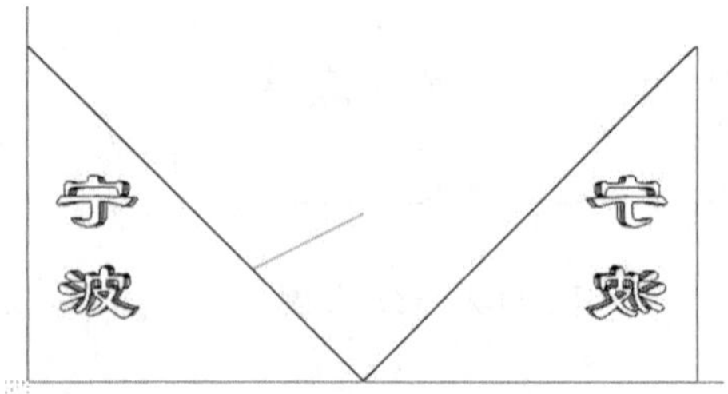

图 20-6　翻转方向选择“组的红轴”

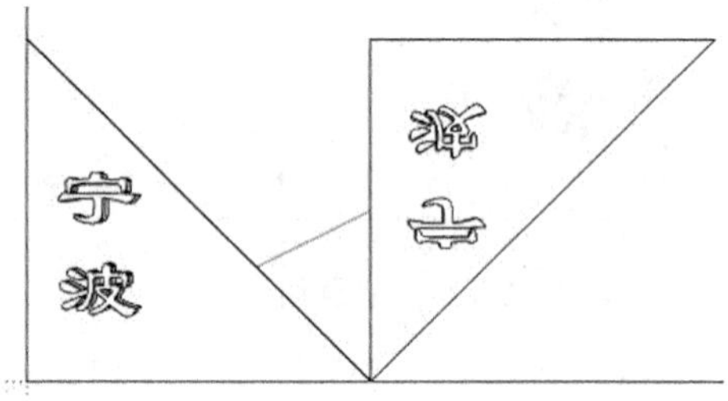

图 20-7　翻转方向选择“组的蓝轴”

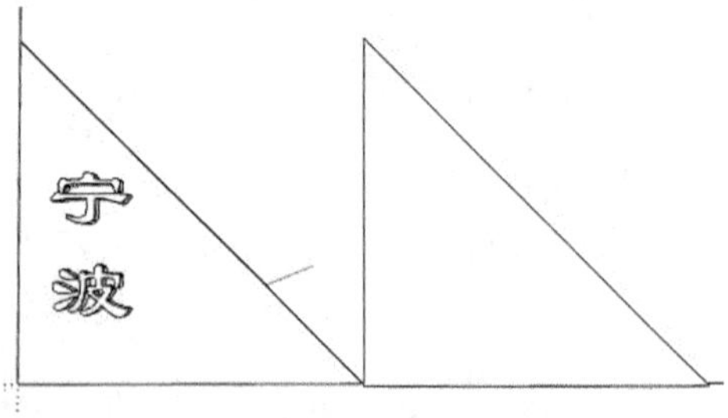

图 20-8　翻转方向选择“组的绿轴”（正面）

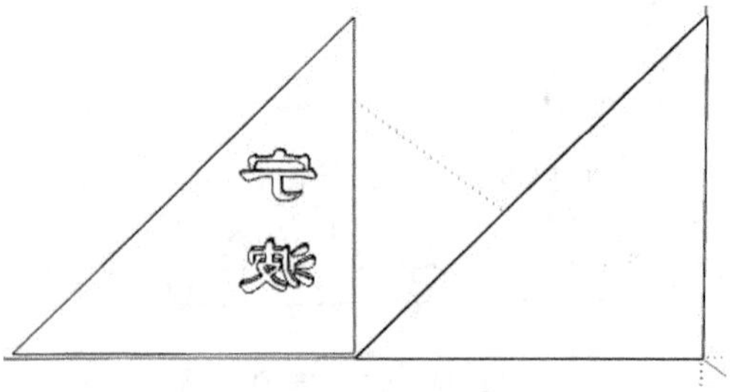

图 20-9　翻转方向选择“组的绿轴”（反面）

新手训练营

参考图 20-10 所示的中式牌坊模型，完成中式牌坊的三维建模绘制。

图 20-10 中式牌坊模型

步骤 1：启动 SketchUp Pro 2017 软件，在欢迎界面上单击“选择模板”按钮，在“模板”下拉列表中选择“建筑设计-毫米”选项，单击“开始使用 Sketch Up”按钮，进入操作界面。

步骤 2：单击“形状/矩形”工具按钮，移动光标至红绿轴交汇处，按住鼠标左键，向右上方移动光标，在右下角的“尺寸”文本框中输入“200，200”，按【Enter】键结束，同时松开左键，绘制完成图 20-11 所示的矩形。

步骤 3：利用“卷尺”工具和“直线”工具绘制图 20-12 所示矩形的倒角。

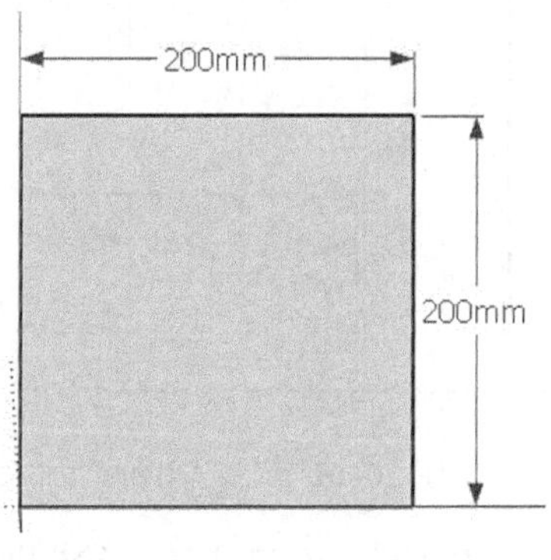

图 20-11 绘制矩形

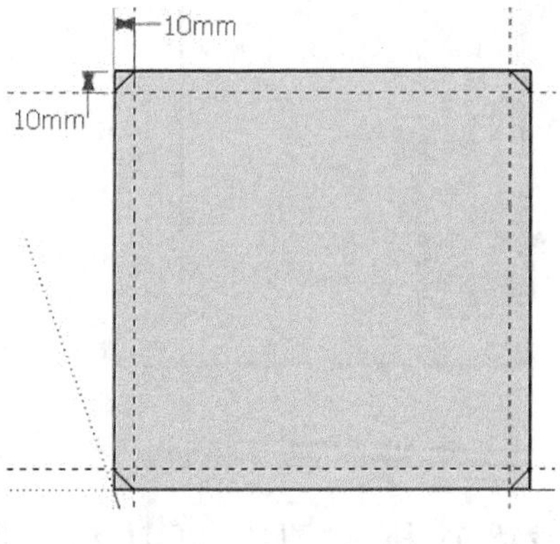

图 20-12 绘制矩形倒角

步骤 4：单击“擦除”工具按钮，擦除多余线条，如图 20-13 所示。

步骤 5：单击“推/拉”工具按钮，将矩形向上拉 3180mm，再次单击“推/拉”工具按钮，同时按住【Ctrl】键，将矩形再向上拉 20mm。

步骤 6：单击“缩放”工具按钮，选中图 20-14 所示长方体顶面，同时按住【Ctrl】键，向内拖动红色角点，直到右下角“数值”文本框中的数字变为“0.84”，松开左键，制作倒角效果。

图 20-13　擦除多余线条

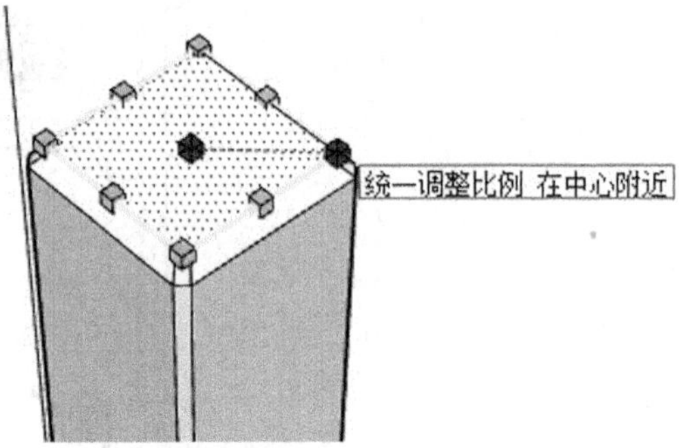

图 20-14　利用缩放制作倒角效果

步骤 7：单击“形状/矩形”工具按钮，捕捉立柱的角点为起点，在红蓝轴组成的平面内绘制辅助矩形，在右下角的“尺寸”文本框中输入“450，780”，按【Enter】键结束，同时松开左键，绘制完成图 20-15 所示的辅助矩形。

步骤 8：右击矩形水平边，在弹出的快捷菜单中选择“拆分”命令，在右下角的“段”文本框中输入“3”，按【Enter】键结束。用同样的方法将矩形竖直边拆分为 3 段。利用“直线”工具，捕捉拆分端点，绘制图 20-16 所示的辅助线。

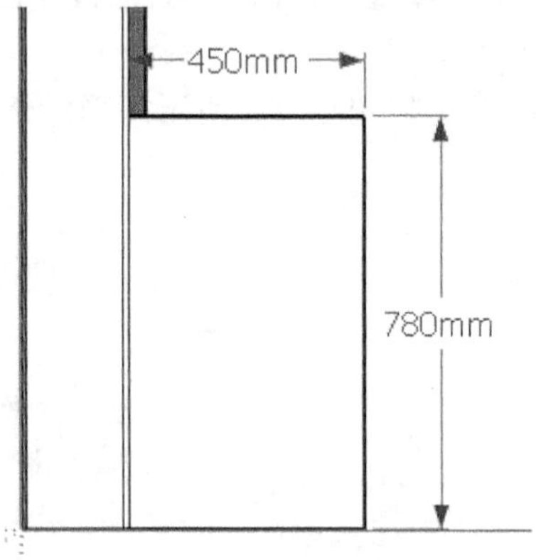

图 20-15　绘制辅助矩形

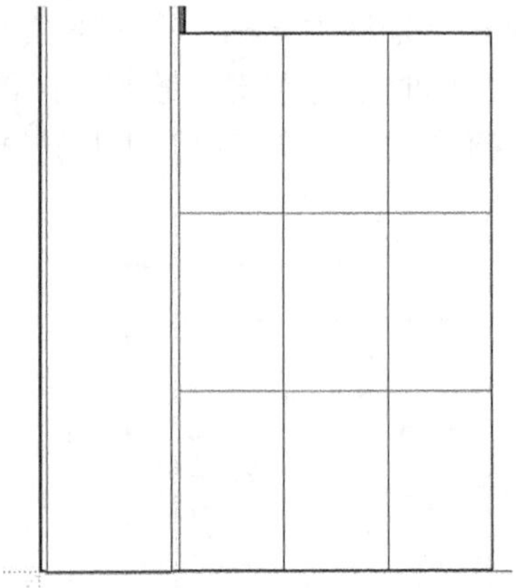

图 20-16　绘制辅助线

步骤 9：利用“直线”工具、“形状/圆”工具和“圆弧”工具，绘制图 20-17 所示的石墩截面轮廓。

步骤 10：单击“擦除”工具按钮，擦除多余线条，如图 20-18 所示。

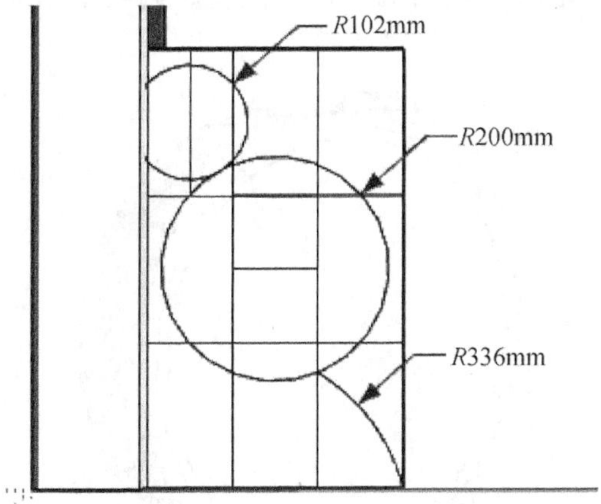

图 20-17　绘制石墩截面轮廓

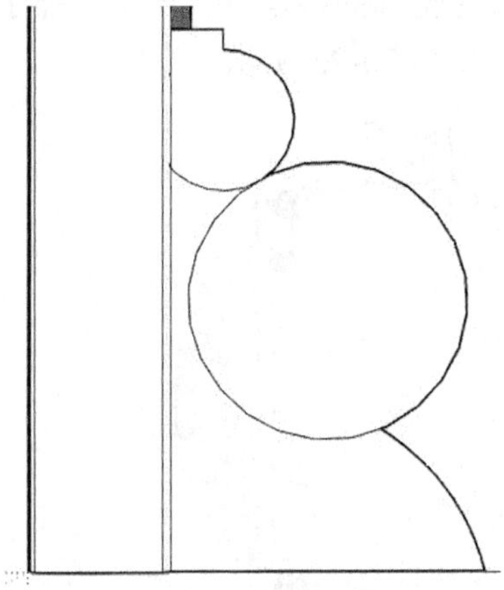

图 20-18　擦除多余线条

步骤 11：单击“推/拉”工具按钮，将石墩截面向后推 90mm，如图 20-19 所示。如果出现破面情况，可以用“直线”工具捕捉点绘制竖直线，即可补面。

步骤 12：单击“偏移”工具按钮，在右下角的“距离”文本框中输入“10”，选中石墩最上部的轮廓向内偏移。单击“推/拉”工具按钮，将偏移复制后的轮廓向内推 5mm 深度，如图 20-20 所示。

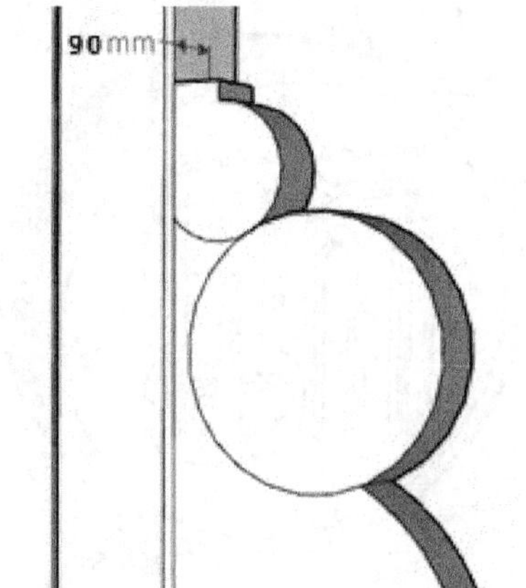

图 20-19　推拉石墩截面

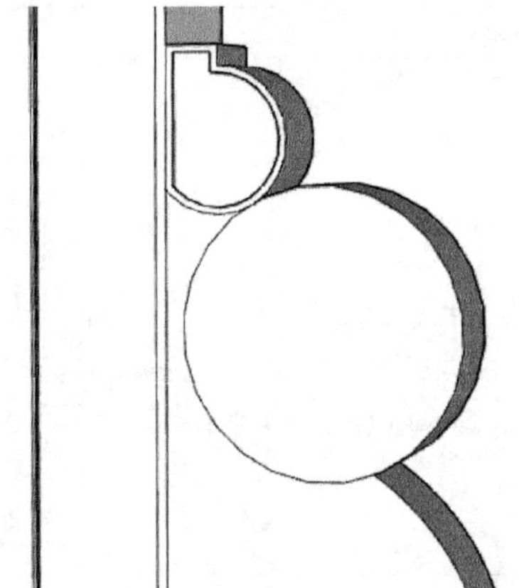

图 20-20　偏移复制并推拉石墩

步骤 13：单击“推/拉”工具按钮，同时按住【Ctrl】键，将石墩中间的石鼓再向前拉 10mm。单击“缩放”工具按钮，选中图 20-21 所示石鼓顶面，同时按住【Ctrl】键，向内拖动红色角点，直到右下角“数值”文本框中的数字变为“0.95”，松开左键，制作倒角效果。

步骤 14：单击“偏移”工具按钮，在右下角的“距离”文本框中输入“10”，选中石鼓的轮廓向内偏移。单击“推/拉”工具按钮，将偏移复制后的轮廓向内推 5mm 深度，如图 20-22 所示。

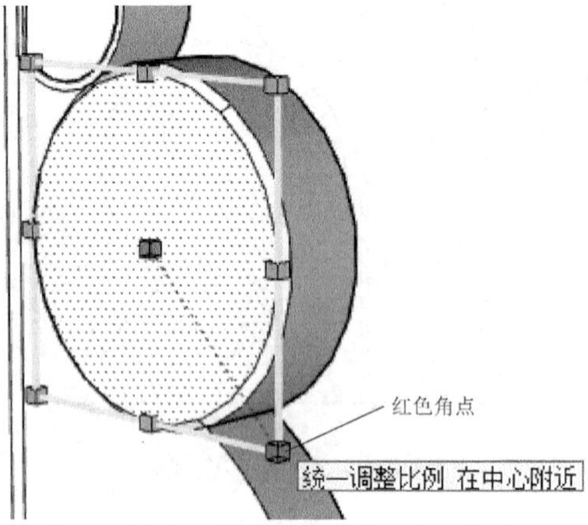

图 20-21　利用缩放制作倒角效果

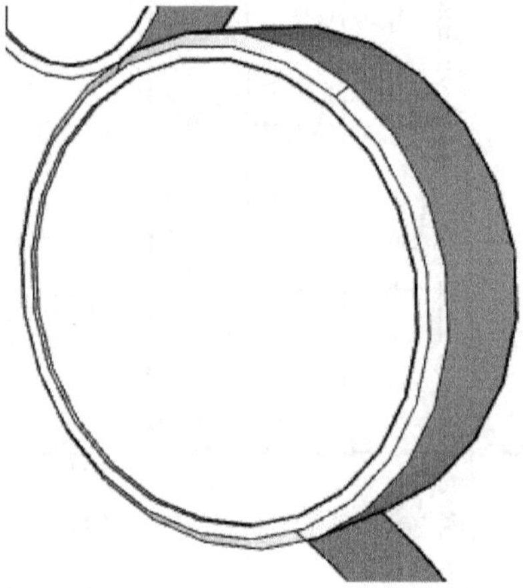

图 20-22　偏移复制并推拉石鼓

步骤 15：选择菜单栏“工具”→“三维文字”命令，在打开的“放置三维文本”对话框中，输入“福”字并按照图 20-23 所示设置参数，单击“放置”按钮，将文字放置到石鼓中间位置，如图 20-24 所示。

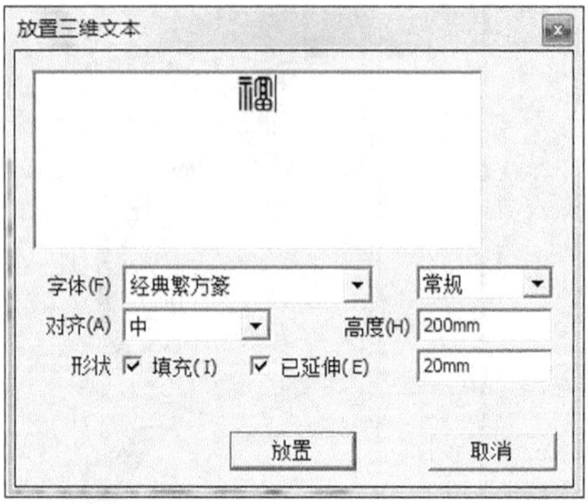

图 20-23　设置“放置三维文本”对话框

图 20-24　放置三维文字

步骤 16：单击“选择”工具按钮，同时按住【Ctrl】键，选中三维文字和石墩整体，选择菜单栏“编辑”→“创建群组”命令，创建群组如图 20-25 所示。

步骤 17：利用“移动”工具，将群组移动复制到原群组的后方。选中移动复制后的群组，右击，在弹出的快捷菜单中选择“翻转方向”→“组的绿轴”命令，出现图 20-26 所示的镜像效果，反面的文字方向与原先的文字也是左右互反的。

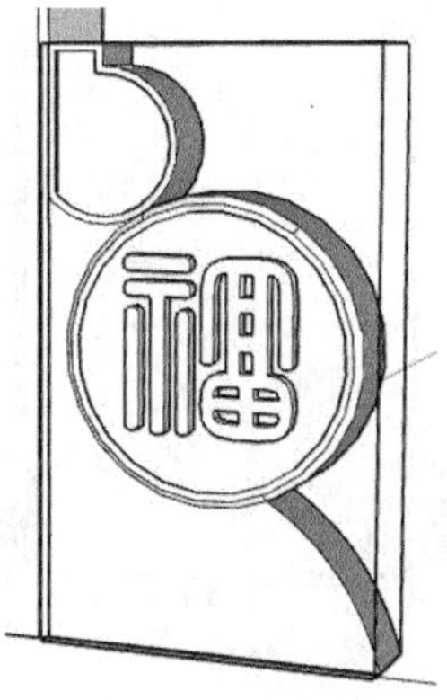

图 20-25 创建群组

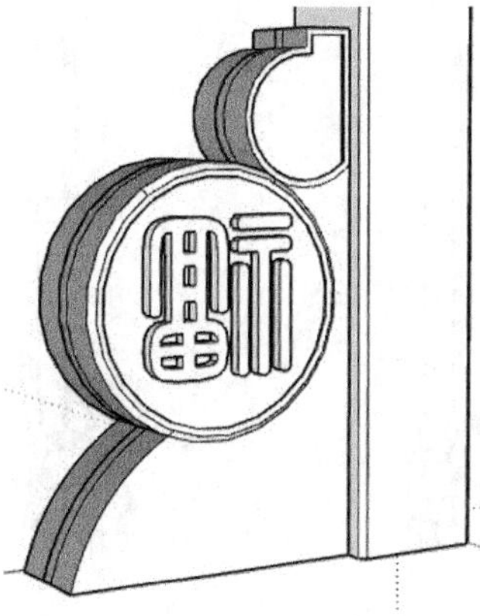

图 20-26 移动复制并镜像

步骤 18：选中石墩，单击“旋转”工具按钮，将底面的中心作为旋转中心（可以绘制一条辅助直线，方便捕捉中点确定中心），设置底面为旋转平面。如图 20-27 所示，选择石墩中点为旋转起始点，在右下角的“角度”文本框中输入旋转角度“90”，按【Enter】键，然后再次在右下角的“角度”文本框中输入“*2”，按【Enter】键，完成图 20-28 所示石墩的多重旋转复制效果。

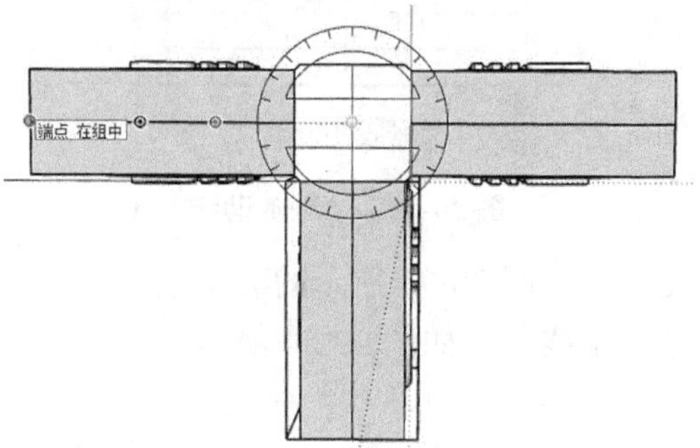

图 20-27 多重旋转复制

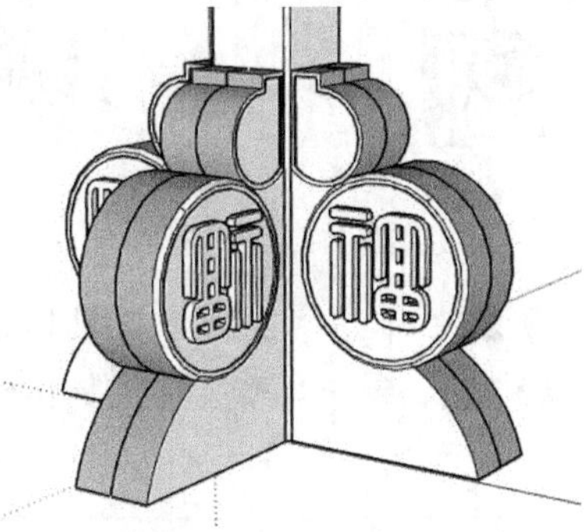

图 20-28 石墩效果

步骤 19：选中石墩和立柱整体，单击“移动”工具按钮，同时按住【Ctrl】键，捕捉石墩的端点，将石墩和立柱整体沿着绿轴移动复制 2715mm，如图 20-29 所示。选中移动复制后的立柱和石墩，右击，在弹出的快捷菜单中，选择“翻转方向”→“组的绿轴”命令，出现图 20-30 所示的镜像效果。

步骤 20：利用“卷尺”工具和“形状/矩形”工具，在距离石墩顶部 1000mm 处绘制一个矩形，如图 20-31 所示。

步骤 21：利用“卷尺”工具和“直线”工具，绘制图 20-32 所示的辅助线。右击矩形水平边，在弹出的快捷菜单中选择“拆分”命令，在右下角的“段”文本框中输入“6”，按【Enter】键结束。用同样的方法将矩形竖直边拆分为 4 段。利用“直线”工具，捕捉拆分端点绘制辅助线。

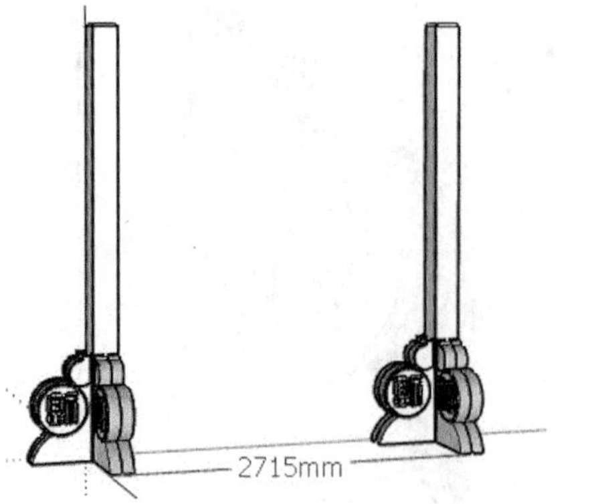

图 20-29　移动复制石墩和立柱整体

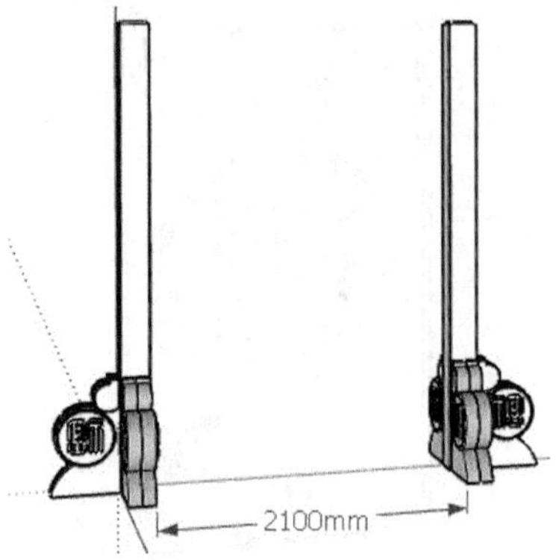

图 20-30　镜像石墩和立柱

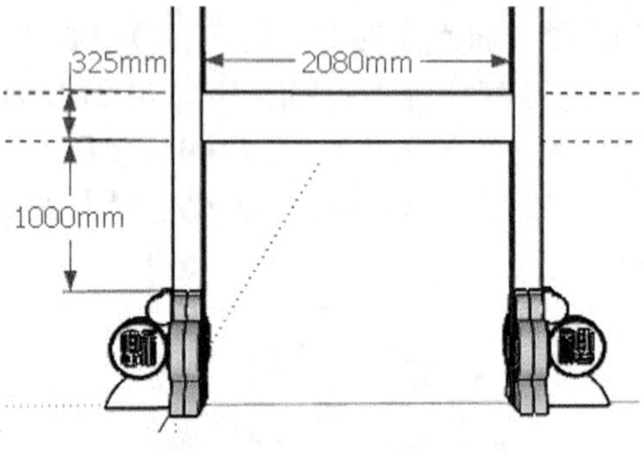

图 20-31　绘制矩形

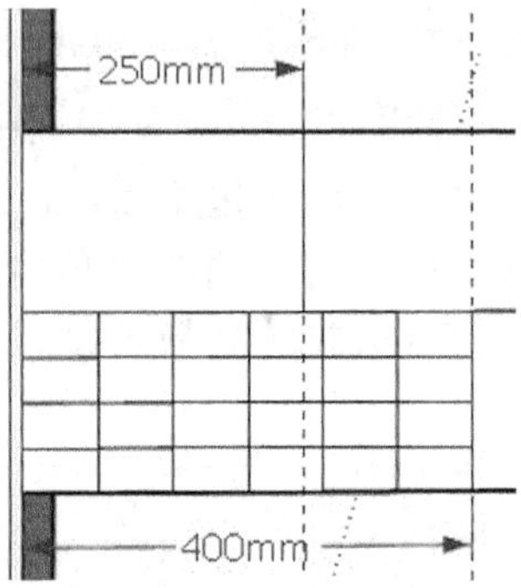

图 20-32　绘制辅助线

步骤 22：单击“圆弧”工具按钮，捕捉点绘制图 20-33 所示的装饰线。

步骤 23：单击“擦除”工具按钮，擦除多余线条，如图 20-34 所示。

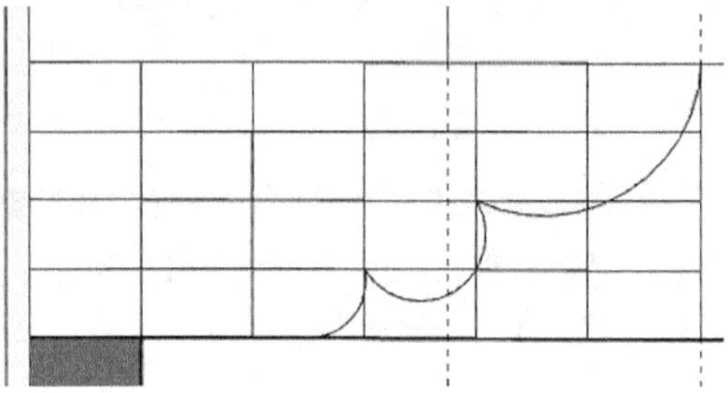

图 20-33　绘制装饰线

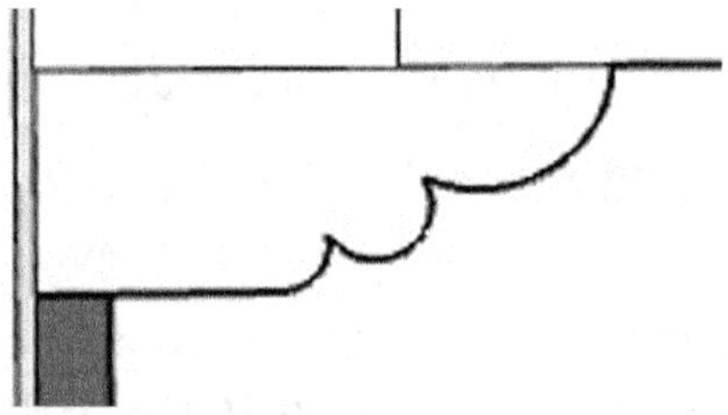

图 20-34　擦除多余线条

步骤 24：单击“推/拉”工具按钮，将装饰线截面向后推 100mm。单击“偏移”工具按钮，在右下角的“距离”栏中输入“6”，选中装饰线的轮廓向内偏移。单击“推/拉”工具按钮，将偏移复制后的轮廓向内推 5mm，如图 20-35 所示。

步骤 25：单击“选择”工具按钮，同时按住【Ctrl】键，选中装饰线整体，选择菜单栏“编辑”→“创建群组”命令，创建群组，如图 20-36 所示。

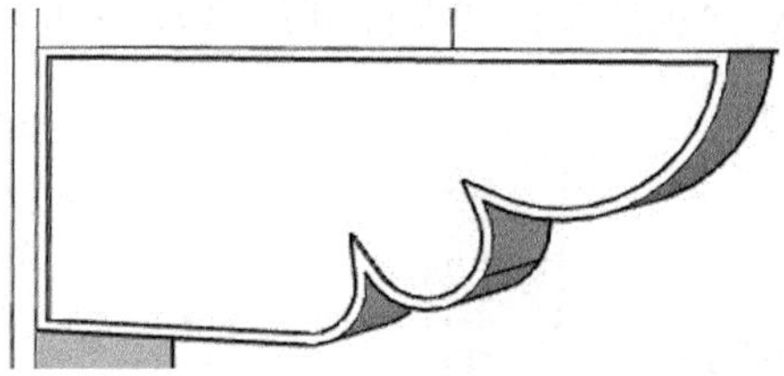

图 20-35 生成装饰线

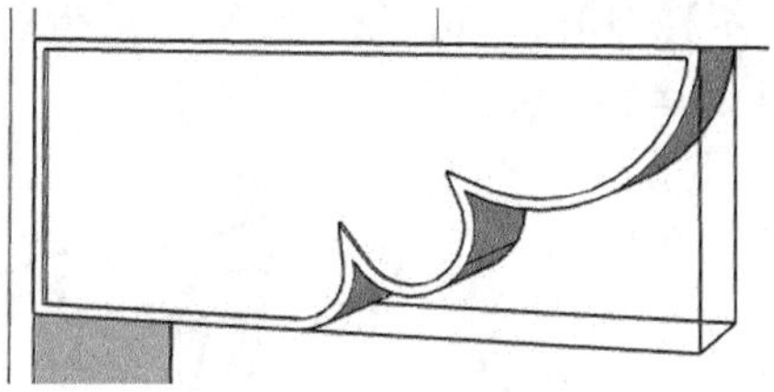

图 20-36 创建群组

步骤 26：选中石墩和立柱整体，单击“移动”工具按钮，同时按住【Ctrl】键，捕捉装饰线最右侧端点，将装饰线整体沿着绿轴移动复制到另一侧立柱。选中移动复制后的装饰线，右击，在弹出的快捷菜单中，选择“翻转方向”→“组的绿轴”命令，出现图 20-37 所示的镜像效果。

步骤 27：利用“卷尺”工具和“圆弧”工具，绘制图 20-38 所示的横梁中部装饰线细节。

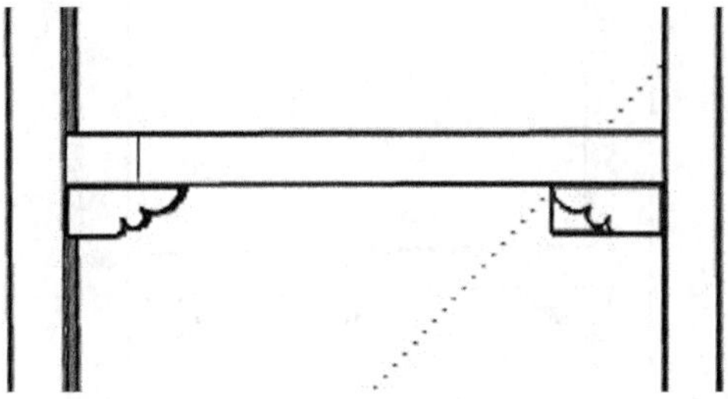

图 20-37 镜像装饰线

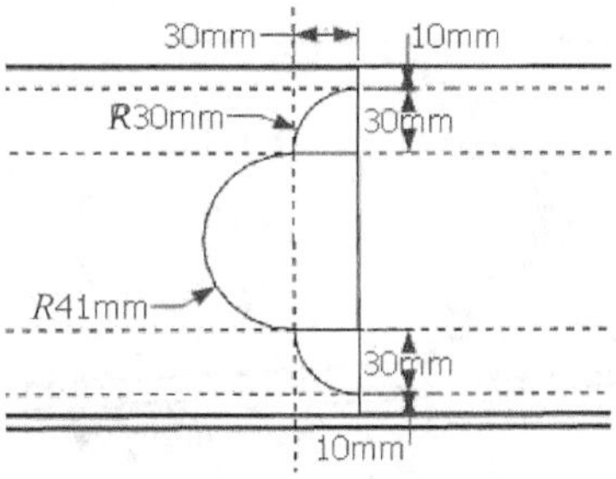

图 20-38 绘制横梁中部装饰线细节

步骤 28：单击“擦除”工具按钮，擦除多余线条，如图 20-39 所示。

步骤 29：利用“移动”工具，将装饰线移动复制到中点位置，选中移动复制后的圆弧，单击“缩放”工具按钮，按住图 20-40 所示红轴方向控制点，在右下角“沿红轴缩放比例”文本框中输入“-1”，松开左键，制作镜像效果。再次利用“移动”工具，将镜像后的装饰线移动到图 20-41 所示的位置。

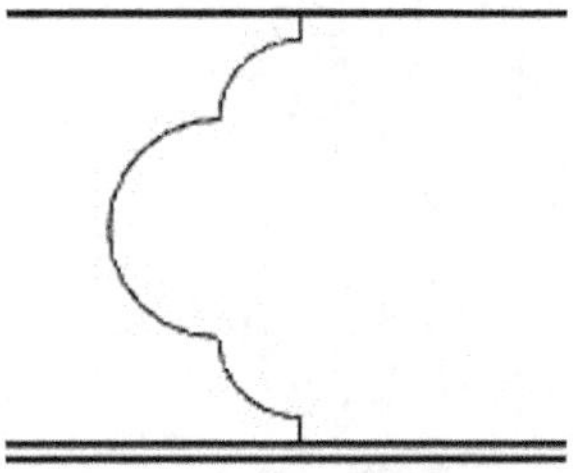

图 20-39 擦除多余线条

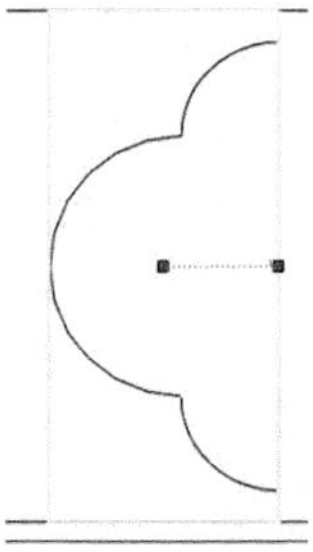

图 20-40 镜像操作

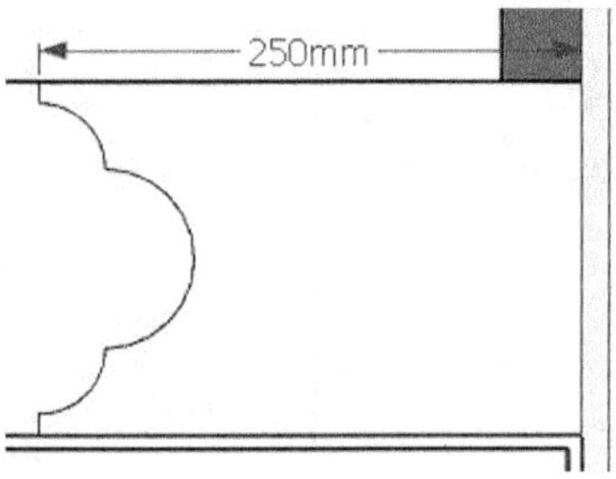

图 20-41 移动装饰线

步骤 30：单击“推/拉”工具按钮，将横梁包括装饰线截面向后推拉 100mm，如图 20-42 所示。

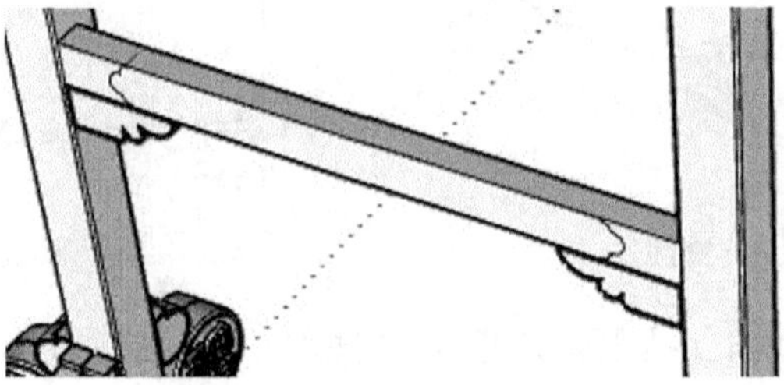

图 20-42　推拉横梁

步骤 31：单击“偏移”工具按钮，在右下角的“距离”文本框中输入“10”，选中装饰线的轮廓向内偏移。单击“推/拉”工具按钮，将偏移复制后的轮廓向内推 10mm，如图 20-43 所示。横梁完成的效果如图 20-44 所示。

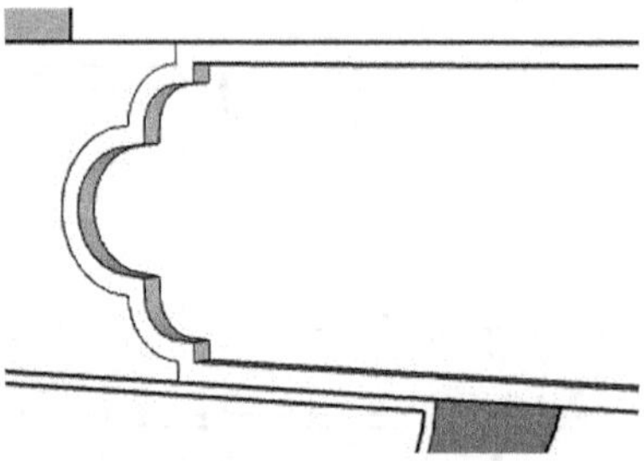

图 20-43　生成装饰线

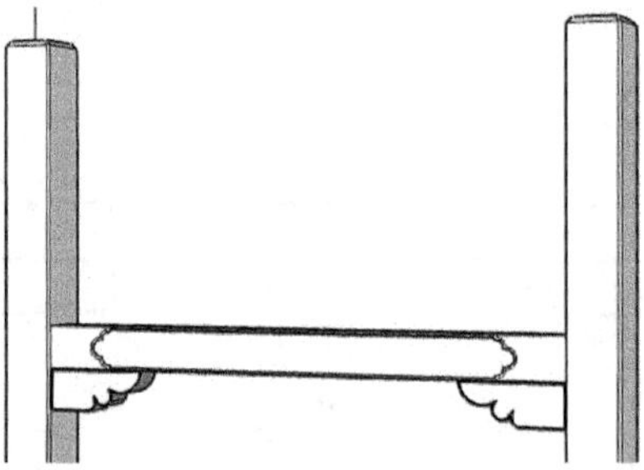

图 20-44　横梁完成的效果

步骤 32：利用“卷尺”工具和“直线”工具，在横梁上方绘制图 20-45 所示的牌匾轮廓。

步骤 33：单击“推/拉”工具按钮，按照图 20-46 所示将牌匾向后推 100mm，将牌匾上部再向后推 30mm，如图 20-46 所示。

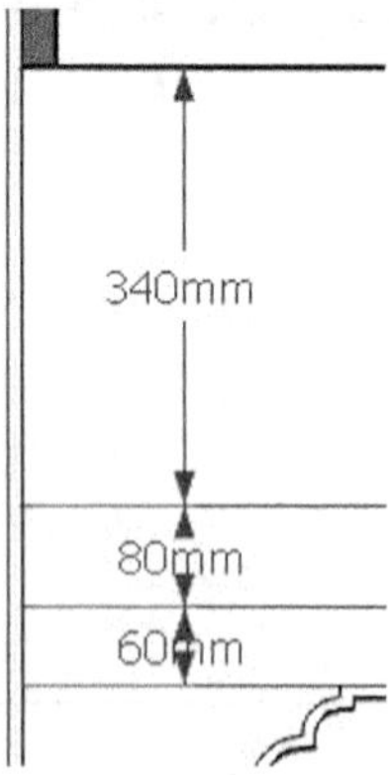

图 20-45　绘制牌匾轮廓

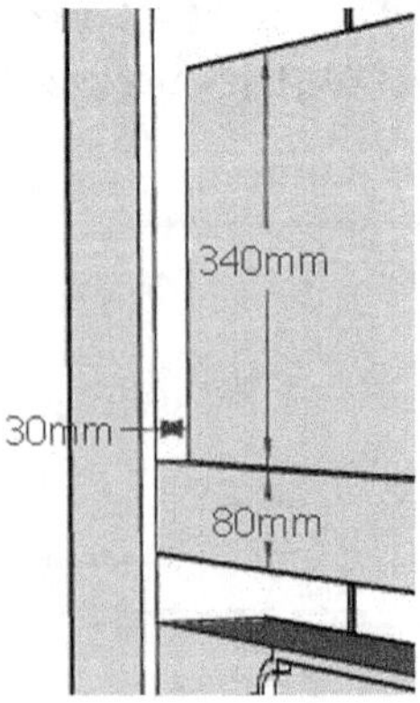

图 20-46　推拉牌匾

步骤 34：利用“卷尺”工具和“形状/矩形”工具，在牌匾上方绘制图 20-47 所示的上梁的装饰线和上梁中间的矩形轮廓。

步骤 35：利用“卷尺”工具和“直线”工具，同时配合“拆分”命令，绘制辅助线。单击“圆弧”工具按钮，捕捉点绘制图 20-48 所示的装饰线。

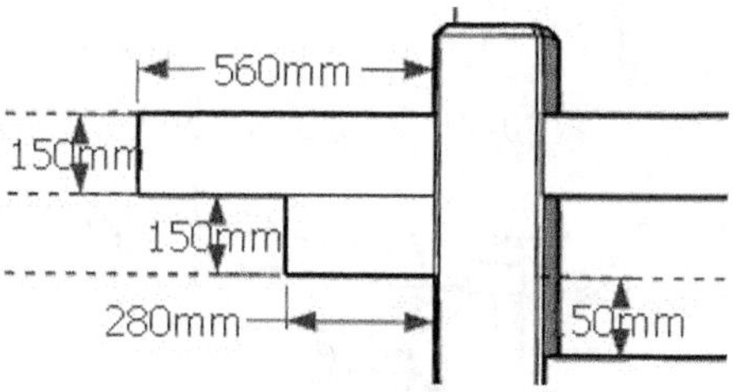

图 20-47　绘制矩形

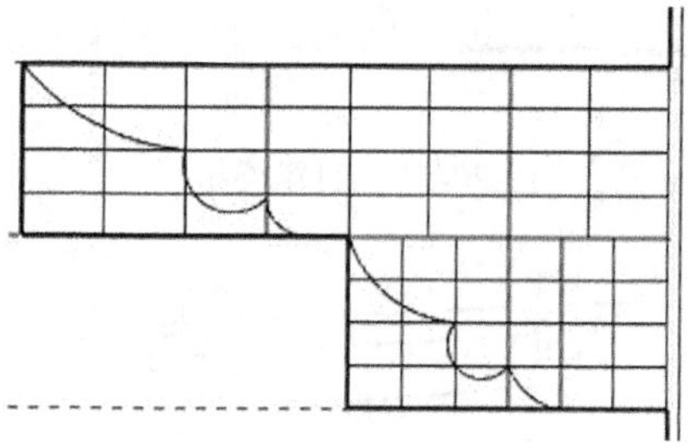

图 20-48　绘制装饰线

步骤 36：单击“擦除”工具按钮，擦除多余线条，如图 20-49 所示。

步骤 37：单击“推/拉”工具按钮，将上梁（包括装饰线）向后推 150mm，如图 20-50 所示。

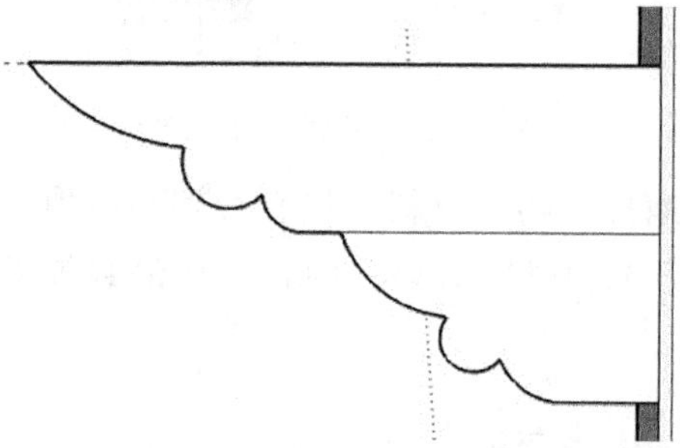

图 20-49　擦除多余线条

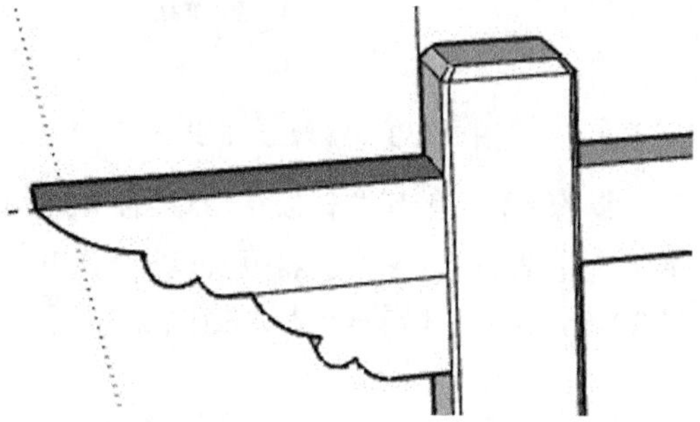

图 20-50　推拉上梁

步骤 38：单击“选择”工具按钮，同时按住【Ctrl】键，选中装饰线整体，选择菜单栏“编辑”→“创建群组”命令，创建群组，如图 20-51 所示。

步骤 39：选中装饰线整体，单击“移动”工具按钮，同时按住【Ctrl】键，捕捉装饰线左上角端点，将装饰线整体沿着绿轴移动复制到另一侧立柱图 20-52 所示位置。选中移动复制后的装饰线，右击，在弹出的快捷菜单中选择“翻转方向”→“组的绿轴”命令，实现图 20-53 所示的镜像效果。

步骤 40：选择菜单栏“工具”→“三维文字”命令，在打开的“放置三维文本”对话框中，输入“书香世家”，单击“放置”按钮，将文字放置到牌匾中间位置，如图 20-54 所示。

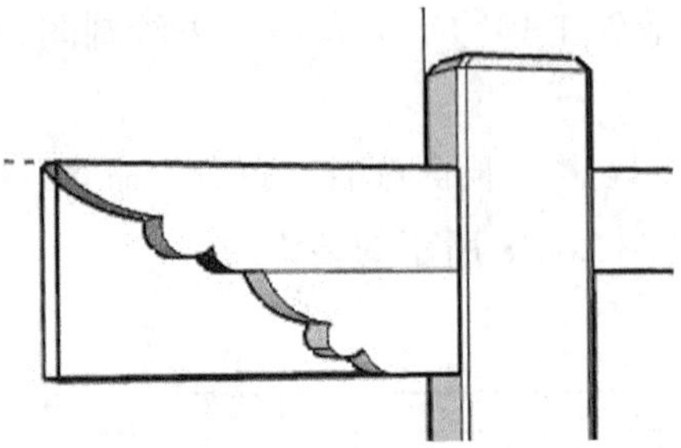

图 20-51　创建群组

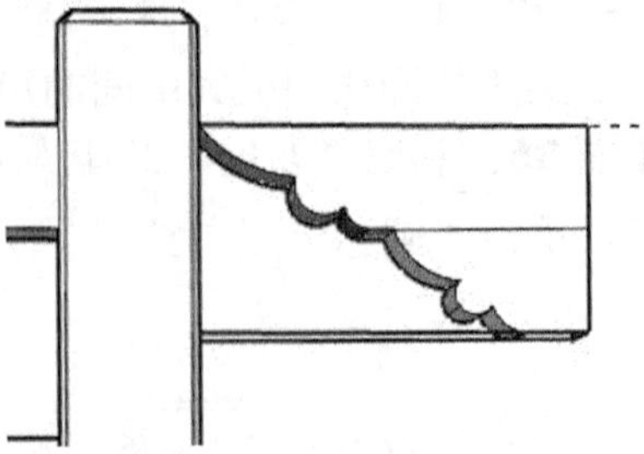

图 20-52　移动复制装饰线

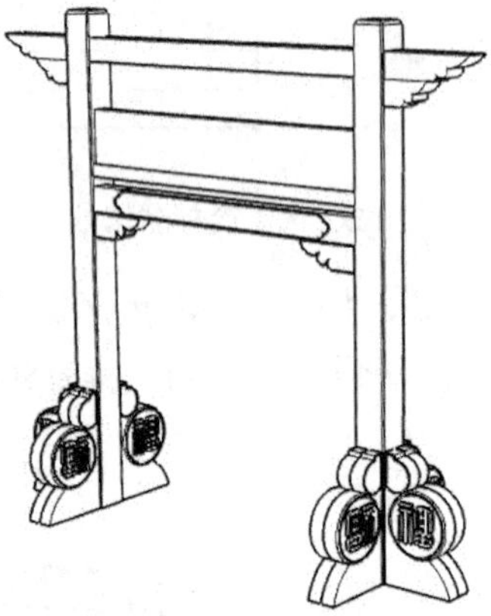

图 20-53　镜像装饰线

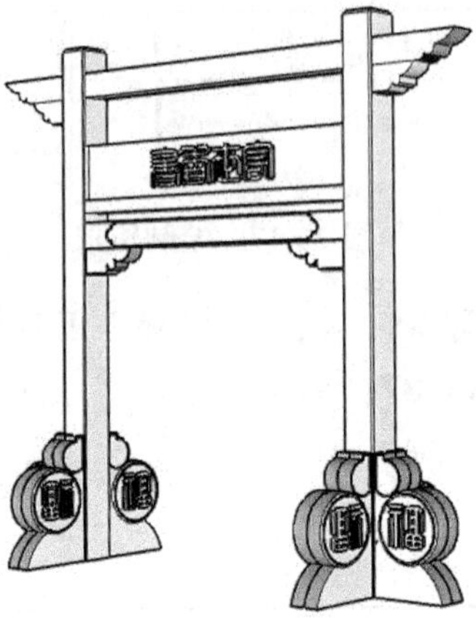

图 20-54　放置三维文字

步骤 41：单击“材质”工具按钮，在右侧打开的“材料”属性管理面板中，选择“人造表面”→“浅棕色石英”选项，给牌坊添加材质效果，中式牌坊最终效果如图 20-55 所示。检查细节，确认无误后保存文件。

图 20-55　中式牌坊效果图

习题演练场

根据图 20-56、图 20-57 所示中式牌坊的模型，完成中式牌坊的绘制，尺寸自定。

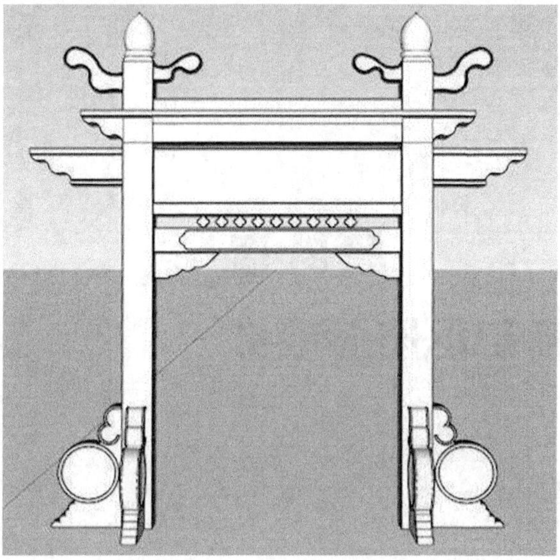

图 20-56　中式牌坊正面图

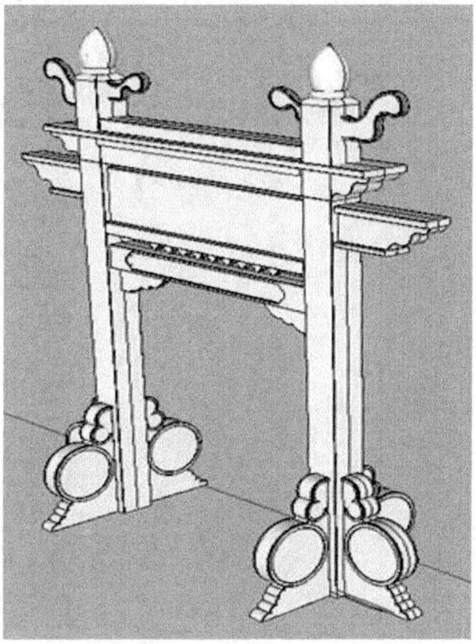

图 20-57　中式牌坊轴测图

第 21 课

创建小区路面地形

技能关键点

- 利用 SketchUp Pro 2017“沙盒”工具塑造模型
- 掌握 SketchUp Pro 2017“导入文件”的操作

知识加油站

沙盒工具

沙盒工具可以生成和操纵表面，它包括“根据等高线创建”、“根据网格创建”、“曲面起伏”、“曲面平整”、“曲面投射”、“添加细部”和“对调角线”7 种工具。调用沙盒工具，是在工具栏的空白区域，右击，在弹出的快捷菜单中选择“沙盒”命令，就会弹出图 21-1 所示的“沙盒”工具栏。

图 21-1 “沙盒”工具栏

1. 根据等高线创建

“根据等高线创建”工具可以封闭相邻等高线形成的三角面，等高线可以是直线、圆弧、圆、曲线，将这些闭合或不闭合的线形成一个面，从而产生坡地。利用“形状/圆”工具，绘制图 21-2 所示的几个同心圆。因为需要的是线而不是面，所以需要删除面，如图 21-3 所示。利用“移动”工具，移动每个圆使其与蓝轴对齐，创建图 21-4 所示的等高线。选中等高线，单击“根据等高线创建”工具按钮，创建图 21-5 所示的等高线坡地。

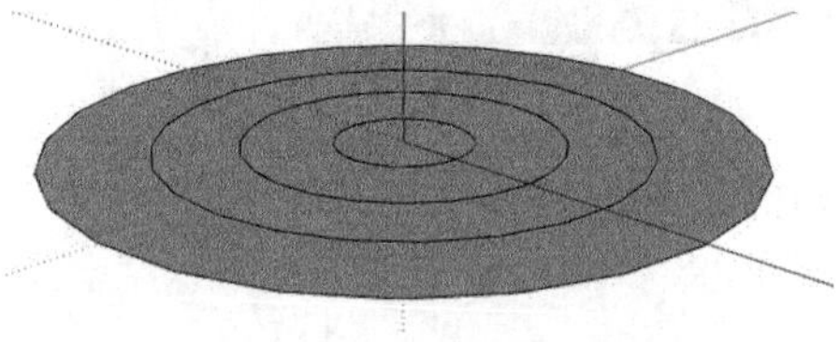

图 21-2 绘制同心圆

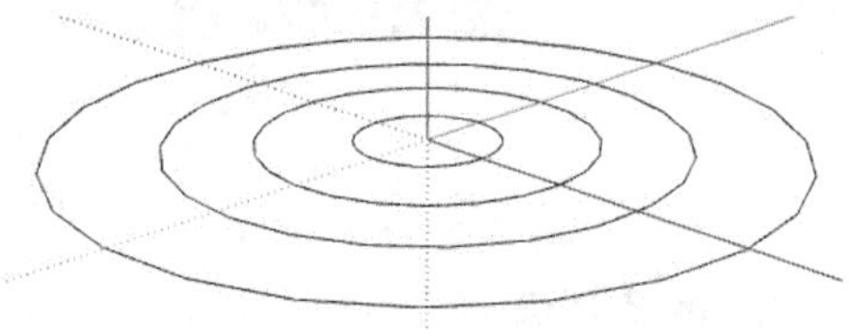

图 21-3 删除面

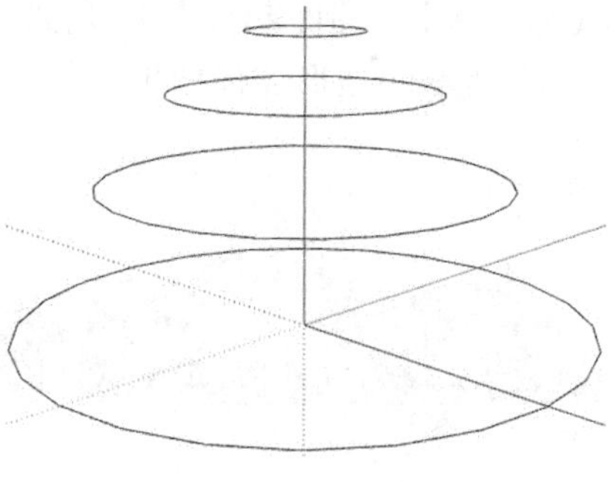

图 21-4 创建等高线

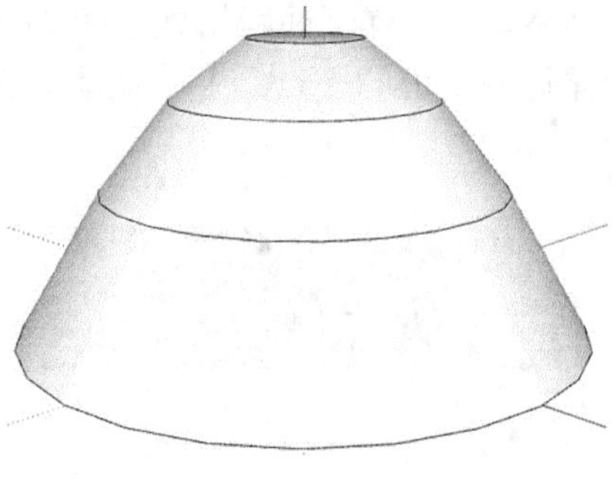

图 21-5 创建等高线坡地

2. 根据网格创建

“根据网格创建”工具可以创建细分网格地形并能进行细节的刻画，但是该工具只有和其他沙盒工具配合使用，才能产生地形效果。单击“根据网格创建”工具按钮，在右下角的“栅格间距”栏中输入“2000”，按【Enter】键结束操作。选取坐标原点作为第 1 点，按住鼠标左键向右拖动，如图 21-6 所示。单击确定第 2 点，然后向上拖动鼠标，如图 21-7 所示。单击确定图 21-8 所示的平面网格。

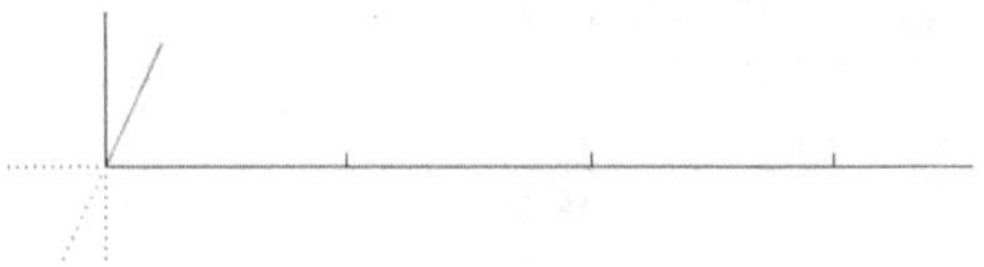

图 21-6　绘制水平网格

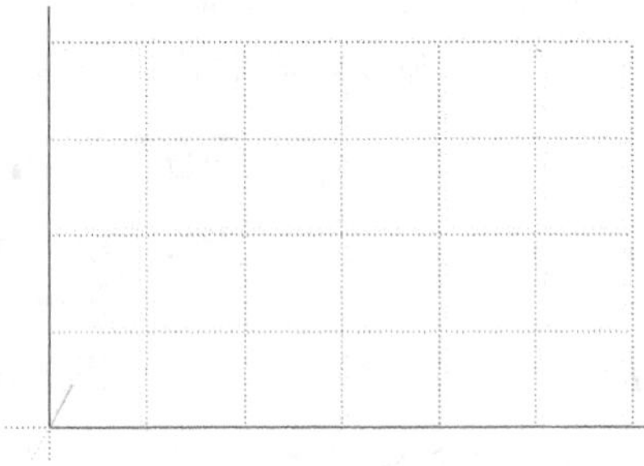

图 21-7　绘制竖直网格

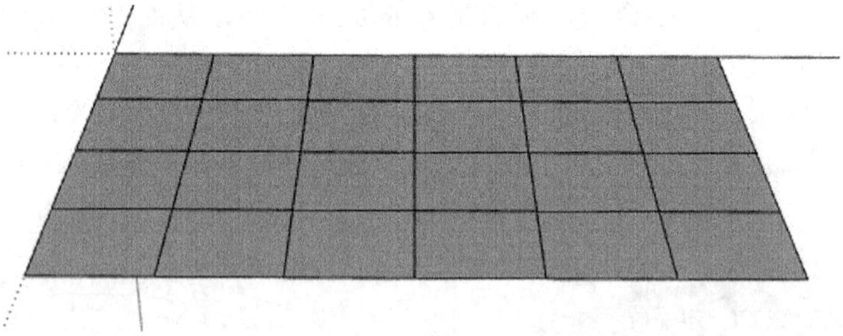

图 21-8　平面网格

3. 曲面起伏

“曲面起伏”工具可以在平面的网格上形成地形起伏的细节。调用平面网格，选中平面网格双击，使平面网格处于图 21-9 所示编辑状态。单击“曲面起伏”工具按钮，自动捕捉网格上的交点，上下拖动鼠标，产生图 21-10 所示的地形起伏效果。

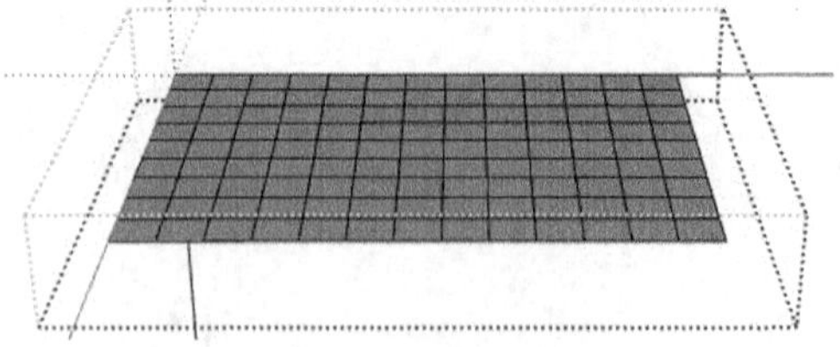

图 21-9　平面网格编辑状态

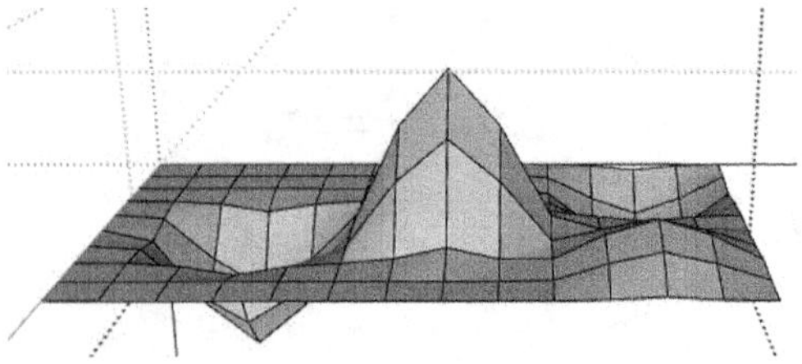

图 21-10　地形起伏效果

4. 曲面平整

“曲面平整”工具可以快速地在起伏的地形上制作放置建筑物的平面。如图 21-11 所示，导入小房子模型，并移动放置在起伏的地形上方。单击“曲面平整”工具按钮，小房子模型下方会出现一个红色边框，如图 21-12 所示。单击地形上任意一点，并上下拖动鼠标，会出现图 21-13 所示的与小房子红色边框所在平面平行的基座。利用“移动”工具，将小房子的底面与基座对齐。如图 21-14 所示。

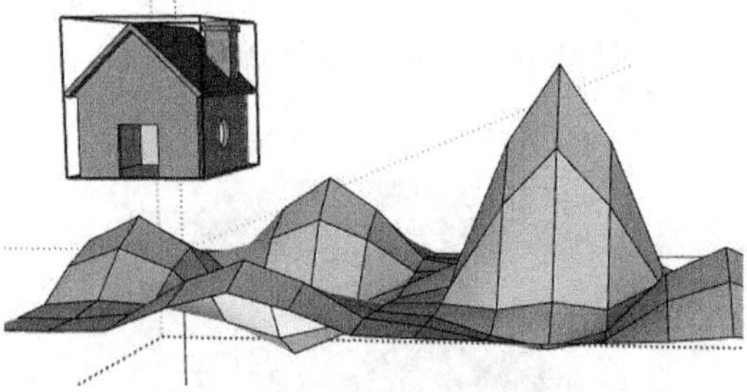

图 21-11 放置模型

图 21-12 启用“曲面平整”工具

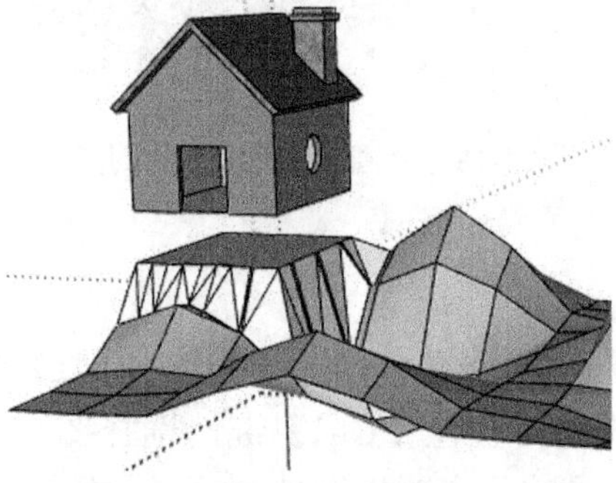

图 21-13 生成基座

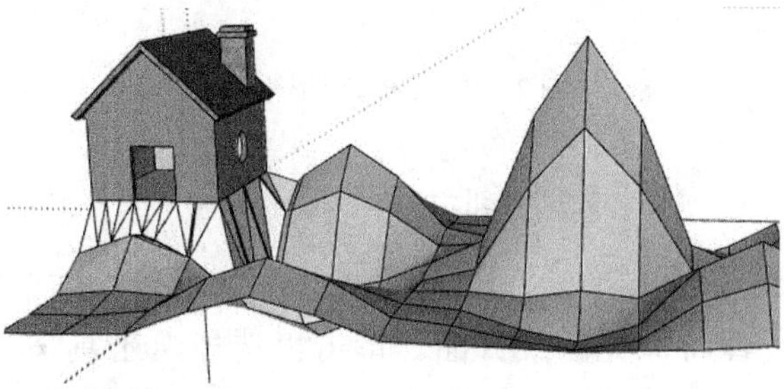

图 21-14 曲面平整效果

5. 曲面投射

“曲面投射”工具可以在地形上制作公路的效果。该工具有两个用途：一是可以将地形投射到指定平面上；二是可以在平面上绘制公路轮廓边线，再将轮廓线投射到地形上。如图 21-15 所示，在起伏的地形上方绘制一个矩形平面，先选中地形，再单击“曲面投射”工具按钮，然后单击矩形，就可以将地形投射到矩形平面上，如图 21-16 所示。如图 21-17 所示，在起伏的地形上方绘制一个圆形平面，先选中圆形平面，再单击“曲面投射”工具按钮，然后单击地形，就可以将圆形平面投射到地形中，如图 21-18 所示。

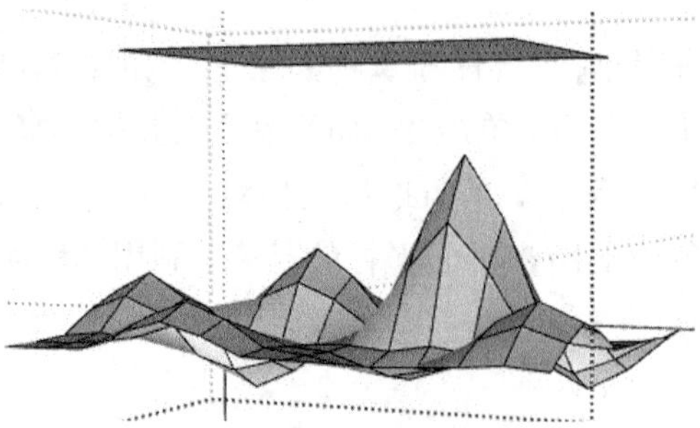

图 21-15　绘制矩形平面

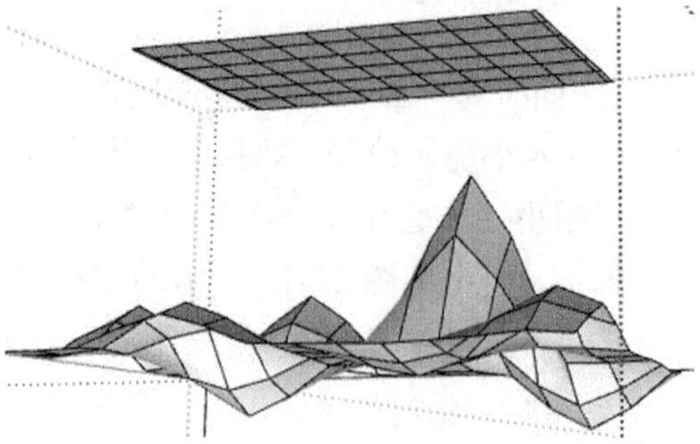

图 21-16　将地形投射到矩形平面

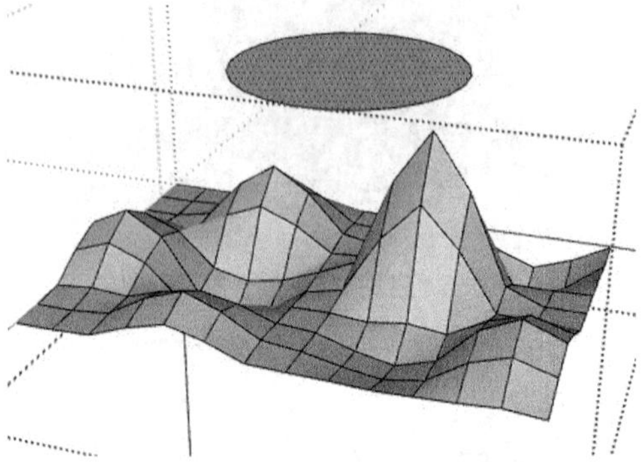

图 21-17　绘制圆形平面

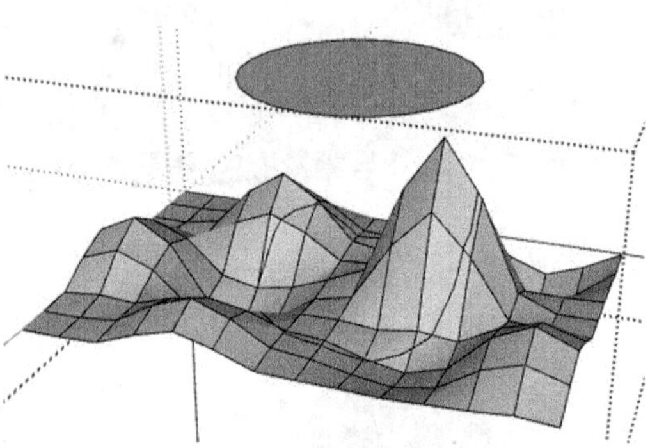

图 21-18　将圆形平面投射到地形

6. 添加细部

“添加细部”工具可以在需要表现细节的网格地形处增大细分面，其他区域仍然保持原先的细分面。单击“选择”工具按钮，同时按住【Ctrl】键，选择图 21-19 所示的网格。单击“添加细部”工具按钮，选中的几个网格即被细分，如图 21-20 所示。

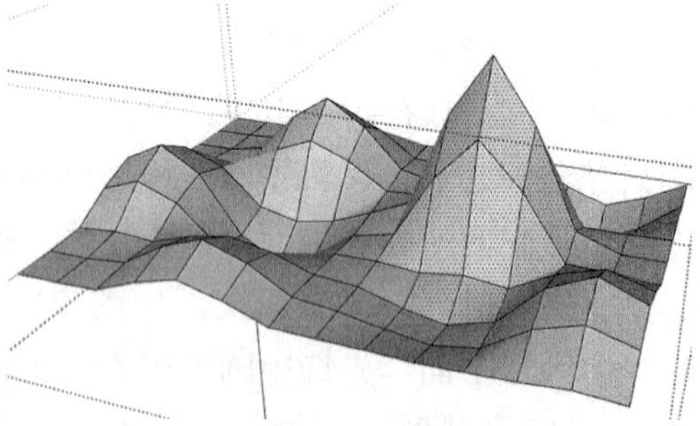

图 21-19　选中网格

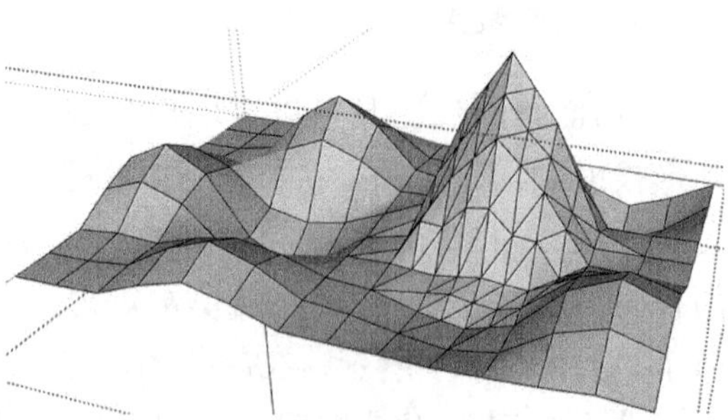

图 21-20　细分网格

7. 对调角线

“对调角线”工具主要用于将网格对角线方向进行改变，使模型发生一些微调。单击“对调角线”工具按钮，单击图 21-21 所示网格中的对角线，使对角线方向发生改变，如图 21-22 所示。

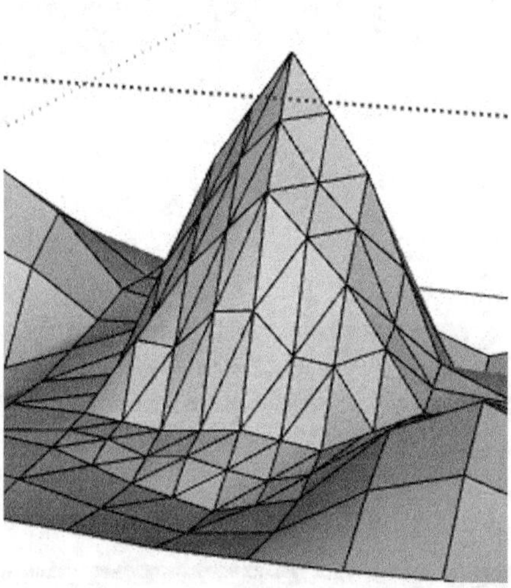

图 21-21　单击网格的对角线

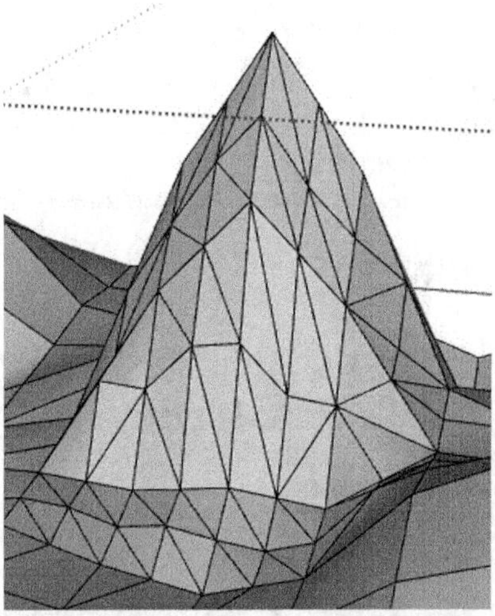

图 21-22　改变对角线方向

新手训练营

参考图 21-23 所示的小区路面地形模型，完成小区路面地形绘制。

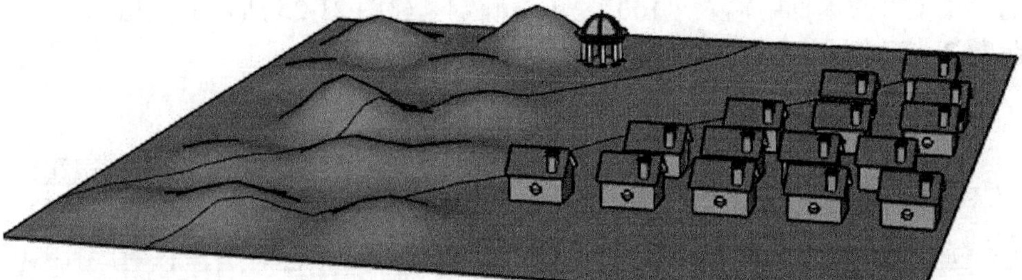

图 21-23　小区路面地形模型

步骤 1： 启动 SketchUp Pro 2017 软件，在欢迎界面上单击“选择模板”按钮，在“模板”下拉列表中选择“城市规划-米”选项，如图 21-24 所示，单击“开始使用 SketchUp”按钮，进入操作界面。

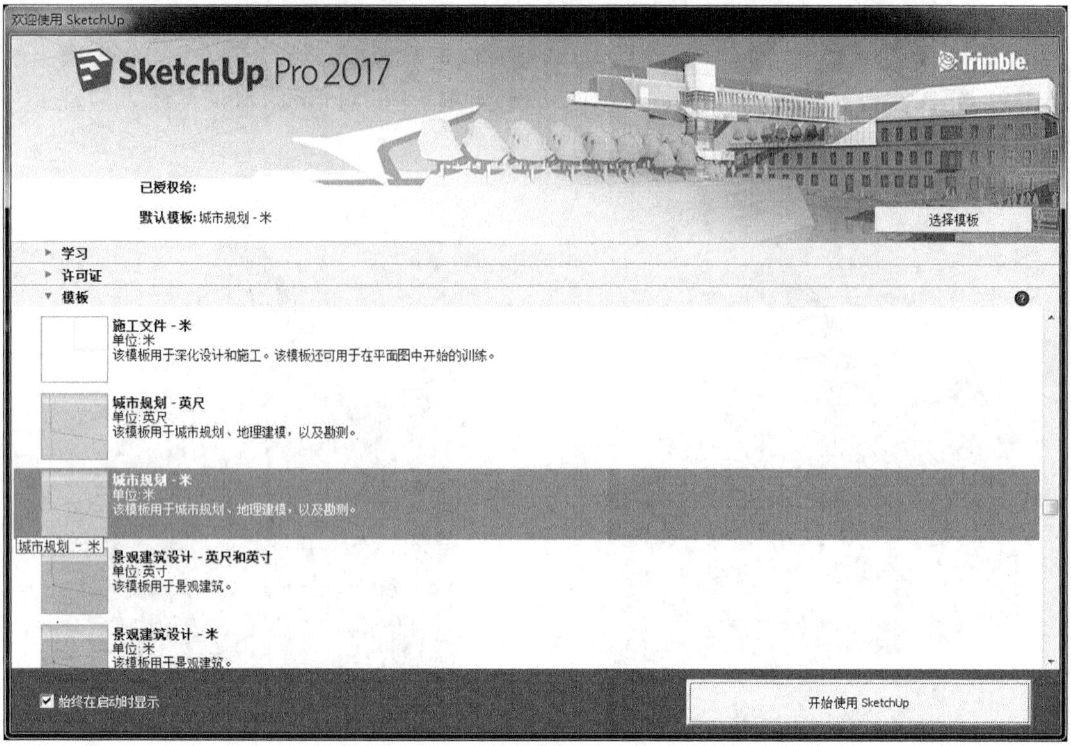

图 21-24　选择“城市规划-米”模板

步骤 2：单击“根据网格创建”工具按钮，在右下角的“栅格间距”文本框中输入“3”，按【Enter】键结束操作。选取坐标原点作为第 1 点，按住鼠标左键向右拖动，在右下角的“长度”文本框中输入“100”，单击确定第 2 点，然后向下拖动鼠标，在右下角的“长度”文本框中输入“100”，单击确定创建图 21-25 所示的网格面。

步骤 3：双击网格平面，进入图 21-26 所示的编辑状态。

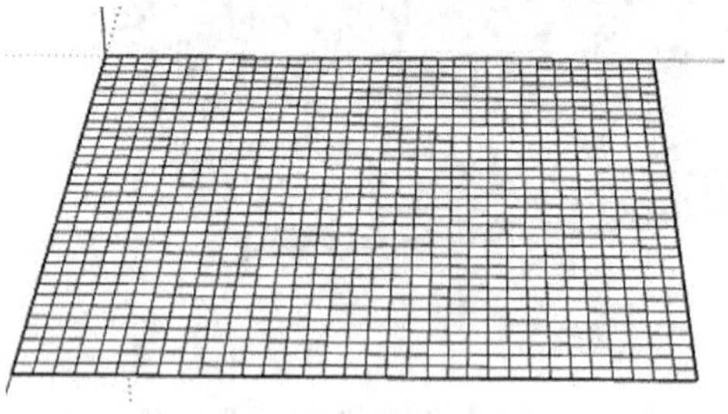

图 21-25　创建网格面

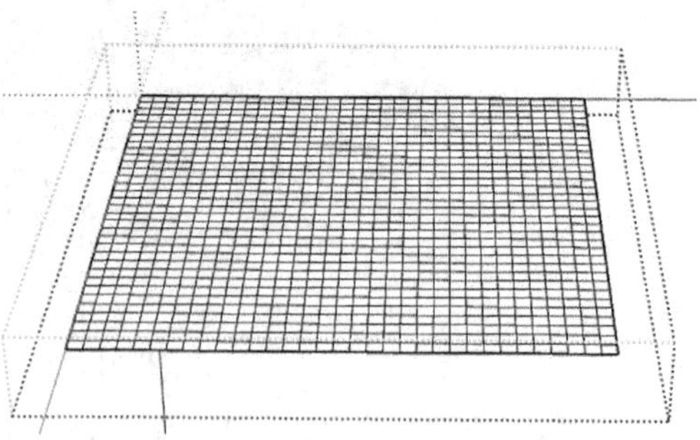

图 21-26　平面网格编辑状态

步骤 4：单击“曲面起伏”工具按钮，自动捕捉网格上的交点，上下拖动鼠标，产生图 21-27 所示的地形起伏效果。

步骤5：选中地形模型，右击，在弹出的图21-28所示的快捷菜单中选择“柔化/平滑边线”命令。在图21-29所示的“柔化边线”工具栏中，拖动调整法线之间的角度平滑法线，调整后的网格地形边线如图21-30所示。

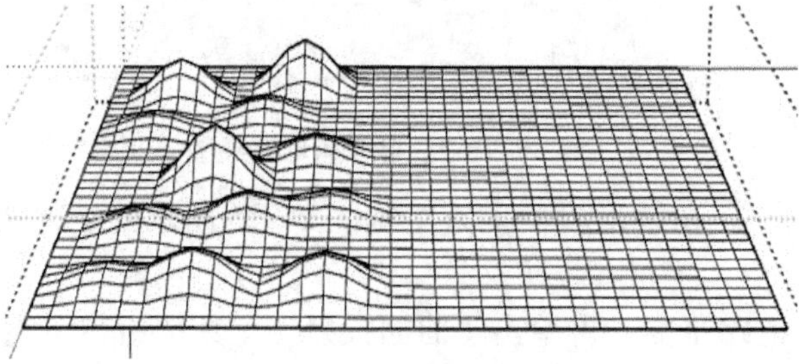

图21-27　地形起伏效果

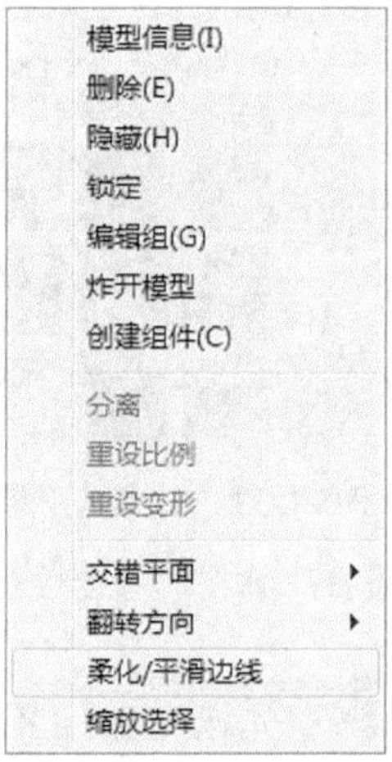

图21-28　选择“柔化/平滑边线”命令

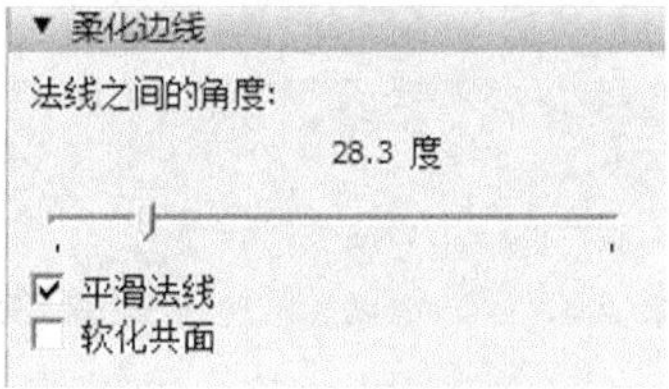

图21-29　平滑法线

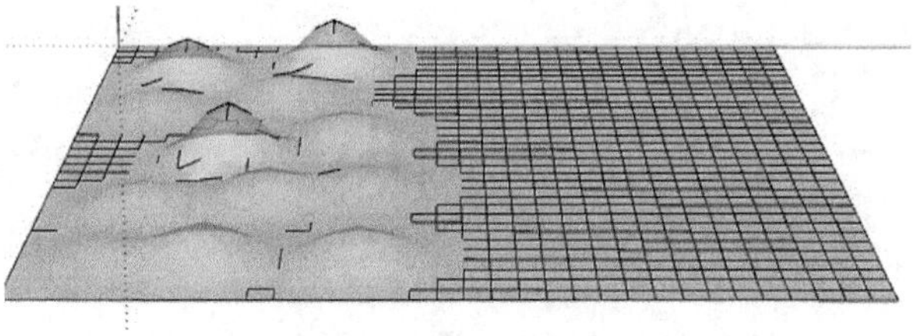

图21-30　平滑法线效果

步骤6：在图21-31所示的“柔化边线”工具栏中，勾选“软化共面”复选框，拖动调整法线之间的角度软化共面，调整后的网格地形边线如图21-32所示。

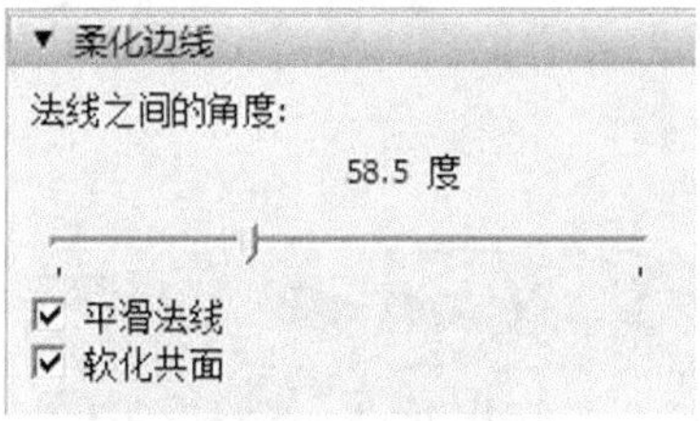

图21-31　软化共面

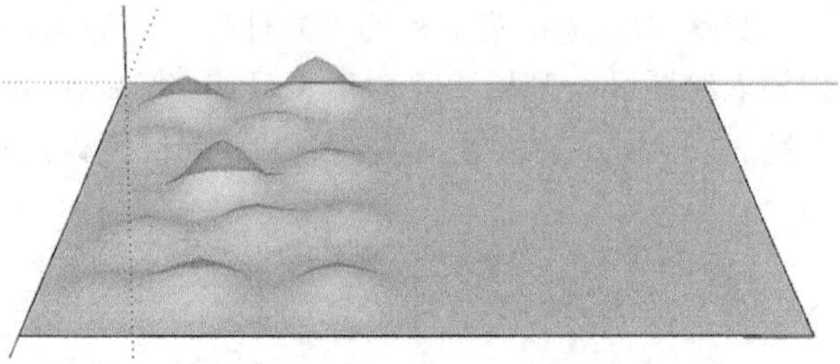

图21-32　软化共面效果

步骤7：单击“材质”工具按钮，在打开的“材料”属性管理面板中，给地形模型添加图21-33所示的“园林绿化、地被层和植被—常春藤植被”材质，效果如图21-34所示。

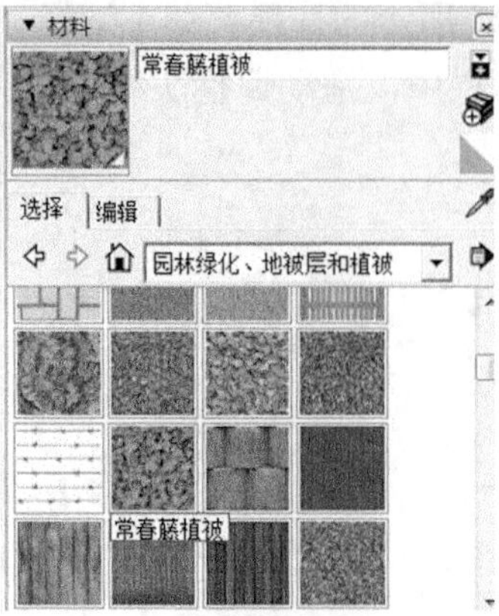

图 21-33　赋予地形模型材质

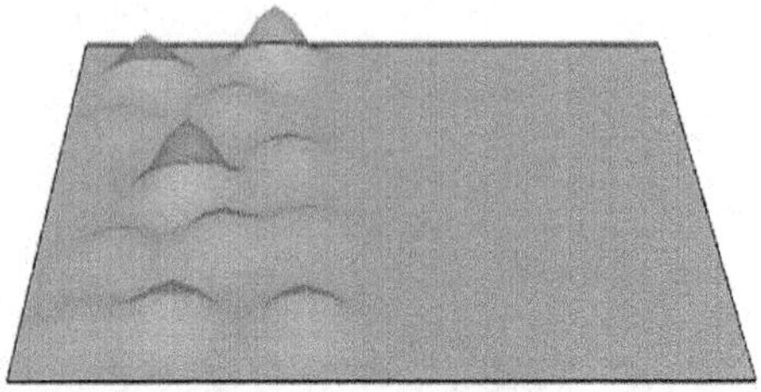

图 21-34　地形效果图

步骤 8：单击“手绘线”工具按钮，在地形模型上方绘制图 21-35 所示的小区道路平面。

步骤 9：先选中步骤 8 绘制的小区道路平面，再单击“曲面投射”工具按钮，然后单击地形，就可以将小区道路平面轮廓投射到地形中，如图 21-36 所示。

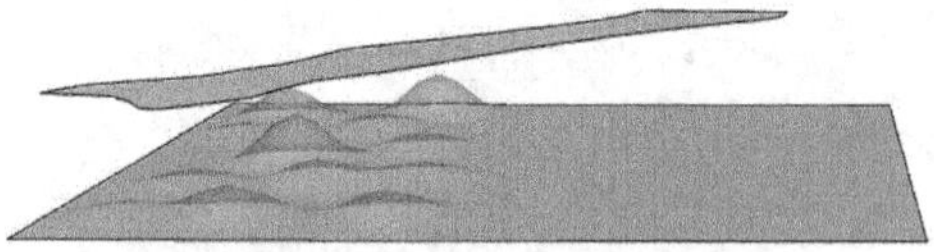

图 21-35　绘制小区道路平面

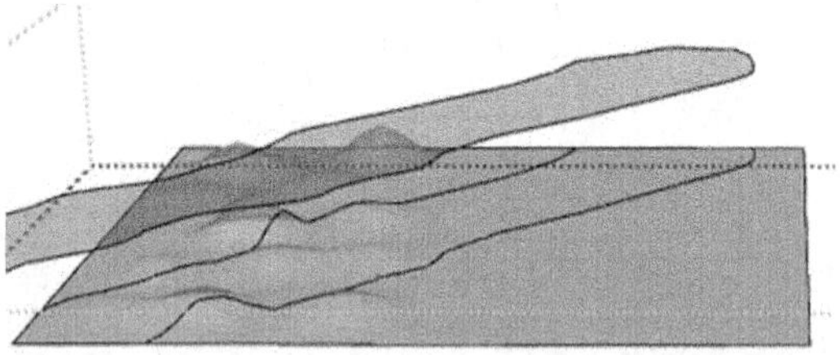

图 21-36　将平面投射到地形

步骤 10：删除平面，单击“材质”工具按钮，在打开的“材料”属性管理面板中，给小区道路添加“园林绿化、地被层和植被—4 英寸鹅软石地被层”材质，效果如图 21-37 所示。

步骤 11：选择菜单栏的“文件”→“导出>三维模型”命令，将凉亭和小房子的模型导入绘图区。利用“移动”工具将凉亭移动放置在合适位置，将小房子移动放置在图 21-38 所示的位置。检查细节，确认无误后保存文件。

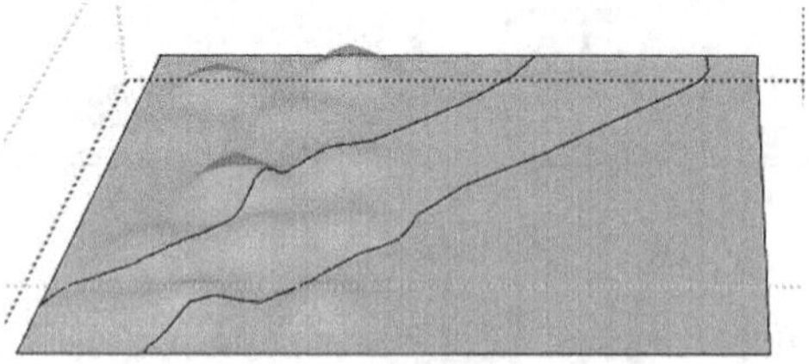

图 21-37　小区道路效果图

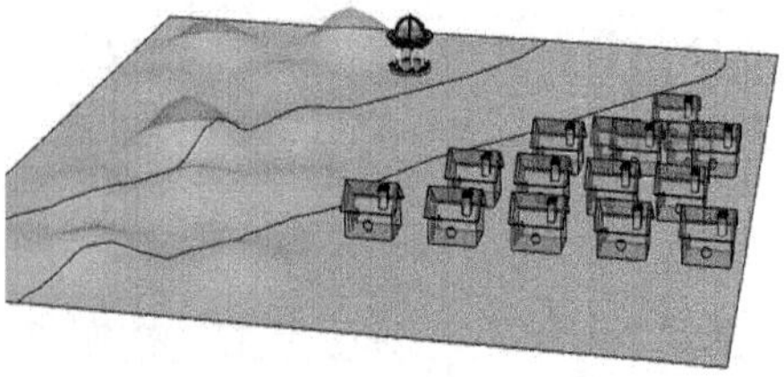

图 21-38　最终效果图

习题演练场★

根据图 21-39 和图 21-40 所示的地形模型进行绘制，尺寸自定。

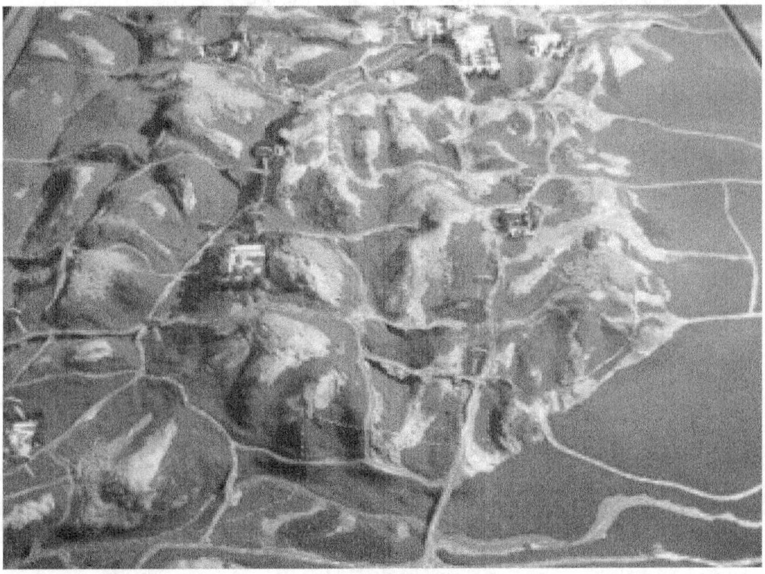

图 21-39　地形模型（一）

图 21-40　地形模型（二）

参考文献

刘有良，陈志民，2011．SketchUp 8 从入门到精通[M]．北京：机械工业出版社.

邱婷婷，2013．SketchUp 8 中文版草图大师建模设计技巧[M]．北京：电子工业出版社.

李波，2014．SketchUp 2013 建筑、室内、园林景观设计从入门到精通[M]．北京：电子工业出版社.

李红术，2016．中文版 SketchUp 草图绘制技术精粹[M]．北京：清华大学出版社.

麓山文化，2015．SketchUp 2015 实战精通 208 例[M]．北京：机械工业出版社.